DES CONFLITS

OU

EMPIÈTEMENT DE L'AUTORITÉ

ADMINISTRATIVE

SUR LE POUVOIR JUDICIAIRE,

PAR M. F.-N. BAVOUX,

MAGISTRAT.

La garantie des citoyens est dans les lois ; la
garantie des lois est dans les magistrats.

TOME SECOND.

PARIS,

CHEZ J.-P. AILLAUD, LIBRAIRE-ÉDITEUR,

QUAI VOLTAIRE, N. 11.

1828.

INTRODUCTION.

Depuis l'impression du premier volume, le triumvirat qui a si long-temps pesé sur la France, a cessé d'exister. Les actes auxquels il se livrait par calcul ou par entraînement, étaient si effrayants, que, pour s'en préserver à l'avenir, il suffisait de les rassembler. Le recueil sera pour tous les esprits non prévenus une masse d'iniquités.

Qui croirait cependant que les hommes qui lui ont prêté une si active assistance pour tant d'usurpations, viendraient les défendre aujourd'hui? Par amour-propre sans doute, et pour faire croire à leur bonne foi, ou par la marche qu'ils ont insensiblement prise, et à laquelle ils se sont familiarisés, sans en connaître peut-être les dangers, ils ne craignent pas de dire que la pratique administrative attaquée avec tant de violence, ne renferme pas les vices qu'on lui suppose ; qu'elle est préservative de bien des maux, conservatrice d'intérêts généraux et publics auxquels on ne peut toucher sans de graves inconvénients.

Ils voient non seulement dans l'anéantissement, mais dans la limitation des conflits, un rétrécissement de pouvoir, une dangereuse péripétie, qu'il faut soigneusement éviter. Il ne faut pas même, d'après eux, ôter au conseil, dont il est vrai qu'ils font partie, le droit de réviser les jugements et arrêts des

Cours souveraines. L'abus des conflits ne vient, disent-ils, que des préfets, qui en ont trop légèrement fait usage; en éclairant ces agents, les plaintes cesseront; il faut par conséquent, à ce redressement près, conserver ce qui est.

Depuis long-temps on connaît le poids de l'opinion des savants dans les parties qu'ils ont explorées et approfondies. Il s'en faut bien que hors de là, dans la politique comme dans la science de l'organisation sociale, ils aient la même autorité. Néanmoins, quand ils font partie d'une commission spécialement instituée pour la révision des conflits, il est impossible qu'ils ne paralysent pas le zèle des autres membres : aussi tout porte à croire que les efforts ou les vœux de cette commission dégénèreront en un simple avis d'ordonnance, qui, sans rien changer au fond de ce qui existe, réglémenterait sur quelques points, s'appliquerait quand et comme on voudrait, disparaîtrait même au gré du ministère dont elle gênerait le libre arbitre.

L'ordonnance du 11 décembre 1821, rendue en forme de règlement, en fournit une preuve.

L'article 8 porte qu'il ne sera prononcé, quelque jugement qui intervienne, aucune condamnation de dépens. Sans s'arrêter à cette prohibition, le Conseil d'État en prononce journellement. Voyez notamment page 404, premier volume, 15 du deuxième, etc.

Quelques membres de la commission ne voient qu'une loi qui puisse servir de barrière dans une matière aussi grave et si facile à envahir. Mais dans la crainte que les conflits mis en discussion devant les chambres n'excitent l'indignation publique, qu'ils n'entraînent celles-ci au-delà des bornes dans lesquelles on voudrait les renfermer, il y aura des représentations, des résistances même de toute sorte; il faudra éviter une proposition de loi.

J'ai indiqué, je crois, le seul moyen de tarir la source du mal : c'est, en rentrant dans le texte et dans l'esprit de la Charte et de toutes nos lois organiques, de ne reconnaître qu'un seul ordre de juridiction. Si les tribunaux allaient trop loin, on sent bien aujourd'hui la nécessité d'une loi, on la proposerait alors; les chambres mêmes ne manqueraient pas de la provoquer : dans un gouvernement représentatif, un grand mal ne peut exister qu'elles n'en soient informées, et qu'elles ne concourent immédiatement pour y remédier.

Subsidiairement, en laissant subsister une justice administrative, il faut de toute nécessité,

1° Spécifier clairement les cas qui lui seront soumis;

2° Que la Cour de cassation soit appelée à prononcer sur toutes les revendications qui seront faites par l'administration.

Ce double moyen est indispensable pour maintenir un juste équilibre.

Espérons que le système amené au point d'abus où le dernier ministère l'a poussé, touche à sa fin. Quelque raison que nous ayons d'espérer que l'administration actuelle répudiera en ce point l'héritage de l'ancienne, nous ne devons point nous en rapporter aux hommes : dans les temps où nous vivons, plus qu'en aucun autre, ils peuvent être emportés par les mécontents qui s'agitent autour du trône ; lui faire adopter des intérêts particuliers contraires à ceux d'une grande nation qui ne demande qu'à fixer son sort sur des institutions stables, à l'abri de toutes les oscillations des partis.

Ces corporations puissantes qui inspirent à la France de si grandes terreurs sont encore debout. La majorité de la commission nommée pour l'examen des lois qui les concernent, ne paraît pas plus que celle des conflits être en position d'arrêter le mal.

Faut-il donc se résigner à voir les adversaires de tout pouvoir qui n'émane pas du leur, continuellement en observation autour de nous ? Faut-il veiller sans cesse, afin de ne pas être surpris dans un moment de confiance et de sommeil ?

Otons à la France qui ne demande qu'à jouir à l'abri de ses conquêtes et du pacte fait avec l'ancienne famille de nos rois, ces sujets de constante inquiétude : déployons l'étendard qui doit tout rallier ; avec lui marchons au but : unissons la nation avec son gouvernement ; qu'il n'y ait plus d'ennemis à combattre que ceux qui du dehors ou du dedans s'opposent à une fusion si désirée.

Délivrons-nous de ces lois exceptionnelles qui entretiennent les défiances ; mettons à la place des lois qui facilitent et assurent l'exécution du traité national.

Purifions la source des élections en les dégageant du privilége du double vote. L'aristocratie ne saurait être établie dans les assemblées populaires.

Brisons l'instrument de censure avec lequel on peut biffer l'art. 8 de la Charte.

Donnons à chaque commune le droit de régir ses biens et ses affaires. Révisons cette organisation départementale qui donne à un étranger élu dans les vues d'un pouvoir central, facile à égarer, difficile à éclairer, le droit de disposer des intérêts d'une immense population.

Déjà quelques demandes ou propositions viennent d'être déposées sur le bureau de la chambre élective. Espérons-en la réussite. Apportons dans les réformes mesure et bonne foi. Il ne faut pas se contenter de reconnaître le mal, et de dire toujours qu'on le réparera : il faut commencer à agir ; alors et seulement alors les défiances disparaîtront. La France, en marchant à la consolidation de son système, éclairera les autres peuples qui gravitent autour d'elle : en se donnant la liberté, désormais inévitable pour toutes les nations qui s'éclairent, elle assure celle du monde. Son gouvernement, en se donnant en exemple à tous les autres, leur apprendra l'art de conduire et d'honorer les nations.

DES CONFLITS,

OU

EMPIÈTEMENT DE L'AUTORITÉ ADMINISTRATIVE

SUR LE POUVOIR JUDICIAIRE.

LIVRE CINQUIÈME.

CHAPITRE I.

ANNÉE 1822.

Avénement de M. Peyronnet et consorts. — Peu occupé de son ministère de la justice, il préside toujours le Conseil. — Abus et écarts de ce corps envahisseur.

10 janvier. L'interprétation des décrets et ordonnances royales est du ressort exclusif de l'autorité administrative.

Conflit du préfet de la Seine; jugement de Paris annulé.

Pareille opinion du Conseil d'État peut se traduire par ces mots :

« Nul ne peut examiner ni même discuter mes actes : par cela seul que je les ai faits, il n'appartient pas aux tribunaux de les expliquer; ils peuvent bien interpréter la loi, puisqu'ils doivent prononcer, sous peine de déni de justice, d'après l'article 4 du Code civil, malgré que la loi soit obscure; mais ils doivent s'arrêter tout court devant nos sentences. Reconnaître qu'ils ont droit de les interpréter, ce serait les leur livrer ; nous ne le voulons pas, parceque nous ne le voulons pas, et que nous sommes les maîtres absolus de ne pas le vouloir. »

Comment admettre un pareil système ? Les tribunaux ont incontestablement le droit d'expliquer et d'interpréter la loi : c'est même leur unique mission. Tous les procès qui s'élèvent devant eux n'auraient assurément pas lieu si la loi était claire et frappait également tous les yeux ; le juge est donc obligé de raisonner, de rapprocher les textes, de saisir des analogies, etc., etc.; cela posé, ou l'ordonnance produite est opposée comme décision générale ou comme décision particulière ; dans le premier cas en lui faisant le même honneur qu'à la loi, il faut bien chercher à en pénétrer l'esprit ; la rédaction n'en est pas toujours tellement nette, quoiqu'en disent messieurs du Conseil, qu'il ne faille un peu tâtonner avant de l'appliquer ; si c'est une décision dans un cas particulier, il n'en faut pas moins voir ce qu'elle prononce, l'interpréter, et décider l'application dont elle est susceptible.

Pour dernière observation il faut ajouter encore :

Ou cette ordonnance est conforme à la loi, ou elle lui est contraire.

Dans le premier cas, pourquoi ne pas faire à l'acte déclaratif ce qu'on fait pour la loi même ?

Dans le deuxième, les tribunaux avaient trop fait en s'y arrêtant : ils devaient proclamer hautement son illégalité et la rejeter. C'est pour qu'ils n'aient point cette idée sans doute, que le Conseil ne veut pas qu'ils puissent jamais l'interpréter, c'est-à-dire jamais en connaître.

20 février. Les dégradations commises sur une grande route, à l'occasion de travaux exécutés d'après les ordres de l'ingénieur en chef des ponts et chaussées, doivent être déférées aux Conseils de préfecture.

Conflit du préfet de la Corse ; jugement d'Ajaccio annulé.

20 mars. Une partie ne peut saisir les tribunaux d'une demande sur laquelle il aurait déjà été statué par un ministre.

Une pareille décision, poussée un peu loin dans son application, peut aller jusqu'à dépouiller les tribunaux de toutes les affaires dont, il plaira au ministre de s'occuper. Dès que le Conseil d'État s'occupe si soigneusement de la compétence, quand les tribunaux ont prononcé, pourquoi, par parité de raison, ne l'examine-t-il pas vis-à-vis de l'administration ? Ce devait être encore plus rigoureux pour les juridictions exceptionnelles, que pour celles du droit commun : cependant, jamais on ne l'a vu rejeter un conflit parcequ'il avait été statué par l'autorité judiciaire. En tout, la partialité, le besoin de miner la justice réglée et de reporter le droit de juger à l'administration, dans les cas où elle le croira convenable, se découvrent.

Avec ces autres additions qu'il jette dans certaines ordonnances, qu'il a droit d'interpréter et non d'appliquer ; dans certaines autres, que l'administration peut appliquer comme interpréter ; avec les prérogatives et les attributions qu'il se donne en tous genres, il faut reconnaître un pouvoir envahisseur, contre lequel il est instant d'opposer des barrières.

Du reste, le Conseil, qui présente tant d'antinomies dans ses décisions, est constant dans cette idée : qu'il suffit qu'il y ait un acte administratif dans une affaire, acte de ministre, de préfet ou même d'un agent plus subalterne, pour que, quelque illégal qu'il soit, les tribunaux puissent jamais l'apprécier, encore moins reconnaître son illégalité.

On voit que M. Peyronnet devenu ministre, placé à la tête du Conseil d'État comme président, annonce bien sa ferme volonté de faire respecter les actes des confrères, et d'empêcher qu'en aucun cas, la magistrature n'y portât un œil scrutateur : ce qu'il n'a pas voulu montrer à la justice, le public qui a eu de suite les yeux ouverts sur lui, l'a trop bien vu. Il est jugé, et couvert d'une réprobation universelle.

20 avril. Lorsqu'un conflit a été élevé contre un jugement ou un arrêt, il doit être sursis à toute poursuite ou exécution, jusqu'à ce qu'il ait été prononcé sur le conflit par le Conseil d'État.

Voilà encore une disposition qui fait suite à toutes les autres. Dans l'espèce, c'était la Cour royale de Paris qui, par un premier arrêt du 22 mars 1822, avait ordonné que, nonobstant toute opposition, les débiteurs ou dépositaires de 362,189 francs appartenant à la succession de Calonne, seraient tenus de les payer, etc.

Le préfet de la Seine avait élevé conflit le 6 avril suivant.

Un second arrêt, du 16, avait ordonné l'exécution immédiatement, nonobstant le conflit, et le Conseil d'État a été obligé d'intervenir pour ordonner qu'il serait sursis, d'après l'arrêté consulaire du 13 brumaire an X, à l'arrêt du 22 mars, nonobstant tous autres actes qui auraient pu s'ensuivre.

Le Conseil d'État, si bon juge des lois quand il faut les interpréter contre les tribunaux ou pour les ministres, force évidemment le sens du texte sur lequel il se fonde; l'article dit seulement qu'il sera sursis à *toutes procédures judiciaires*, mais non pas à l'exécution de toutes poursuites en vertu d'un jugement ou d'un arrêt en dernier ressort; non seulement l'article 3 de l'arrêté ne le dit pas, mais il ne pouvait pas le dire.

Comment eût-il pu supposer qu'un arrêt définitif eût jamais pu être soumis à l'approbation ou au consentement d'exécution du Conseil d'État ou seulement d'un préfet, qui, avec un conflit, pouvait tout suspendre, et donner, comme dans l'espèce, à un condamné le temps de tout dénaturer et de tout soustraire.

Cet article s'entend bien pour un conflit élevé dans le cours d'une instance ; il défend la continuation des procédures, mais il ne dit pas que les jugements obtenus ne seront pas exécutés, surtout quand ils sont irrévocables ; c'est le Conseil qui, pour s'armer encore contre les tribunaux, a fait dire, non à la loi, mais à un arrêté de son fait unique, ce qu'il ne dit pas. Un pourvoi en cassation n'arrête ni ne suspend l'exécution, et l'on veut qu'un préfet puisse tout paralyser avec le mot de conflit. Cela ne peut être.

Mais si l'arrêté était si positif, et si les tribunaux ne pouvaient pas, après le conflit, ordonner l'exécution d'un jugement ou d'un arrêt antérieur, quand il y a péril pour celui qui l'a obtenu de perdre le bénéfice du jugement ou de l'arrêt qu'il a obtenu, pourquoi n'a-t-on pas ordonné les poursuites autorisées et commandées par les articles suivants du Code pénal ?

« 127. Seront coupables de forfaiture et punis de la dégradation civique :

» 1°

» 2° Les juges, les procureurs généraux ou impériaux, leurs substituts, les officiers de police judiciaire, qui auraient excédé leur pouvoir en s'immisçant dans les matières attribuées aux autorités administratives, soit en faisant des règlements sur ces matières, soit en défendant d'exécuter les ordres de l'administration ; ou qui, ayant permis ou ordonné de citer des administrateurs pour raison de l'exercice de leurs fonctions, auraient persisté dans l'exécution de leurs jugements ou ordonnances, nonobstant l'annulation qui en aurait été prononcée, ou le conflit qui leur aurait été notifié.

» 128. Les juges qui, sur la revendication formellement faite par l'autorité administrative d'une affaire portée devant eux, auront néanmoins procédé au jugement avant la décision de l'autorité supérieure, seront punis chacun d'une amende de 16 fr. au moins et de 150 fr. au plus.

« Les officiers du ministère public qui auront fait des réquisitions
ou donné des conclusions pour ledit jugement seront punis de la
même peine. »

Ces articles prévoient bien tous les cas ; ils cerclent le juge dans
tous les points et dans tous ses membres : on y voit bien qu'il ne
doit pas procéder au jugement, ce qui suppose qu'il n'est pas encore
rendu, mais nullement que celui est prononcé reste sans exécution,
ni qu'il est coupable de forfaiture en ordonnant simplement l'exécution de celui qui est antérieur et définitif.

Si ce qu'il a fait dans la décision ci-dessus est régulier, ce qu'a fait
la Cour dans son arrêt sur référé du 16 avril ne l'était pas ; il n'a pas
fait son devoir en n'ordonnant pas les poursuites : lui vengeur des
lois, a fermé les yeux sur leur violation.

S'il y avait des coupables d'usurpation, étaient-ils bien parmi les
magistrats ? La loi, dans cette circonstance comme dans tant d'autres,
ne devait-elle pas atteindre ces hommes qui abusent si impunément
de leur pouvoir et du nom du roi pour le compromettre.

Ce qui est remarquable et ce qui prouve l'impunité qu'ils se sont
réservée dans les actes de cette nature, c'est la rédaction des diverses
dispositions pénales en ce qui touche l'administration.

L'art. 130 ne s'applique qu'aux préfets, sous-préfets, maires et
autres administrateurs qui se seront immiscés dans l'exercice du
pouvoir législatif, ou ont intimé des ordres ou des défenses quelconques à des Cours ou tribunaux.

L'art. suivant ajoute : Lorsque ces administrateurs entreprendront
sur les fonctions judiciaires, en s'ingérant à connaître, etc.

Les conseillers d'État, individuellement comme en corps, ne paraissent pas compris dans la loi pénale. On se demande pourquoi ce corps
s'est mis hors de la loi ou au-dessus de la loi : s'il se regarde comme
Conseil du prince, ne peut-il pas l'entraîner à des fautes graves, dont

il doit répondre aux yeux de la loi! S'il est un corps organisé, ayant une consistance et des attributions propres, pourquoi encore laisser ses écarts impunis? Quand tous les membres et fonctionnaires de l'État, sans distinction, sont atteints par des peines pour les délits qu'ils peuvent commettre, on se demande pourquoi le Conseil d'État, quand il faisait cette loi, a jugé à propos de s'en affranchir. Son esprit perce dans tous ses actes comme dans son silence.

1er mai. L'autorité administrative est seule compétente pour fixer et liquider les salaires qui peuvent être dus par elle à ses préposés.

Conflit du préfet de la Seine.

8 du même mois. A l'autorité administrative seule appartient de fixer un alignement à suivre par un particulier pour la clôture de sa propriété le long d'un chemin vicinal.

Les tribunaux doivent se borner à reconnaître si, par suite de l'alignement donné par l'administration, le propriétaire devra abandonner une portion de sa propriété, et quelle est la valeur de la portion de terrain cédée à la voie publique.

Conflit du préfet de l'Eure; jugement de Louviers non avenu dans les dispositions qui déterminent les alignements à suivre.

29 mai. Le droit d'élever conflit n'appartenait pas, sous l'arrêté de messidor an VIII, au préfet de police de Paris.

3 juillet. Les conflits ne peuvent être élevés par les tribunaux; s'ils l'ont fait, c'est aux tribunaux supérieurs et non au Conseil d'État qu'il appartient d'annuler les jugements.

10 juillet. La question de savoir si la perception d'un péage établi à l'aide d'un bac sur une rivière non navigable appartient à l'État, est du ressort de l'autorité administrative.

Conflit du préfet de Seine-et-Oise; jugement de Corbeil non avenu.

17 juillet. Les contestations sur la valeur et les effets d'un arrêté

de l'administration centrale sont du ressort de l'autorité administrative.

Conflit du préfet de la Seine ; jugement de Paris annulé.

Même jour. Les difficultés qui se rattachent à la validité et aux effets d'un versement fait dans les caisses publiques, à l'effet de rembourser une créance due à un émigré, doivent être portées devant l'autorité administrative.

Le conflit élevé par un préfet sur la simple invitation du ministre, est valable, lors même que par un premier arrêté antérieur à cette invitation, le préfet a refusé de l'élever.

Conflit du préfet du Calvados

On a vu ci-dessus qu'un préfet qui avait élevé un conflit n'avait pu l'abandonner, ni en détruire l'effet par un second arrêté ; ici on décide au contraire que le premier arrêté qui le rejetait, disparaît devant un second rendu sur l'invitation, pour ne pas dire l'ordre d'un ministre. Voilà la réciprocité.

31 dudit. Un tribunal excède ses pouvoirs en autorisant le ministre des finances à rembourser le montant de bons du trésor prétendus adhirés.

Conflit du préfet de la Seine admis ; jugement de Paris non avenu.

Même jour. Un tribunal de simple police n'est pas compétent pour statuer sur une contravention commise sur une route royale.

C'est l'administration seule qui doit en connaître.

Conflit du préfet de la Charente ; jugement du tribunal de paix de Mansle non avenu.

14 août. Les tribunaux ne sont pas compétents pour prononcer sur la validité et les effets d'un remboursement de rente versé dans la caisse de l'État, en exécution d'un acte administratif.

Conflit du préfet de la Seine confirmé ; jugement non avenu.

28 dudit. L'autorité administrative est exclusivement compétente

pour statuer sur les demandes en indemnité formées pour expropriation de terrain ordonnée explicitement ou implicitement par l'administration.

Il n'en est pas de même pour les demandes en indemnité qui ont pour base des dégradations ou dommages commis par les concessionnaires de travaux publics ou leurs agents, dans leur intérêt personnel, et sans la participation de l'administration.

Conflit du préfet de la Seine; jugement de Meaux non avenu en ce qui concerne les indemnités.

Même jour. Lorsque, dans une instance portée devant les tribunaux, l'une des parties oppose des décisions administratives, ils excèdent leurs pouvoirs s'ils prononcent avant que l'administration ait statué sur l'appréciation de ces décisions.

Ils auraient dû surseoir jusqu'à cette appréciation.

Conflit du préfet de la Seine; jugement et arrêt de la Cour de Paris non avenus.

Il s'agissait, dans cette affaire, de prononcer sur l'une des spoliations commises par Bonaparte sur les journaux, ici sur la Gazette de France. Par cela seul que la main-mise sur une propriété fondée à grands frais et à grands risques, avait été commise par l'intermédiaire du ministre de la police générale d'alors, l'autorité administrative, et non les tribunaux, pouvait réparer l'injustice et statuer sur les réclamations. Pourquoi donc le propriétaire dépouillé par un ministre agissant hors de ses fonctions légales, sans avoir du moins un acte régulier pour appui, ne serait-il pas traduit devant les tribunaux pour réparer le tort qu'il a causé? Cela ne se présentait pas même avec cette circonstance, puisque le ministre n'était pas traduit en justice; la contestation ne s'agitait qu'entre les anciens propriétaires réintégrés, pourquoi ne pas les laisser débattre leurs droits devant la justice réglée? Si des actes ministériels lui eussent été soumis, et qu'en vertu d'iceux quelque con-

damnation, quelque recours eût pu être exercé contre l'administration, elle eût toujours été à même de présenter ses moyens en s'opposant à l'exécution; en s'emparant de l'affaire, elle veut donc
adopter les actes antérieurs, tout irréguliers et illégaux qu'ils puissent être; elle se les rend donc propres, puisqu'elle ne veut pas
les laisser apprécier par les tribunaux ordinaires. Sous tous les rapports elle devait s'abstenir; le Conseil n'a fait en ce cas qu'un abus
inconvenant de son autorité, en cassant le jugement et l'arrêt de
Paris, par le motif unique qu'un arrêté du ministre, du 3 avril 1807,
avait été visé et opposé dans l'instance; c'était par le fond que le
Conseil d'État eût dû se déterminer, autant du moins que la Cour
eût basé sa condamnation sur cet arrêté, et que les intérêts de
l'administration eussent été compromis par l'arrêt; ce que n'énonce
même pas le motif de l'ordonnance, que voici du reste en entier.

Considérant que la décision du ministre de la police générale,
en date du 25 fructidor an XIII, avait réuni plusieurs journaux à
la *Gazette de France*, et avait fixé la proportion dans laquelle
les bénéfices de cette nouvelle exploitation seraient partagés entre
tous les ayants droit dénommés dans cette décision; qu'un arrêté du
même ministre, en date du 3 avril 1807, a rappelé et confirmé cette
décision; que les décisions administratives ci-dessus visées, ont été
opposées dans l'instance sur laquelle sont intervenus l'arrêt et le jugement précités; qu'ainsi il y a lieu d'apprécier la valeur et les effets desdites décisions; que cette appréciation ne peut être faite que
par l'autorité administrative; qu'ainsi le tribunal de première instance et la Cour royale de Paris ont excédé leurs pouvoirs en prononçant leurs jugement et arrêt avant que l'administration eût statué sur cette question:

ART. 1er. L'arrêté de conflit du préfet de la Seine est confirmé.

ART. 2. Le jugement du tribunal de première instance de la Seine, en date du 4 août 1819, et l'arrêt de la Cour royale de Paris, du 18 mai 1820, sont considérés comme non avenus.

Les parties sont renvoyées devant nous en notre Conseil d'État, pour y faire statuer sur les actes du ministre de la police.

L'affaire ainsi retenue, elle se présente, sur le fond, dans les termes suivants :

Par suite de conventions, la propriété de la Gazette était partagée entre quatre propriétaires égaux : Boichard, Gibassié, Bellemare et Briand.

En l'an XIII, un acte du ministre de la police, qualifié d'*Arrangement pour la Gazette de France*, réunit le *Bulletin de l'Europe* et la *Clef du Cabinet* à la Gazette, sous le titre de ce dernier Journal.

Le ministre divisa la propriété par douzièmes. Six furent attribués au gouvernement, et distribués par lui entre le rédacteur principal et les deux propriétaires du Bulletin et de la Clef ; les six autres furent distribués aux propriétaires primitifs, mais inégalement ; savoir, trois douzièmes à Bellemare, un douzième à chacun des trois autres.

Briand attaqua cette répartition comme contraire aux conventions, qui donnaient à chacun part égale.

L'action s'évanouit sur l'appel, par l'effet d'un arrêt de la Cour de Paris, qui, le 8 décembre 1806, se déclara incompétente.

La contestation reprise en 1819 par Simon, cessionnaire de Gibassié, un jugement, confirmé par arrêt le 18 mai 1820, prononça en faveur des propriétaires primitifs.

Le conflit ci-dessus fit détruire le jugement et l'arrêt.

Briand et Simon intervenant prirent devant le Conseil les mêmes conclusions que devant les tribunaux. Ils soutenaient que le gouvernement n'avait pu détruire, par la réunion de deux autres jour-

naux, les conventions existantes entre les quatre propriétaires; que les
six douzièmes accordés à la Gazette devaient être répartis également
entre eux, et non au profit du sieur Bellemare à leur préjudice.

Voici le texte de l'ordonnance rendue le 15 décembre 1824. Nous
la plaçons ici pour ne pas diviser l'affaire.

Vu , etc.

Considérant que le ministre de la police générale , en attribuant
aux sieurs Bellemare et Briand des portions distinctes dans les produits de la nouvelle Gazette de France , n'a pas préjudicié aux droits
qui peuvent résulter des conventions privées faites entre les parties,
et notamment du traité du 16 août 1812 (28 thermidor an X), dont
les sieurs Briand et Simon réclament l'exécution ;

Considérant qu'il appartient exclusivement aux tribunaux d'apprécier la valeur et les effets de ces conventions ;

Art. 1er. L'intervention du sieur Simon est admise.

2. Les décisions ministérielles des 12 septembre 1805 (25 fructidor
an VIII), et 25 avril 1807, ont irrévocablement fixé la distribution
des parts dans les produits de la nouvelle Gazette de France.

3. Lesdites décisions ne font pas obstacle à ce que les copropriétaires de l'ancienne Gazette de France fassent valoir devant les tribunaux les droits qu'ils prétendraient avoir par suite des conventions
privées passées entre eux.

4. Est condamnée aux dépens la partie qui succombera devant
les tribunaux.

N'en déplaise au grand Conseil , est-il possible d'expliquer ses
actes? Que signifie le motif que le ministre n'a pas préjudicié aux
droits qui peuvent résulter des conventions qu'il appartient exclusivement aux tribunaux de les apprécier; et le dispositif , que les
décisions ministérielles ont *irrévocablement réglé la distribution des
parts*, et que ces décisions ne font point obstacle à ce que les

copropriétaires de l'ancienne Gazette fassent valoir leurs droits devant les tribunaux?

J'avoue que je ne vois là qu'incohérence et contradiction : si les décisions ont irrévocablement fixé la distribution, pourquoi venir devant les tribunaux en demander une autre? Pourquoi surtout avoir détruit le jugement et l'arrêt qui avaient précisément fait cela?

Comment, aujourd'hui qu'ils ont prononcé, les saisir de nouveau, et leur reporter ce qui leur a déjà été présenté, et que le Conseil d'État a cru devoir regarder, dans le langage qu'il a adopté, comme non avenu.

Est-il possible qu'ils maintiennent la décision ministérielle, et qu'ils fassent une autre distribution qu'elle? Les tribunaux, en respectant les conventions, attaqueront directement ou indirectement, comme on voudra, l'acte du ministre qui ne s'y était point arrêté; et alors, si, par cela seul qu'il y a acte ministériel ou administratif, les tribunaux ne peuvent en connaître, n'y aura-t-il pas nouveau conflit? Tout, quand une fois on a dévié dans une affaire, présente difficulté et souvent inconciliabilité ; cette espèce en fait foi.

Nous n'avons encore fourni aucune observation sur la locution finale de l'ordonnance, que nous avons rencontrée dans plusieurs autres, qui condamne aux dépens la partie qui succombera devant les tribunaux.

Une pareille disposition montre l'inexpérience des rédacteurs. D'abord, comment une justice exceptionnelle qui prononce définitivement renvoie-t-elle à une autre juridiction où il n'y a point d'affaire pendante, où il n'y en aura peut-être jamais, pour prononcer sur les dépens? Comment surtout prononcer dès à présent une condamnation contre une partie qui succombera? S'ils étaient réservés, les tribunaux, quand ils seraient saisis, les adjugeraient comme ils l'estimeraient ; ici ils ont les mains liées, ils ne le peuvent plus. S'ils compensent, si une partie succombe sur un point et triomphe sur l'autre, comment l'ordonnance s'exécutera-t-elle ? Tout en est absurde, et n'offre qu'embarras et contradiction.

À la suite des deux ordonnances ci-dessus, il faut encore rapporter la suivante :

Le sieur Clausel de Coussergues et les autres cessionnaires de Bellemare ont été actionnés devant le tribunal de Paris par Briand et Simon, afin de faire exécuter le traité du 16 août 1812, que la décision du 15 décembre a déclaré être du ressort de l'autorité judiciaire.

Le sieur Clausel de Coussergues se pourvoit contre ce dernier acte par voie de tierce-opposition, malgré que Dorion, son cessionnaire, fût dans l'instance.

Il représente que l'action de Briand et Simon était purement personnelle, et ne pouvait atteindre des tiers-acquéreurs de bonne foi ; il demande qu'il soit déclaré que les tiers-cessionnaires ne pouvaient être recherchés à l'occasion des actes et conventions auxquels avaient donné lieu les arrêtés du ministre de la police.

Il fallait bien compter sur l'absence de toute règle au Conseil d'État, pour entreprendre une pareille tierce-opposition. Si le sieur Clausel de Coussergues, que nous voyons ici, est le magistrat de la Cour de cassation, nous ne pouvons nous expliquer comment il a pu espérer de la faire admettre, lorsque, placé au milieu d'un cédant et d'un cessionnaire qui avaient l'un et l'autre été parties, il avait doublement été représenté. Il n'est pas plus facile de concevoir comment il s'adressait au Conseil d'État pour faire déclarer au fond, par action distincte, que l'action intentée par Briand et Simon ne pouvait atteindre des tiers.

Aussi la double prétention a-t-elle été rejetée dans les termes suivants :

Considérant, sur la tierce-opposition, que le sieur Dorion, cessionnaire et ayant cause du sieur Clausel de Coussergues, a été
partie dans l'instance terminée par notre ordonnance du 15 décembre 1824; d'où il suit que le sieur Clausel de Coussergues est
non recevable dans sa tierce-opposition;

Considérant, sur les autres conclusions, que notre ordonnance
précitée ayant statué sur tous les points en litige, il n'y a pas lieu
à faire la déclaration nouvelle demandée par le requérant;

La requête du sieur Clausel de Coussergues est rejetée.

4 septembre. S'il y a difficulté sur l'inscription d'un nom porté
sur la liste des émigrés, c'est l'autorité administrative seule qui doit
faire l'application du nom inscrit.

Les tribunaux ne peuvent prononcer, sans excès de pouvoir.

L'arrêt définitif peut être attaqué par conflit, tant que les délais
de se pourvoir en cassation ne sont pas expirés.

La succession Calonne ayant été comprise dans la liquidation des
dettes de sa majesté pour 35,000 francs de rente, des difficultés
s'élevèrent entre les héritiers.

La Cour royale de Paris, par arrêt du 22 mars 1822, décida que
les inscriptions du nom de Marquet, sur les listes d'émigrés, s'ap-
pliquaient à Marquet Desgrèves; en conséquence, déclara madame
Palmerini héritière directe de M. de Calonne fils.

Le 6 avril, conflit du préfet de la Seine.

Un deuxième arrêt, du 16, ordonne l'exécution du premier.

Mais le Conseil, par ordonnance du 18, prononce le sursis à l'exécution.

Madame Palmerini, indépendamment de ses moyens du fond, pré-
tendit que le conflit ne pouvait plus être élevé après que la contestation était terminée par un arrêt souverain.

Le Conseil d'État, impitoyable, y répond ainsi :

« Considérant que le conflit peut être élevé tant qu'il reste encore un moyen de faire réformer les jugements ou arrêts intervenus ; que, dans l'espèce, l'arrêt de la Cour royale ayant été rendu le 22 mars 1822, le conflit a été élevé le 6 avril suivant, et par conséquent avant l'expiration des délais du pourvoi en cassation ; qu'ainsi ledit conflit a été élevé en temps utile pour faire cesser toutes procédures judiciaires jusqu'à ce qu'il y eût été statué par nous en notre Conseil ;

» Considérant, sur le conflit, qu'une des principales questions qui aient été agitées par les parties, tant devant le tribunal de première instance que devant la Cour royale de Paris, était celle de savoir si l'inscription du nom Marquet, faite en 1792 sur la liste des émigrés, comprenait ou non le sieur Maurice-Alexandre Marquet ; et si, en cas d'inscription, le sieur Maurice-Alexandre Marquet avait été rayé de ladite liste, et à quelle époque ; que, d'après toutes les lois de la matière, l'inscription sur la liste des émigrés, et la radiation de cette liste, sont des actes administratifs ; qu'ainsi c'est à l'administration seule qu'il appartient de déterminer le sens et la valeur de ces actes ; que par conséquent le tribunal de première instance et la Cour royale de Paris, en statuant sur ladite question, ont excédé les bornes de leur compétence ; et qu'en cet état, le conflit d'attribution a été valablement élevé par le préfet de la Seine ;

» Notre Conseil d'État entendu, etc.,

» ART. 1ᵉʳ. L'arrêté de conflit pris par le préfet de la Seine, le 6 avril 1822, est confirmé.

» Le jugement rendu par le tribunal de première instance de la Seine, du 31 août 1821, et les arrêts rendus par la Cour royale de Paris, les 22 mars et 16 avril 1822, entre la dame Palmerini, l'agent judiciaire du trésor royal et autres, sont considérés comme non avenus dans les dispositions par lesquelles lesdits jugements et arrêts ont statué sur l'existence et la valeur des inscriptions et radiations du nom *Marquet* sur la liste des émigrés.

« ART. 2. Les parties sont renvoyées devant l'autorité administrative, à l'effet d'y faire décider contradictoirement si le sieur *Maurice-Alexandre Marquet* a été ou non inscrit sur la liste des émigrés, et si, en cas d'inscription, il a été rayé de ladite liste, et à quelle époque. »

Le rejet de la fin de non-recevoir montre la persévérance du Conseil dans le mal, ou la ténacité avec laquelle il veut abuser de son pouvoir.

Au fond, il invoque toutes les lois de la matière pour établir que les inscriptions et radiations des listes sont des actes administratifs, et en induire que c'est à l'administration seule qu'il appartient de déterminer le sens et la valeur de ces actes.

La conséquence est erronée : où donc a-t-on puisé, ailleurs que dans les actes mêmes d'empiétement du Conseil d'État, cette doctrine ?

Il faut remarquer que l'on dit que c'est à l'administration à déterminer le sens et la valeur de ces actes : ce motif n'est-il pas à côté de la question ? S'agit-il ici de déterminer le sens et la valeur d'actes administratifs ? Évidemment non ; qu'a de commun avec le sens et la valeur des actes, l'identité d'un nom, ou la question de savoir si le nom *Marquet*, sans prénom, s'appliquait à Maurice-Alexandre ou à un autre ? L'administration d'aujourd'hui, que pouvait-elle dire ou déclarer sur ce qu'avait fait l'administration ancienne, fondée sur de tout autres bases ? L'actuelle n'entend pas succéder à l'esprit de l'ancienne ; elle est évidemment moins en état de prononcer que les tribunaux ; il faut une enquête, une discussion au moins sur la généalogie, sur les actes de famille et de notoriété, qui établiraient que c'est *tel* et *non tel Marquet* qui a été ou dû être porté sur la liste.

2.   3

L'administration n'a qualité ni puissance pour se livrer scrupuleusement à l'examen des actes étrangers à la matérialité de la liste des émigrés. Il en est de cette inscription comme des actes de l'État civil : bien que faits par l'administration, on n'est pas forcé de venir devant elle pour les contestations qui s'élèvent, soit sur les noms qu'ils renferment, soit sur les questions d'identité ou d'applicabilité qui peuvent en naître. Une fois l'inscription faite sur les registres de l'état civil, comme sur la liste des émigrés, toutes les difficultés sur l'identité des personnes, et non, comme on l'a dit faussement, sur le sens et la valeur des actes, doivent être portées devant les tribunaux.

Le Conseil d'État, en s'emparant de cette affaire, a cédé à une influence que nous ne pouvons connaître ; il a, sur le fond comme sur la fin de non-recevoir, usurpé sur les attributions judiciaires ; il a violé la loi, commis impunément l'excès de pouvoir qu'il impute. Sa décision devrait être cassée ; ne pouvant l'être, puisqu'il se place au-dessus des lois et de toute autorité, sa décision ne doit point être suivie.

Une ordonnance du même jour, 4 septembre, le prouverait au besoin pour un autre cas ; elle décide que les alignements pour les rues et places qui ne font pas partie des routes royales ou départementales doivent être donnés par l'autorité municipale, sauf recours au préfet ; mais que les contestations, ou les infractions commises à ces règlements, doivent être poursuivies devant les tribunaux.

Une autre ordonnance, du 6 novembre suivant, l'établirait encore en rejetant le conflit du préfet de la Gironde, par la raison que les difficultés qui s'élèvent entre deux particuliers sur les effets de deux actes d'une cession opérée par l'administration, sont hors des limites de la juridiction administrative, et ne peuvent être portées que devant la justice ordinaire.

15 novembre. Les arrêtés du Conseil général de la dette publique

sont au nombre des actes de l'autorité administrative dont la connaissance est interdite à l'autorité judiciaire.

Conflit du préfet de la Manche; jugement de Cherbourg non avenu.

Même jour. Lorsqu'une décision administrative est opposée devant les tribunaux dans une contestation privée, ils doivent s'abstenir de prononcer.

Si le jugement frappé par le conflit contient décision sur plusieurs chefs de demande, il doit être annulé seulement sur celui qui a violé la décision administrative.

Conflit du préfet de la Seine ; jugement de Paris non avenu.

20 dudit. A défaut de représentation de l'original d'adjudication d'une ferme de Barrière, la preuve que la juridiction administrative a été réservée, peut résulter de la transcription textuelle dans un arrêté du préfet, de l'article du cahier des charges qui la renferme.

La preuve qu'un particulier s'est porté caution de l'adjudication, résulte suffisamment de l'inscription de son nom sur l'extrait du registre des actes civils publics, certifié par un receveur d'arrondissement, et relatant l'enregistrement du cautionnement fourni par lui.

Dans ce cas, c'est à l'administration seule qu'il appartient de connaître des difficultés qui peuvent s'élever sur les effets de ce cautionnement.

Conflit du préfet de la Manche; jugement de Cherbourg annulé.

Cette décision, au fond, est contestable, par la raison qu'il est monstrueux de voir l'administration se constituer elle-même ses preuves, ou du moins déclarer que, elle, qui a à s'imputer d'avoir égaré ou de ne pas représenter la pièce dont elle excipe, peut y suppléer par des énonciations relatées dans les actes de ses agents et subordonnés. Cette seule raison ne devait-elle pas la porter à laisser aux tribunaux l'appréciation de ces preuves et de ces actes ? En jugeant encore après qu'elle a eu déclaré que les relations pouvaient remplacer les actes qu'elle a eus dans les mains et qu'elle ne représente pas, et surtout en fondant sa compétence sur de telles relations, elle viole toutes les règles, brise toutes les convenances.

Sa décision ne saurait établir de doctrine.

Même jour 20. L'administration doit pourvoir au curage des rivières et canaux non navigables; les rôles de répartition des dépenses de curage doivent être dressés sous la surveillance du préfet et rendus exécutoires par lui.

Les contestations relatives au recouvrement des rôles, aux réclamations des individus imposés et à la confection des travaux, doivent être portées au Conseil de préfecture, sauf recours au Conseil d'État.

Les arrêtés de préfet en matière de cours d'eau, pris dans les limites de leur compétence, doivent être déférés au ministre de l'intérieur avant de l'être au Conseil d'État.

Conflit du préfet de la Haute-Marne.

Même jour. Si c'est aux tribunaux à prononcer sur la conservation d'une servitude prétendue en faveur d'un service public, c'est à l'administration seule qu'il appartient de statuer, s'il y a lieu, sur la nécessité d'une cession, pour cause d'utilité publique, de la portion de propriété privée indispensable à l'établissement de ladite servitude.

Conflit du préfet des Bouches-du-Rhône.

CHAPITRE II.

ANNÉE 1823.

22 janvier. Si les tribunaux sont compétents pour statuer sur les répétitions formées par un particulier, du montant des contributions

par lui payées au lieu et place d'un autre, ils cessent de l'être lorsqu'il s'élève contestation entre les deux pour savoir dans quelle proportion les propriétés respectives doivent être imposées.

Ils excèdent leurs pouvoirs, s'ils nomment des commissaires pour procéder à la division des contributions et rapporter à l'un d'eux quel était le montant des contributions qu'il aurait dû payer chaque année.

Conflit du préfet de la Lozère ; jugement du tribunal de Mende non avenu.

Même jour. Un arrêté du Conseil de préfecture qui ordonne la démolition de travaux entrepris sans autorisation préalable, et malgré des prohibitions signifiées, sur une rivière navigable, et condamne le contrevenant à l'amende, doit être confirmé, lors même que ces constructions n'ont été faites que d'après l'avis favorable de la direction générale des ponts et chaussées.

C'est devant le ministre de l'intérieur et non devant le Conseil d'État que les demandes en autorisation de construire, et les oppositions à ces demandes, doivent être portées.

Nous n'indiquons cette décision que pour montrer les inconvénients de multiplier les autorités, sans une muraille qui les sépare. L'administration des ponts et chaussées, qui paraissait devoir être cependant la plus compétente pour apprécier le *commodum aut in commodum*, avait été d'un avis favorable à la construction d'un moulin sur la Garonne, et néanmoins, malgré cet avis, un Conseil de préfecture en ordonne la démolition. Toucha-t-on jamais mieux au doigt l'abus de redondance d'autorités, et surtout d'autorités sans règles fixes d'attributions !

A cette première lutte de pouvoirs entre les deux subalternes, il faut en joindre une entre les supérieurs ; le Conseil d'État fait la politesse au ministre, il s'efface devant S. Exc., et renvoie à elle.

Ce combat est bien intéressant pour les parties ; aussi n'a-t-il pas eu lieu avant qu'il y eût décision ; il ne s'est ouvert qu'après, et bien entendu par la partie qui a succombé, à qui il reste la ressource, à l'abri de l'incertitude de la législation, du caprice d'une autorité sans règle fixe, de faire une tentative dont l'issue, toujours incertaine, lui fournit l'espoir de réussite. Sans ce motif et cette chance, qu'importe le choix entre le ministre et le Conseil d'État ; l'un n'est-il pas l'autre ? Il n'y a de préférence qu'à raison des connaissances que l'on trouvera pour l'un ou pour l'autre, et surtout pour les employés des bureaux ; les conjectures se feront sur les personnes, sur la facilité de les aborder ou de les séduire, tout se dirigera sur des calculs qu'il est pénible d'admettre, mais que nos ministres devraient bien faire cesser. Pour y parvenir, ils devraient commencer à détruire les conflits, non seulement entre les corps judiciaires et l'administration, mais encore entre les diverses branches de celle-ci.

Le mal serait tout-à-fait détruit si les tribunaux avaient l'étendue de pouvoirs qui leur est impartie par la Charte, et si, comme cela se doit, eux seuls prononçaient sur les différends ou le contentieux, quel qu'il soit.

En voici une du même jour, qui signale le même abus.

A l'époque de sa première abdication, Napoléon fit avec les souverains alliés un traité daté de Fontainebleau, le 11 avril 1814, par lequel il cédait à la couronne tous les biens qu'il avait en France, sous la réserve de deux millions à répartir entre des personnes auxquelles il désirait donner des gratifications.

Cette convention fut approuvée par le gouvernement provisoire et par le gouvernement royal, qui en garantirent l'exécution.

La répartition eut bien lieu, mais non l'exécution.

M. Fain et autres qui y avaient été compris, réclamèrent auprès du ministre des finances.

Le 2 août 1822 il rejette leur demande.

Ainsi éconduits, ils viennent solliciter du Conseil d'État une justice que leur avait refusée le ministre.

Voici sa décision :

« Louis, etc. ,

» Vu la lettre de notre ministre des finances , du 2 août dernier , portant que l'auteur de la disposition dont il s'agit, s'étant remis, par le fait , en possession des moyens de l'exécuter, et n'en ayant point usé, avait détruit le droit d'en réclamer de nous la réalisation ;

» Considérant que les décisions relatives aux effets que peut avoir le traité de Fontainebleau , du 11 avril 1814 , ne sont point de nature à être portées devant nous, en notre Conseil d'État , par la voie contentieuse.

» La requête est rejetée. »

Ainsi voilà des parties qui ne savent encore à quelle autorité s'adresser ; dès qu'on ne veut pas qu'elles aillent devant les tribunaux où elles ne sont point renvoyées, pouvaient-elles s'adresser à autre rendant justice qu'au ministre ou *au roi en ses Conseils* (telle est la forme prescrite par le Conseil d'État pour toutes les requêtes et supplications qui lui sont adressées)? Y a-t-il, dans ce qu'on appelle l'administration, un autre corps qu'on pût et dût saisir?

Que signifie ce motif : que la question n'était point de nature à être portée devant nous en notre, Conseil, par la voie contentieuse ?

On a saisi le Conseil d'État d'une réclamation quelconque ; dès qu'il n'a point déterminé de règles , pourquoi en improviser pour dire qu'il ne peut être saisi par la voie contentieuse? S'il ne peut l'être par cette voie , qu'il le soit par un autre qu'il choisira; les particuliers peuvent bien ignorer son mécanisme intérieur. Une fois que la demande lui est présentée , pouvait-il, devait-il rejeter la demande, parcequ'il ne devait pas être saisi de telle façon ?

On voit jusqu'où va l'abus ou la facilité de rendre telle justice que bon semble.

Il est aussi à remarquer la pudeur avec laquelle le ministre des finances parle d'un homme à qui ceux qui veulent abuser du pouvoir ont tant d'actions de grâces à rendre ; le nom de Napoléon ou de Bonaparte ne devrait pas leur être tellement insupportable qu'ils rougissent de le prononcer.

Le motif du ministre, que Napoléon s'étant remis par le fait en possession des moyens d'exécuter, et n'en ayant point usé, avait détruit le droit, ne met-il pas le sceau à la mesure ?

Même jour 22. Les Conseils de préfecture et non les tribunaux sont compétents pour statuer sur les réclamations en indemnité des propriétaires dont les terrains ont été occupés pour extraire des matériaux nécessaires aux travaux d'entretien des routes.

Conflit du préfet du Finistère.

Même jour. Les tribunaux ne sont pas compétents pour apprécier les effets et les conséquences d'un travail d'utilité publique entrepris sur une portion du domaine de l'État, lorsque cette entreprise ne nécessite pas une expropriation forcée, mais occasione seulement une dépréciation ou des dommages qu'il s'agit de constater et d'évaluer.

Conflit du préfet de la Gironde approuvé.

Rien de plus difficultueux que l'appréciation et la fixation de dommages-intérêts ; jusqu'à présent les tribunaux n'en avaient jamais été dépouillés ; en vertu de cette ordonnance, si elle était suivie, c'est au préfet qu'il faudrait s'adresser à l'avenir. Heureusement que cette ordonnance n'est pas une loi, et que bientôt on en trouvera qui, en ce point comme en tous autres d'ailleurs, lui seront diamétralement contraires.

Une ordonnance du 29 janvier, rendue entre Defermon, ancien

liquidateur de la dette publique, et les héritiers Caraman, pour des actions du canal du Midi, décide encore, comme ci-dessus, que le
Conseil était mal saisi par la voie contentieuse.

Il ajoute d'autres principes assez nouveaux :

Que, quoiqu'il soit énoncé dans une décision ministérielle que le
ministre qui l'a rendue avait préalablement pris nos ordres, cette
énonciation ne suffit pas pour lui attribuer l'autorité d'une ordonnance émanée de nous, parceque rien ne peut suppléer à notre
signature.

Voici une nouvelle manière de réformer les ordonnances ; jusqu'ici
on avait cru que tous les actes étaient le fait des ministres, maintenant ils deviennent le fait personnel du roi. C'est bien ras-
surant pour une partie qui a dans les mains une décision dans
laquelle le ministre lui affirme qu'il a pris les ordres du roi, de la
voir anéantir par la déclaration postérieure d'un autre ministre que
le fait est faux, que la signature du roi n'étant pas apposée à
la décision, il ne fallait ajouter aucune foi à l'énonciation qu'elle
contenait.

Quel singulier système on cherche encore à établir ! Vit-on jamais
ballotter et compromettre ainsi le nom et la justice du roi ? Le
ministre ou le Conseil qui ne craint pas de s'aider de pareils motifs pour détruire un acte de son devancier, ne voit-il pas qu'en
déconsidérant celui-ci il se déconsidère lui-même ?

La partie ainsi privée de la décision qu'elle avait obtenue, que
doit-elle penser des raisons qu'on lui donne ? Elle ne peut que dire :
ou il est vrai que le roi a donné ses ordres au ministre, ou celui-
ci n'a fait que l'énoncer.

Dans le premier cas, peu importe que le roi ait signé ou pas
signé, jamais il n'a dû intervenir ; s'il l'a fait, sa parole doit bien être
quelque chose ; une fois qu'elle a été donnée, il ne doit pas pouvoir,

et le Conseil d'État ne doit pas avancer qu'il peut la rétracter, par
cela seul que l'acte qui l'énonce n'est pas signé de lui.

Quand un ministre dit que le roi lui a donné ses ordres, appar-
tient-il à un autre de dire le contraire, par cela que le roi n'a pas
signé? Est-ce qu'un ministre est présumé mentir? et foi n'est-elle
pas due à son assertion jusqu'à preuve contraire? D'ailleurs, qu'est-
ce que cela peut faire à la partie, que l'acte ait été signé par le roi
ou qu'il ne l'ait pas été? Était-ce elle qui était chargée d'obtenir la
signature? Si ce fait n'est et n'a jamais pu être le sien, pourquoi
le lui imputer, et anéantir, pour cause d'absence de signature du
roi, un acte d'un ministre?

S'il est faux que les ordres du roi aient été donnés, le ministre
en est-il quitte pour l'énonciation de cette fausseté?

L'article 146 du Code pénal punissant des travaux forcés à perpétuité tout fonctionnaire ou officier public qui, en rédigeant les
actes de son ministère, en aura frauduleusement dénaturé la sub-
stance ou les circonstances, en constatant comme vrais des faits
faux, ou comme avoués des faits qui ne l'étaient pas, n'est-il donc
pas applicable à un ministre? N'est-il pas encore plus coupable
d'avoir fait mentir le roi, en disant qu'il approuvait une décision
qui lui était tout-à-fait inconnue? La partie, en tout cas, qui se
voit arracher le bénéfice d'une décision qu'elle avait obtenue, n'au-
rait-elle pas un recours en dommages-intérêts contre le ministre,
par le fait duquel elle éprouve cette perte?

Si l'on poussait l'argumentation jusqu'où elle pourrait aller, si
l'on tirait toutes les conséquences qui peuvent en naître, la décision ci-dessus tomberait dans l'absurde; laissons-la pour ce qu'elle
vaut, et ramenons-la à son véritable point.

La première décision, du 25 janvier 1819, était émanée de
M. Decazes; celle du Conseil d'État est intervenue sous le nouveau

comte de Corbière; il a bien fallu que celui-ci, ou, si l'on préfère, le Conseil d'État, marquât son éloignement pour les actes de 1819, et profitât de l'occasion pour contumélier un ministre qui avait le tort de ne pas avoir administré comme le voulait alors, et comme ne l'a pas fait depuis, le docte avocat breton.

Il est bien permis de penser que, si M. Decazes eût encore été au pouvoir, pareille ordonnance n'eût point été rendue; il est dès lors permis aussi de penser que le Conseil n'est pas sans influence du ministre; qu'il reçoit même cette influence indirectement, et par la seule idée que l'acte plaira et conviendra au ministre.

Un ministre de cette forme, si nouvelle mérite bien que le Conseil coure au-devant de ses vœux.

Même jour 29 janvier. Si une demande en indemnité et résiliation de bail, formée par un fermier contre son bailleur, à raison des dommages causés par les travaux des canaux de l'Ourcq et de Saint-Denis, est de la compétence des tribunaux, il n'en est pas de même de l'action récursoire formée par le bailleur, soit contre la ville de Paris, soit contre la compagnie des canaux.

Cette dernière demande ne peut être portée que devant l'autorité administrative.

Conflit du préfet de la Seine maintenu; jugement de Paris annulé.

Il résulte de cette ordonnance que c'est l'administration qui doit les indemnités, et que, pour ne pas être contrariée, c'est elle qui les fixera.

12 février. Avant que les tribunaux puissent être saisis d'une demande en restitution de biens concédés depuis la paix à une commune des colonies par le gouvernement français, et dont un Anglais avait été mis en possession par son gouvernement durant l'occupation antérieure de la colonie, il faut que l'autorité administrative ait prononcé sur la validité de la concession.

Conflit du gouverneur de l'île Bourbon.

19 février. La connaissance des contestations qui peuvent s'élever sur les cotisations au rôle de répartition des sommes destinées au paiement des dettes de l'ancienne communauté des juifs de Metz, appartient à l'administration.

Elle est seule compétente pour approuver les rôles relatifs à la répartition des sommes, et prononcer sur les demandes en réduction ou décharge.

Les tribunaux ne pourraient apprécier le mérite d'une opposition aux poursuites exercées pour le recouvrement de ces rôles, si elle n'est fondée que sur l'allégation d'un défaut de pouvoirs de la part de l'autorité administrative, qui les aurait approuvés et rendus exécutoires.

Conflit du préfet de la Moselle.

19 mars. Il ne peut être régulièrement statué sur l'occupation de terrains nécessaires à l'ouverture d'un canal, sur les indemnités et le mode de les régler, qu'après qu'il a été prononcé par l'autorité administrative en ce qui touche les terrains, sur l'étendue et les effets des actes, plans et devis relatifs à l'ouverture de ce canal.

Conflit du préfet de la Seine.

Même jour. L'administration seule doit statuer sur les réclamations des particuliers qui se plaignent de torts et dommages causés par les entrepreneurs, pour terrains pris ou fouillés pour la confection des chemins, canaux et autres ouvrages publics.

Conflit du préfet des Basses-Pyrénées confirmé; arrêt de la Cour de Pau non avenu.

L'arrêt est du 29 novembre 1821; le conflit du 8 mars 1822. On ne mentionne pas la date de la signification; il est présumable que l'arrêt n'était plus attaquable par la voie de cassation; il n'en a pas moins, dans la forme adoptée, été considéré comme non avenu.

16 avril. Il doit être donné aux parties avis d'un conflit, afin de les mettre à même de fournir leurs observations dans le délai fixé.

Faute d'observations dans ce délai, il doit être passé outre au jugement du conflit, sans qu'il y ait lieu à opposition ni révision des ordonnances intervenues.

23 dudit. Les administrateurs d'un établissement public, agissant en cette qualité, sont responsables, comme particuliers, de l'exécution des condamnations prononcées contre l'établissement qu'ils administrent.

Le mode d'exécution appartient spécialement à l'autorité administrative.

Conflit du préfet de l'Hérault; jugement de Montpellier non avenu.

Même jour. L'administration est compétente seule pour les indemnités à raison de l'extraction des matériaux pour les routes.

Conflit du préfet de l'Aveyron; jugement de Rodez non avenu.

7 mai. Les préfets seuls doivent reconnaître la limite des chemins vicinaux, et les Conseils de préfecture juger les questions d'anticipation et d'empiétement.

Les questions de propriété doivent, s'il s'en élève, être portées aux tribunaux.

Conflit du préfet de Seine-et-Marne; jugement de Coulommiers non avenu.

21 mai. L'acte par lequel un maire, sans contester à un particulier la propriété d'un fossé, en ordonne cependant le comblement pour cause de sûreté publique, est un acte municipal qui ne peut être examiné par les tribunaux.

Un juge de paix ne peut condamner le maire à faire enlever la terre du fossé, et à le rétablir dans son ancien état.

Conflit du préfet du Nord.

18 juin. Si une propriété confisquée sur un Anglais en vertu du

décret de novembre 1806, et affectée à la dotation d'un majorat,
se trouve grevée, au moment de la confiscation, d'un privilége en
faveur d'un Français, la difficulté sur le privilége et la propriété ne
doit point être soumise aux tribunaux, mais au Conseil d'État.

Conflit du préfet de la Seine maintenu.

23 juillet. Les réclamations des particuliers contre les entrepreneurs de travaux publics sont du ressort de l'autorité administrative.

Conflit du préfet des Basses-Pyrénées.

2 août. Le conflit peut être élevé contre des arrêts de Cour
royale, tant que les délais pour se pourvoir en cassation ne sont
pas expirés.

Il doit être sursis à toute procédure jusqu'à ce que le Conseil
d'État ait statué.

L'exécution des lois relatives à la police des sépultures appartient
exclusivement à l'autorité administrative.

L'autorité judiciaire n'a pas même le droit d'ordonner l'exécution
de ses actes relatifs à l'inhumation ou l'exhumation ; c'est l'administration seule qui doit prononcer.

Cette affaire a fait assez de bruit, pour ne pas dire assez de scandale ; en voici quelques circonstances.

Grétry, décédé le 24 septembre 1813 à l'Hermitage, près Montmorency, le sieur Flamand, son neveu, écrivit, dès le 28 novembre
suivant, au maire de Liége, que, pour accomplir le vœu manifesté
par le défunt pour sa ville natale, il lui faisait hommage de son
cœur.

La ville de Liége accepte ; mais les évènements politiques empê-
chèrent l'exécution.

En juillet 1816, le sieur Flamand, attendu que Liége n'était plus à la France, demanda au préfet de police qu'il lui fût permis de déposer le cœur dans un monument qu'il venait d'ériger dans le jardin de l'Hermitage.

Le préfet l'autorisa.

Le 2 juillet 1821, les bourgmestres de Liége écrivirent aux héritiers qu'ils avaient chargé une ancienne amie du grand homme, de faire parvenir son cœur à la ville.

Par acte du 1er août, les héritiers déclarèrent qu'ils entendaient que l'hommage fait à la ville de Liége s'exécutât.

Les bourgmestres soumirent leur réclamation au préfet de police, qui répondit que l'administration n'avait aucune qualité pour intervenir dans la remise dont il s'agit: que c'était une affaire privée soumise aux règles ordinaires.

Après sommation faite au sieur Flamand d'avoir à remettre la boîte de plomb renfermant le cœur, ils l'assignèrent devant le tribunal de Pontoise.

27 août 1822, jugement qui déboute les bourgmestres de leur demande.

17 mai 1823, arrêt de la Cour de Paris, qui,

Considérant que l'extraction du cœur de Grétry n'a été demandée au nom de la famille et accordée par l'autorité publique que pour en faire hommage à Liége, sa ville natale, qui l'a accepté et a fait préparer un monument pour le recevoir,

Ordonne que le cœur de Grétry sera retiré du jardin de l'Hermitage, en présence du maire de Montmorency et des commissaires de la ville de Liége, pour être remis à ceux-ci, sur décharge qui sera insérée au procès-verbal.

20 juin, le préfet de police élève le conflit d'attribution, par la raison que la Cour royale avait excédé ses pouvoirs en ordonnant

l'exécution de son arrêt, exécution qui appartenait exclusivement à l'autorité administrative.

La Cour, dans un premier arrêt, du 24, ordonna de passer outre, sans avoir égard au conflit.

Les motifs sont :

1° Qu'un conflit de juridiction ne peut être élevé que tant qu'il y a litispendance, et que, dans la cause, les deux degrés de juridiction sont épuisés, et que le pourvoi en cassation n'ouvrant pas un troisième degré de juridiction, il n'y a pas litispendance durant le délai du pourvoi, ni par conséquent lieu à conflit ;

2° Que, dans l'espèce, le préfet de Seine-et-Oise, administrateur territorial, a reconnu, dans le temps où il pouvait élever le conflit, la compétence de l'autorité judiciaire ;

3° Que l'exécution d'un arrêt ne pouvait être arrêtée que par une tierce opposition qui n'était pas même suspensive.

Qu'y avait-il à répondre à de pareilles raisons ?

Dans un deuxième, du 14 juillet suivant, elle ordonna aux bourgmestres la délivrance de la caution *judicatum solvi*.

Le conflit porté au Conseil d'État, les bourgmestres ont prétendu que le préfet de police n'avait pas le droit d'élever le conflit, parceque l'ordonnance de 1822 ne le lui avait attribué que comme chargé d'une partie de l'administration départementale, et que les lieux de sépulture sont soumis uniquement aux administrations municipales :

Que les limites du préfet de police ne s'étendant pas sur Montmorency, qui est dans un autre département, le préfet était sans aucune espèce de pouvoir.

Au fond, l'action, qu'il faut seule examiner pour la compétence, ne tendait qu'à revendiquer un objet mis hors de l'attribution de la police, etc., etc.

Malgré ces raisons, intervint l'ordonnance ci-après.

Vu l'arrêté du gouvernement, du 13 brumaire an X, portant que les arrêtés de conflit seront notifiés au tribunal par le commissaire du gouvernement, avec déclaration qu'aux termes de l'art. 27 de la loi du 21 fructidor an III, il doit être sursis à toutes procédures judiciaires jusqu'à ce que le Conseil d'État ait prononcé sur le conflit;

Vu nos ordonnances des 20 juin 1821 et 8 avril 1822;

Considérant qu'aux termes de nos ordonnances, le conflit peut être élevé contre des arrêts des Cours royales, tant que les délais du pourvoi en cassation ne sont pas expirés;

Que, dans l'espèce, l'arrêt de la Cour royale de Paris a été rendu le 17 mai 1823, et l'arrêté du préfet de police pris le 20 juin suivant; que par conséquent le conflit a été élevé dans le délai utile;

Considérant que, bien que l'exécution de l'arrêt du 17 mai 1823 dût avoir lieu hors de la juridiction territoriale du préfet de police, il n'en appartenait pas moins à ce magistrat d'élever le conflit dans l'espèce, puisqu'il se fondait sur l'interprétation des actes émanés de l'un de ses prédécesseurs;

Considérant qu'aux termes de l'arrêté réglémentaire du 15 brumaire an X, inséré au Bulletin des lois, il doit être sursis à toutes procédures judiciaires jusqu'à ce que le Conseil d'État ait prononcé sur le conflit; qu'ainsi notre Cour royale de Paris n'aurait pas dû ordonner qu'il serait passé outre à l'exécution de son arrêt du 17 mai 1823;

Considérant, sur le conflit:

Qu'on ne peut disposer de la dépouille mortelle de l'homme que conformément aux lois qui protègent les cendres des morts, l'honneur des familles, et qui assurent le maintien de la salubrité, de la décence et de l'ordre public, et que l'exécution des lois, en cette matière, appartient exclusivement à l'autorité administrative;

Considérant que, si l'autorité judiciaire a le droit incontestable d'interpréter les actes ou les transactions qui peuvent intervenir à cette occasion, et de déclarer les droits qui en résultent pour chacune des parties, l'exercice de ces droits est essentiellement subordonné aux décisions de l'autorité chargée de veiller au maintien de l'ordre et de la salubrité publique, en tout ce qui concerne les inhumations ou exhumations et la police des sépultures:

Considérant, dans l'espèce, que la Cour royale de Paris ne s'est pas bornée à interpréter les actes des parties, et à déterminer les droits relativement à l'objet de leur contestation, mais qu'elle a prescrit des mesures relatives à l'exercice de ces droits, lesquelles ne pouvaient être fixées et réglées que par l'autorité administrative, et qu'à cet égard elle a excédé ses pouvoirs;

Art. 1er. L'arrêt de notre Cour royale de Paris, du 17 mai 1823, est considéré comme non avenu, en ce qu'il prescrit des mesures d'exécution pour l'extraction et la remise du cœur de Grétry.

Art. 2. Les arrêts de notre Cour royale de Paris, des 24 juin et 16 juillet 1823, portant qu'il sera passé outre à l'exécution de l'arrêt du 17 mai 1823, sont considérés comme non avenus.

Cette fois, l'avocat a reproduit le moyen fondé sur l'excès et l'abus de pouvoir du Conseil d'État, quant à la chose souverainement jugée; cette fois le Conseil a daigné y répondre, ce qu'il s'est abstenu de faire dans maintes autres occasions; mais, avec une ténacité qui s'explique facilement, il a persévéré avec d'autant plus de raison pour lui, que le rejet de la fin de non-recevoir s'identifie avec le conflit lui-même: c'est-à-dire qu'à Paris, et dans une circonstance aussi solennelle, le ministre ayant ordonné ou consenti un conflit élevé par le préfet de police, le Conseil d'État, qui n'est autre que l'agent subordonné du ministre, est obligé de l'admettre tel qu'il lui est apporté. Cet excès de pouvoir sur la compétence et sur la forme se lie à l'excès de pouvoir sur le fond; une occasion d'ailleurs de contumélier une Cour souveraine, qui tient ses pouvoirs de la constitution et des lois, et non de la volonté d'un ministre, ne peut être échappée : il faut lui faire sentir son erreur de penser qu'elle est indépendante; et la main supérieure qui, n'ayant pu la dominer avant qu'elle prononce, la corrige quand elle a prononcé, en lacérant ses décisions.

Il est assez singulier que l'on se fonde sur la loi de fructidor an III, pour dire qu'il doit être sursis à toutes procédures jusqu'à ce que le Conseil d'État ait prononcé sur le conflit.

L'art. 27 invoqué dit qu'en cas de conflit d'attribution entre les autorités judiciaires et administratives, il sera sursis jusqu'à décision du ministre, confirmée par le directoire exécutif, qui en référera, s'il est besoin, au corps législatif, et qui enjoint au directoire en ce cas de prononcer dans le mois.

Il n'y a rien dans cet article qui indique le Conseil d'État, qu'on substitue simplement au ministre et au directoire exécutif.

Ce qu'on ajoute encore à cette loi, c'est le conflit contre un arrêt souverain, c'est le conflit pour un cas comme celui-ci, tout-à-fait étranger aux biens nationaux, à l'occasion desquels cette loi permettait seulement qu'on l'élevât.

Ce qu'on ne citera pas aussi bien de cette loi, et qui est dans son texte positif, c'est l'obligation où était le directoire exécutif lui-même, autorité bien autre que le Conseil d'État, de prononcer dans le mois.

Celui-ci ne devait donc pas invoquer cette loi pour la mutiler et la dénaturer, en la reportant à des cas qu'elle n'a point eus en vue; il devrait surtout s'y soumettre dans la disposition qui oblige à prononcer dans le mois, au lieu de faire attendre des années entières, ainsi qu'il l'a fait dans une infinité de circonstances.

Après le visa de cette loi, et pour compléter la preuve de ses pouvoirs, il se renforce des deux ordonnances de juin 1821 et avril 1822;

par là il se fait, ainsi que nous l'avons déjà dit ailleurs, autorité à lui-même. Ce corps qui rappelle si bien à la loi les tribunaux, se met lui-même en contravention ou en rebellion ouverte avec l'article 5 du Code civil, qui, défendant aux juges de prononcer par voie de disposition générale ou réglémentaire sur les causes qui leur sont soumises, s'appliquerait évidemment aux membres du Conseil d'État quand ils usurpent les fonctions de juges; ils commettent la même contravention que les Cours royales qui, pour appuyer une décision nouvelle, se reporteraient à leurs décisions précédentes, qu'elles tendraient par là à généraliser, en se présentant comme autorité à elles-mêmes, et par conséquent à tout justiciable.

L'arrêté du 13 brumaire vient encore en auxiliaire; sans doute pour montrer la force qu'il doit avoir, on énonce qu'il est inséré au Bulletin des lois; mais si cet arrêté ordonne de surseoir à toute procédure, à plus forte raison défend-il de juger après le conflit. En ce cas on demande au Conseil d'État pourquoi il ne sanctionne pas cet arrêté par les peines qui ont été appliquées au cas spécial par les articles 127 et suivants du Code pénal. Dès qu'il cite l'arrêté pour le sursis, ne devait-il pas citer aussi ces articles pour la peine. Le cas offrait même cela de particulier, qu'il n'y avait plus rien à constater, le délit résultant des arrêts même qui étaient visés.

Il est à remarquer qu'il n'y a pas même besoin de savoir si le premier arrêt, du 17 mai 1823, était ou non dans les attributions de la Cour; qu'alors même qu'il en eût fait partie, elle avait commis le délit en prononçant depuis le conflit du 20 juin les deux arrêts des 24 juin et 14 juillet suivant; à plus forte raison quand le Conseil d'État a reconnu que même le premier arrêt avait empiété sur le pouvoir administratif, empiétement qui résultait de la rétractation de cet arrêt.

Son silence à cet égard, celui du ministre de la justice, du procu-

reur général, qui se sont bien gardés, les uns d'ordonner ou d'indiquer, les autres de diriger des poursuites contre les membres de la
Cour, montre le peu d'assurance qu'ils ont tous dans la marche illégale et tortueuse qu'ils emploient. Cette réserve seule prouve qu'ils
sentent l'indignité de la mesure qu'ils emploient; mieux vaudrait
cent fois ne pas donner un pareil scandale en signalant de la part
d'un grand corps judiciaire un délit prévu et puni par les lois, sans
que cependant on ose requérir aucune poursuite contre lui; de telle
sorte que la loi et ceux qui sont préposés à sa conservation, reculent
devant un délit d'autant plus punissable, qu'il aurait été commis par
des fonctionnaires uniquement institués pour venger les lois des outrages qui lui sont portés.

Cela démontre l'inefficacité d'une peine qui n'est qu'un moyen com-
minatoire contre les tribunaux; si jamais le Conseil d'État ou le
ministre osaient en requérir l'application, on sent facilement à
l'avance les moyens que ferait valoir le corps judiciaire attaqué, pour
faire retomber l'accusation sur le Conseil d'État, véritable coupable.

Si la loi prohibe l'empiétement, il faudra rechercher qui le commet. Où est donc celle qui soustrait la matière aux tribunaux, où est
surtout celle qui l'attribue au Conseil d'État? Celui-ci en invoque bien
une qui reconnaît les conflits, mais ce n'est pas ce point qu'il s'agit
ici d'éclaircir; c'est le droit de l'élever contre un arrêt souverain,
c'est le droit de le présenter pour un objet particulier qui n'avait jamais été compris dans l'inhumation ni dans l'exhumation, et qui ne
pouvait en aucune façon appartenir à l'autorité administrative.

Dira-t-on que la loi punit les juges par cela seul qu'ils ont prononcé après la revendication, alors même qu'il serait constant que
cette revendication n'était point fondée?

Mais la loi, quoique faite par le Conseil d'État et dans les vues
d'empiétement qui le tourmentaient, ne peut être entendue d'une

manière tellement judaïque, qu'elle conduirait à l'absurde. Peut-
elle vouloir et avouer hautement qu'un conflit, en quelque matière,
pour quelque cas que ce soit, doit arrêter tout court les tribunaux;
qu'ils doivent impitoyablement repousser les plaideurs qui lui tendent les bras, et attendre que l'administration ait consommé son
œuvre, etc.?

Les tribunaux ne peuvent être ainsi à la merci des préfets ou
des membres du Conseil d'État; applicateurs des lois, ils ne doivent
suivre qu'elles; ils ne doivent pas s'arrêter devant ceux qui les trans-
gressent; ils ont, au contraire, la mission de réprimer leurs écarts;
comment, dès lors, admettre qu'en butte à l'animadversion et aux
erreurs persévérantes d'un ministère félon, les tribunaux se verront
enlever successivement leurs attributions? Comment admettre que,
quand il leur sera évidemment démontré qu'un préfet, spontané-
ment ou par ordre supérieur, élève un conflit sans donner aucun
motif, sans qu'il soit même possible d'en découvrir un, les tribunaux, tout pénétrés qu'ils sont de l'iniquité de la mesure déployée
contre eux, doivent voir consommer cette iniquité, sans qu'ils aient
aucun moyen de l'empêcher? En leur interdisant de prononcer après
revendication, la loi suppose une juste cause, ou au moins une cause
douteuse de revendication; elle ne peut aller jusqu'à prononcer cette
interdiction pour les cas qui sont incontestablement hors du domaine administratif; autrement elle se serait, par l'article pénal,
mise en contradiction avec toutes les lois civiles, qui, après avoir
constitué le pouvoir judiciaire, énuméré ses attributions, lui imposent, dans l'article 4 du Code civil, l'obligation sévère de juger
dans tous les cas, sous peine de se rendre coupable de déni de
justice, punissable, d'après l'article 185 du Code pénal, d'une
amende de 200 fr. à 500 fr., et de l'interdiction de l'exercice des
fonctions publiques depuis cinq ans jusqu'à vingt.

Cette disposition, évidemment faite dans l'intérêt du justiciable, pour que son droit ne reste pas en souffrance, et que l'obscurité ou le silence de la loi ne serve pas de prétexte à l'hésitation ou au tâtonnement du juge, ne lui commande-t-elle pas de prononcer également quand il est certain qu'un préfet ignorant ou séduit a lancé témérairement un conflit dans une matière qui lui est tout-à-fait étrangère? Les tribunaux, placés entre le texte de l'art. 128 et le texte des articles 185 du Code pénal et 4 du Code civil, fortifiés de leur esprit et de leur objet, perdront-ils donc toute faculté d'opter ou de concilier un article avec l'autre? Ne deviendront-ils donc, au moyen de l'abus si facile auquel peut s'abandonner l'administration, que des instruments purement mécaniques à la discrétion de celle-ci? Eux, spécialement institués pour rendre la justice, seront-ils dans la nécessité de la voir fléchir sous la volonté d'un préfet, et succomber sous les coups du Conseil d'État? Devront-ils la voir dévier sans avoir aucun moyen de la faire rentrer en ligne? Nous n'hésitons pas à dire qu'en pareille circonstance ils se rendraient complices du mal, et que les désastres qui s'ensuivraient pourraient leur être imputés comme à ceux qui en sont les auteurs principaux.

Du reste, on peut apprécier la force de l'ordonnance dans la réponse aux fins de non-recevoir, tirées, 1° du défaut de qualité du préfet de police, qui n'avait reçu le droit d'élever conflit que comme chargé d'une partie de l'administration départementale, ce qui ne se rencontrait pas ici, puisque tout ce qui tient aux sépultures est sous la police immédiate des administrations municipales.

2° Du défaut de pouvoir hors de sa juridiction, puisque Montmorency, à trois lieues de Paris, ne fait plus partie du département de la Seine, et échappe par conséquent à toute surveillance du préfet de police de Paris.

Ces deux moyens étaient assez tranchants pour qu'ils méritassent une réponse un peu plus développée. Mais le Conseil a suivi ici l'usage qu'il a établi toutes les fois qu'il est embarrassé, ainsi que cela lui arrive, lorsqu'il y a des arrêts de cassation ou autres, contre lesquels il ne peut présenter aucune raison un peu satisfaisante. Il prononce alors comme s'il n'y eût point eu de décision judiciaire. Ici il en a agi presque de même, puisque sa brève réponse est insignifiante.

Au fond, de quoi s'agissait-il? du cœur de Grétry qui avait été détaché du corps, et qui dès lors ne faisait plus partie de l'inhumation. C'était un objet particulier, à peu près comme les cheveux qu'on extrait fréquemment, et qui deviennent en quelque sorte une relique : objet sur lequel les lois de police touchant la sépulture n'ont aucune sorte d'empire.

Le préfet de police qui a lui-même élevé ce conflit l'avait formellement reconnu dans sa lettre du 16 août 1821, ainsi conçue :

« Je m'empresse de répondre à la demande que vous avez faite par lettre de ce jour, à l'effet d'être autorisé à extraire, pour la transporter à Liége, une boîte en plomb contenant le cœur du célèbre Grétry.

» L'administration n'a aucune qualité pour intervenir dans la remise dont il s'agit : c'est une affaire privée soumise aux règles ordinaires; et je ne puis que vous engager à la suivre, si vous le jugez convenable. »

On se conforme au conseil donné par le préfet : c'est lui qui, par son conflit, vient punir la partie d'avoir obéi à ses conseils.

Dès que l'administration, à qui l'on avait jugé à propos d'en demander l'autorisation, avait permis l'extraction du cœur en 1815 pour être embaumé; elle n'avait plus à s'en occuper, ni à se mêler de l'emploi qui en serait fait; les héritiers pouvaient le placer dans

une armoire comme dans une maison, un jardin, ou tout autre endroit particulier ; en voici un exemple :

Madame de Villette ayant dans son appartement le cœur de
Voltaire, en avait toujours disposé de la manière la plus absolue.
Enfermé dans une petite urne, il était certainement devenu une
propriété particulière qui échappait à toute surveillance de l'autorité. Peu de temps avant sa mort, qui a eu lieu en 1825, cette dame
m'avait fait espérer qu'elle me transmettrait un objet auquel elle
savait que j'attachais tant de prix ; j'étais loin de me douter que ce
don et les contestations qu'on aurait pu élever à cette occasion,
eussent jamais été soumis aux lois sur les sépultures, et pussent,
sous aucun rapport, entrer dans les attributions du préfet de police
ou du Conseil d'État. A la mort de sa mère, le fils a transporté
l'urne dans sa terre de Villette, près Pont-Sainte-Maxence ; il a
élevé dans la bibliothèque du château un monument de simplicité et
de bon goût. Le cœur de l'homme qui remplit l'univers de son nom,
y est renfermé. M. de Villette n'a pas eu besoin de recourir au
préfet de police pour le transport, ni à l'officier municipal du lieu
pour leplacement.

Le cœur de Grétry ne pouvait être soumis à d'autres règles. Les
mots, police des tombeaux, des sépultures, ne peuvent pas montrer
des cimetières dans l'intérieur des maisons particulières, ou dans les
cabinets des savants, qui renferment les membres ou une partie quelconque d'un individu décédé.

N'est-il pas singulier de voir la pudeur du ministre et du préfet de police pour l'enlèvement, sans eux, du cœur de Grétry, lorsque, par l'effet de leurs ordres, sous leurs yeux, le corps, presque encore palpitant,
d'un des plus illustres citoyens du monde, a été jeté dans la boue, et
les porteurs d'une dépouille aussi précieuse dispersés par le fer des
soldats, obéissant sans doute à regret à des ordres aussi barbares.

« Sur un ordre secret, dit M. Gaëtan de la Rochefoucauld, remis par le même homme (Mazug, commissaire de police) à l'officier commandant, celui-ci ordonna à la troupe de tomber sur huit jeunes gens portant religieusement sur leurs épaules le corps de leur bienfaiteur ! On n'eut aucun respect ni pour les hommes ni pour la mort même ; le cercueil fut jeté dans la fange, il fut brisé !... Jamais un plus sauvage attentat n'a été commis au sein d'une nation civilisée ; jamais il n'y eut un acte plus illégal, plus révoltant et plus impie. »

Qui donc, après un fait pareil, ne blâmerait et ne redouterait l'issue du conflit du préfet de police de Paris, qui prétend que les tribunaux ne peuvent, sans lui, rien ordonner sur les exhumations ? Il s'agissait d'un vase dans lequel était déposé le cœur d'un musicien célèbre ; quel abus de pouvoir et d'autorité !...

L'affaire ne s'est pas arrêtée là.

Le 5 novembre, est encore intervenue une ordonnance dans le cas suivant :

Un des arrêts annulés par l'ordonnance ci-dessus, du 2 août, avait ordonné la main-levée de la caution *judicatum solvi* au profit des bourgmestres de Liége.

Lors du retrait de la caution, le sieur Flamand y forma opposition.

La Cour royale de Paris, « Considérant qu'il n'appartient pas à la Cour d'interpréter une ordonnance du roi qui a statué comme jugement privé, et qui comprend dans sa disposition l'arrêt du 14 juillet dernier, renvoie les parties à se pourvoir. »

Sur le pourvoi au Conseil d'État, ordonnance qui,

« Considérant que la question soumise à la Cour royale de Paris n'était autre que celle de savoir s'il y avait lieu d'accorder aux bourgmestres la restitution de la caution *judicatum solvi*, qui avait été fournie pour la contestation judiciaire qu'ils ont soutenue devant ladite Cour ;

»Considérant d'ailleurs qu'il n'existe, dans l'espèce, ni conflit positif, ni conflit négatif; d'où il suit que, dans l'état actuel de l'affaire, les parties ne pouvaient se pourvoir devant nous, en notre Conseil d'État;

» Les requêtes sont rejetées, etc., etc... »

Le Conseil a été très scrupuleux, comme on le voit; il a respecté la chose jugée par l'arrêt ci-dessus, en date du 26 août : il résulte de là que cet arrêt subsistant, et la Cour ne pouvant se déjuger, il n'y a plus aucun moyen régulier d'obtenir justice. Voilà encore un inconvénient à ajouter à tous ceux que présente une double juridiction, sans désignation légale des cas qui appartiennent à chacune.

En cet état d'abstention réciproque, il était impossible d'indiquer la marche à suivre pour rentrer dans la somme consignée; la force des choses a ramené les parties devant la justice réglée; et, par arrêt du 3 août 1824, la Cour, pour les tirer d'affaire et remédier au mal, a ordonné la restitution du montant du cautionnement, et autorisé en conséquence les bourgmestres de Liége à la retirer de la caisse des consignations.

Telle était la singulière position où l'administration avait placé les contendants, que l'ordonnance avait reconnu que l'attribution du cœur à la ville de Liége était irrévocable, et que, d'autre part, c'était uniquement sur la partie qui prescrivait des mesures pour l'extraction et la remise, que frappait l'annulation. En sanctionnant le fond tel qu'il avait été jugé, le Conseil d'État n'avait blâmé que la forme de l'exécution.

Se soumettant à cette force majeure, contre laquelle il n'y avait aucun moyen possible de résister, les commissaires demandèrent que, « sur le vu de l'arrêt du 17 mai et de l'ordonnance royale du 2 de ce mois, il fût ordonné que, par tel officier qu'il plairait à M. le préfet de commettre, la boîte de plomb renfermant le cœur de Grétry, telle qu'elle avait été livrée au sieur Flamand pour en faire l'envoi à la ville de Liége, en exécution du procès-verbal du 23 novembre 1813, serait retirée du jardin de l'Ermitage, en présence des commissaires de la ville de Liége, pour leur être remise sur la décharge à recevoir au procès-verbal; et que cette exécution serait faite d'après les mesures et aux conditions que la sagesse de M. le préfet lui prescrirait. »

Qui aurait pensé qu'une telle demande fût rejetée ? Par arrêté du 14 novembre 1823, le préfet,

« Considérant qu'il est du devoir d'une sage administration de prévenir tout ce qui pourrait porter atteinte à l'ordre public;

» Que, dans l'espèce présente, on ne saurait méconnaître que les scènes tumultueuses qui ont eu lieu lors de la tentative faite pour l'enlèvement du cœur de Grétry, se renouvelleraient en pareille occurrence; et que ces scènes auraient le double inconvénient d'altérer à la fois la tranquillité publique, et de troubler le respect dû à la cendre des morts;

» Arrête,

» Art. 1er. Il n'y a pas lieu d'autoriser l'enlèvement du cœur de Grétry, de l'Ermitage où il est présentement déposé, dans la commune d'Enghien.

» La requête de MM. les commissaires de la ville de Liége, au nom de MM. les bourgmestres de cette ville, tendant à obtenir l'autorisation de procéder à cet enlèvement, est rejetée.

» Art. 2. M. le sous-préfet de Pontoise et M. le maire d'Enghien sont chargés de veiller à l'exécution du présent arrêté, dont ampliation sera délivrée à MM. les commissaires de la ville de Liége. »

Cet arrêté a été déféré à la censure de son excellence le ministre de l'intérieur, qui répondit ainsi aux commissaires :

« Messieurs, je me suis fait représenter la réclamation que vous m'avez adressée au nom de la ville de Liége, contre un arrêté de M. le préfet de Seine-et-Oise, lequel porte, etc.

» Les motifs de cet arrêté ont été puisés dans le décret du 12 juin 1804 (23 prairial an XII), et dans l'ordonnance royale du 2 août 1823, approbative du conflit élevé par M. le préfet de police, sur la disposition de l'arrêt de la Cour royale de Paris, du 17 mai, qui avait prescrit des mesures d'exécution pour l'extraction et la remise du cœur de Grétry. Cette ordonnance a établi, d'une manière incontestable, que l'exécution des lois et règlements sur les sépultures, est exclusivement dans les attributions de l'autorité administrative. En effet, l'art. 16 du décret du 23 prairial porte : que les lieux de sépulture, soit qu'ils appartiennent aux communes, soit qu'ils appartiennent aux particuliers, sont soumis à la surveillance et à l'autorité des administrations municipales. L'art. 17 ajoute : que les autorités locales sont spécialement chargées d'empêcher qu'il ne se commette dans les lieux de sépulture aucun désordre, ou qu'on s'y permette aucun acte contraire à la mémoire des morts. La Cour royale n'avait donc aucun pouvoir pour ordonner que la boîte renfermant le cœur serait extraite du monument dans lequel elle est déposée à l'Ermitage de la commune d'Enghien, et vous serait remise. C'est à tort aussi que vous prétendez que l'administration n'est pas compétente pour suspendre l'effet de l'arrêt de la Cour royale ; car elle est saisie exclusivement, par ses attributions, de toutes dispositions en matière de sépulture, et elle n'a pas à faire exécuter cet arrêt. Elle autorise ou refuse celles qui lui sont demandées en pareil cas, suivant que les circonstances et la loi le permettent. Dans l'espèce, M. le préfet de Seine-et-Oise a reconnu que l'extraction du cœur de Grétry compromettrait l'ordre public, et serait contraire à la décence et au respect dû aux cendres des morts. La connaissance qu'il a de son département, et particulièrement des localités, ne permet pas de penser qu'il se soit trompé à cet égard.

« Par ces considérations, j'ai décidé qu'il n'y avait pas lieu d'accueillir la réclamation de MM. les bourgmestres de Liége contre l'arrêté de ce magistrat, qui a rejeté la requête tendant à ce que vous fussiez autorisés à procéder à l'enlèvement du cœur de Grétry, du monument où il est enfermé dans la commune d'Enghien. »

Les bourgmestres se sont pourvus au Conseil d'État, pour faire réformer cette lettre, à laquelle on donne le nom de décision, et l'arrêté qui la précède.

Leur affaire y est encore pendante; qui sait quand elle y sera terminée, qui peut surtout prévoir le sort qu'elle y éprouvera?...

Comment penser qu'un préfet, qu'un ministre, pour fouler aux pieds la chose jugée, et empêcher l'exécution de ce qu'ils reconnaissaient être bien jugé, quand on vient s'adresser à eux pour régler la forme de cette exécution, aient avoué publiquement qu'ils n'osaient y consentir parcequ'ils craignaient des scènes tumultueuses, et que ces scènes pouvaient troubler la cendre des morts?

« Quelles pitoyables raisons! Qui constate des scènes tumultueuses lors de la tentative de l'enlèvement du cœur? Tous les efforts de l'agent de l'administration pour en exciter par l'empêchement qu'il apportait à l'exécution de l'arrêt, n'ont pu y parvenir, assure-t-on de toute part. Le spectacle inusité d'une téméraire résistance aux ordres de la justice, a bien pu attirer la curiosité, amasser quelques habitants; il y a très loin de là à un tumulte ou à une sédition, seulement articulés par le préfet, qui, d'après l'opinion du ministre, *à la connaissance de son département et des localités.*

Mais à quoi bon même s'occuper d'un pareil moyen : soit qu'il y eût eu tumulte, ou qu'on craignît de le voir renouveler, y aurait-il raison de faire reculer la justice, et de laisser sans force la chose jugée? S'il en était ainsi, il faudrait plaindre le pays où quelque peu d'audace pourrait effrayer les dépositaires du pouvoir ; il faudrait déplorer la faiblesse d'une administration qui, prompte à proclamer son impuissance, laisserait inutiles dans ses mains ses moyens d'action, parcequ'elle ne peut plus en faire usage.

Force doit rester à justice, a-t-on toujours dit en France ; si nos ministres, premiers agents de la puissance exécutive, sont assez appauvris pour ne pas pouvoir assurer cette force, ils ne doivent pas seulement être repoussés, il faut les livrer à la vindicte des lois. Ils amènent l'anarchie, ils préparent la destruction du pouvoir souverain, sans lequel il n'y a plus d'état ni de sécurité.

L'autre motif d'un déni de justice très caractérisé, n'est-il pas aussi imaginaire?

La cendre des morts sera troublée parcequ'un cœur enfermé dans une boîte de plomb et déposé dans un jardin particulier, sera remis, pour obéir à un arrêt de Cour souveraine, à des commissaires d'une grande ville qui viennent le chercher!

M. de Cormenin, rapporteur, disait à cette occasion : « Si l'accomplissement du vœu du testateur ou de la famille peut s'accorder avec le maintien des règlements de police, l'autorité abuserait de son pouvoir, et ne serait plus que capricieuse et arbitraire, si elle refusait de prêter main-forte à la justice.

« Ainsi, dans l'espèce, aucun motif de décence, de salubrité, d'ordre public, ne paraît s'opposer à la remise du cœur de Grétry à la ville de Liége. »

Les motifs donnés étaient désavoués par le rapporteur, qui connaissait mieux les faits : ils n'étaient donc pas ceux qui entraînaient l'administration dans des écarts aussi révoltants.

Faut-il croire, ainsi que le dit le sieur Flamand dans divers imprimés, que c'est madame la duchesse de Berry qui, par sa puissante protection, aurait fait détruire la chose jugée? Sans doute cette princesse ignorait le mal qu'on lui faisait commettre ; elle devait aussi ignorer que le Conseil d'État eût une marche assez peu assurée pour qu'une recommandation de sa part ou d'un de ses gentilshommes fît fléchir toute justice et briser un acte souverain.

Si les ordonnances ou arrêts du Conseil tiennent à de pareilles considérations, quelle sécurité les malheureux qui y sont traînés pour y voir prononcer sur les intérêts les plus majeurs, doivent-ils espérer ; quelle impartialité peuvent-il en attendre ?

N'est-il pas temps qu'on ferme l'abîme, et qu'on coupe la corde qui tient le couteau fatal suspendu sur toutes les têtes ?...

Continuons nos recherches :

6 août. L'autorité administrative seule est compétente pour interpréter une convention diplomatique.

Conflit du préfet des Basses-Pyrénées.

Le ministre de la marine avait donné des ordres pour faire verser, en conséquence de la convention du 25 avril 1818, dans la caisse des Invalides, les soldes et parts de prises dues à des étrangers embarqués comme marins.

L'armateur du corsaire *la Représaille* se refuse au paiement de la somme réclamée par les marins espagnols qui avaient été reconnus créanciers par jugement du tribunal de Bayonne, du 11 juillet 1822. Ceux-ci avaient assigné l'armateur devant ce tribunal, lorsque le préfet éleva le conflit.

Mais si on ne peut procéder devant les tribunaux ; si, pour évoquer l'affaire qui était portée devant eux, il a suffi de citer une convention du 23 avril 1818, que l'administration appelle *diplomatique*, rien ne pourra résister à ses envahissements. Que signifie encore cette locution générique, qu'il faut procéder devant l'autorité administrative ? il fallait au moins l'indiquer. Le Conseil qui donnait des motifs pour cette attribution devait savoir quelle autorité il fallait saisir ; était-ce le préfet, était-ce le Conseil de préfecture, était-ce le ministre, était-ce le Conseil d'État? Dans le vague, non pas des lois, puisqu'il n'y en a point, mais des diverses décisions rendues, il est difficile de se décider ; le Conseil eût bien dû avoir la charité de le faire, pour éviter aux parties le désagrément et les lenteurs d'une demande faussement adressée, qui les jettera encore dans des frais considérables.

6 août. Les expropriations relatives aux travaux ordonnés pour la construction des canaux doivent être portées devant l'autoritéadministrative.

Le préfet de la Seine, assigné devant le tribunal de Paris par les sieur et dame Hallé, pour avoir paiement des indemnités qui leur sont dues à raison des dommages que leur occasionait l'ouverture du canal de l'Ourcq, a répondu par un conflit.

De cette manière, l'administration se trouve juge des indemnités qu'elle peut être condamnée à payer aux parties lésées.

Même jour. Même décision pour les fouilles faites sur les propriétés privées pour construction des travaux publics.

Conflit du préfet de la Dordogne.

13 dudit. Les contestations qui peuvent s'élever entre les membres d'une association d'arrosants, sur la quotité des contributions à payer proportionnellement par chacun d'eux, doivent être portées devant le Conseil de préfecture.

Conflit du préfet des Bouches-du-Rhône.

Même jour. C'est également aux Conseils de préfecture que doivent être adressées les réclamations des particuliers qui prétendent avoir à se plaindre des torts et dommages procédant du fait personnel des entrepreneurs.

Conflit du préfet du Rhône ; jugements du juge de paix de Belleville non avenus.

2.   7

Mêmes décisions le 3 septembre suivant, sur conflit du préfet du Cher.

Jugement du tribunal de Saint-Amand annulé.

Et sur conflit du préfet du Puy-de-Dôme,

Jugement du tribunal de paix de Pont-du-Château non avenu.

27 dudit. Le Conseil d'État est seul compétent pour prononcer sur les demandes de pension des sociétaires du théâtre Français, ainsi que sur les réclamations qui peuvent s'élever à l'occasion de ces pensions, ou de la distribution des fonds de retenue que les sociétaires subissent, d'après leur acte de société.

Parcequ'un gentilhomme de la Chambre, qui, on ne sait en vertu de quel droit, a placé le théâtre Français sous son autorité, avait déclaré à la demoiselle Georges Weymer qu'elle cesserait de faire partie du théâtre, les contestations qui s'élèveront entre la sociétaire renvoyée et les autres seront soustraites aux tribunaux, et devront être portées au Conseil d'État.

Pareille décision ne peut être admise. Bien des fois nous nous somme demandé et nous avons entendu demander ce que font les gentilshommes de la chambre du roi sur les théâtres qu'il a plu, soit à eux, soit aux ministres, d'appeler royaux, avec des priviléges, des exceptions qui blessent le droit commun. Leur intervention a-t-elle et peut-elle avoir d'autre but que celui de lotir ces messieurs d'une loge à choix ; de leur fournir prétexte de s'entremettre dans tous les secrets, dans tous les intérêts d'une troupe d'artistes et de sociétaires ; de leur donner la possibilité de faveurs pour certains acteurs, pour certaines actrices, etc., etc. ?

Nous savons qu'on ne manque pas de motiver cette intervention sur l'intérêt de l'art, la protection que le roi entend lui accorder ; sur les anciens usages, etc., etc.

Ces raisons sont personnelles à MM. les gentilshommes, et ne peu-

vent aujourd'hui tromper personne; si elles étaient nettement repous-
sées, tant par les artistes du théâtre Français que par tous les autres;
et que, au lieu de les faire peser au Conseil d'État, elles pussent être
appréciées et jugées par les tribunaux, nous doutons fort qu'elles y
fussent admises. On voit ici, comme en tant d'autres cas, que nous
ne sommes pas placés sous un gouvernement constitutionnel et légal:
l'administration de fait s'intercale partout, une fois qu'elle a pénétré;
cette autre autorité de fait le (Conseil d'État), qui prononce en dernier
ressort, sanctionne ce qui est fait pour en enlever la connaissance
aux tribunaux: pareil désordre tend à une confusion et à une anarchie de pouvoirs qui ne peut subsister toujours.

Le décret du 15 octobre 1812, sur lequel est fondée l'ordonnance,
n'est que l'acte d'un pouvoir qui envahissait tout; le Conseil d'État
l'a encore étendu, puisqu'il reconnaît que le décret n'accordait que le
droit de prononcer sur les demandes de pensions des sociétaires, et
que l'ordonnance ajoute celui de statuer sur les difficultés qui s'élèvent à l'occasion de ces pensions et de la distribution du fond des
retenues que les sociétaires subissent d'après leur acte de société.

Afin de colorer l'attribution au Conseil, des demandes de pension,
quoiqu'on ne puisse apercevoir en quoi l'État est intéressé dans
l'appréciation de ces demandes, on pourra avancer le fait que lors de
l'organisation de la caisse des pensions, Bonaparte y avait contribué,
sur sa cassette, pour une mise assez forte (100,000 fr. de rente); mais
c'était un don qu'il avait entendu faire, et non l'acquisition à prix
d'argent d'une juridiction qu'il n'avait pas.

Il y avait un acte de société: les retenues se faisaient en vertu d'i-
celui, les pensions s'accordaient dans les termes et dans les propositions
établies: pareille matière n'est-elle pas essentiellement soumise au
tribunal de commerce? Il faut que le Conseil d'État ait bien peu
d'autres affaires urgentes et importantes, pour s'occuper de celles-là;

encore le décret se contente-t-il de dire, art. 18 : Toutes ces pensions seront accordées par décisions rendues en notre Conseil d'État, sur l'avis du Comité, comme il a été statué pour notre académie impériale de musique, par notre décret du 20 janvier 1811.

Il n'y avait point d'attribution pour la restitution des fonds de retenue, lorsque le sociétaire se retirait avant le temps suffisant pour avoir droit à pension : il ne s'agissait ici que de cet objet ; le décret étant dérogatoire du droit commun, il fallait plutôt le limiter que l'étendre, et laisser l'affaire devant la justice ordinaire où elle était portée.

29 octobre. Si des entrepreneurs de convois militaires sont valablement cités devant les tribunaux, par les voituriers, à raison des engagements pour leur service, l'administration de la guerre ne peut être appelée, dans la personne du préfet, pour donner des renseignements sur ces transports et la manière dont ils devaient avoir lieu.

Conflit du préfet des Pyrénées-Orientales; arrêt de la Cour de Montpellier non avenu.

5 novembre. Le tribunal de Nîmes homologue un rapport d'expert, contenant règlement pour l'association des propriétaires des domaines de la Fosse et Canavère, relativement à la prise d'eau dans le Rhône, qui traverse ces domaines.

Sur conflit du préfet du Gard, ce jugement est considéré comme non avenu.

Même jour. Toutes les contestations relatives au recouvrement des décomptes résultant des ventes de biens nationaux, sont attribuées à l'autorité administrative.

Conflit du préfet de l'Eure; jugement d'Evreux, non avenu.

3 décembre. Un maire était inculpé d'avoir recélé chez lui un déserteur, qui le servait comme domestique.

Le juge d'instruction de Partenay saisi de l'affaire, le préfet des

Deux-Sèvres voyant dans la simple instruction, sans autorisation, un empiètement sur l'autorité administrative, élève le conflit; il est rejeté, par le motif que le délit n'a pas été commis dans l'exercice des fonctions du sieur Bry; que d'ailleurs le délit n'aurait pu, dans tous les cas, être poursuivi que devant l'autorité judiciaire.

24 dudit. De nouvelles constructions faites à une église doivent être assimilées à des travaux publics, lorsque surtout les travaux ont été adjugés par un marché revêtu de l'approbation du préfet.

Dans ce cas, les réclamations des particuliers qui se plaignent de torts et dommages procédant du fait personnel de l'entrepreneur, doivent être portées devant l'administration.

Le motif du Conseil d'État est tout simplement :

« Considérant qu'il s'agit de nouvelles constructions faites à une église paroissiale, et qui constituent, dans l'espèce, des travaux publics. » La question était précisément de savoir si les constructions faites à une église étaient des travaux publics; le Conseil d'Etat, dans sa suprême volonté, ne se donne pas la peine d'apporter la moindre raison; il prend la question même pour motif, c'est-à-dire je le veux, parceque je le veux; cela est, parceque cela est.

Il ajoute : « Considérant que les travaux ont été adjugés par un marché revêtu de l'approbation du préfet, et passé avec toutes les formes prescrites pour l'adjudication des travaux publics. »

De ce que M. le préfet, qui n'avait que faire dans le marché, l'a revêtu de son approbation; de ce qu'on a pris la voie de l'adjudication qui est commune à toutes les ventes publiques, on en conclut que les réclamations des particuliers doivent être portées devant l'administration, c'est trop fort : l'heureux client qui a obtenu cette faveur, en 1823, devait craindre de succomber, ainsi que l'avait fait, le 29 août 1821, le sieur Malthé, plaidant contre la ville de Poitiers à l'occasion de la salle de spectacle qu'il avait construite. Quoique les détails et devis en aient été dressés par l'architecte de la ville, d'après les dimensions déterminées par le conseil des bâtiments civils, et qu'en vertu de son autorisation, l'adjudication en ait été faite publiquement à Malthé, architecte entrepreneur, le Conseil d'État, « Considérant qu'il ne s'agit pas de travaux publics, mais d'un marché d'ouvrages entre une commune et un entrepreneur ; que les contestations auxquelles ledit marché peut donner lieu ne peuvent être jugées que par les tribunaux ordinaires, d'après les règles du droit commun. »

Il ne faudrait pas se charger de concilier toutes les décisions rendues par le Conseil d'État ; nous pouvons affirmer qu'il n'est pas de matières sur lesquelles il n'y ait les antinomies les plus réelles, les contradictions les plus palpables ; un jour, sans doute, quelqu'un en produira le tableau : sans aucune observation, il fera la plus forte critique que l'on puisse faire de cette institution.

CHAPITRE III.

ANNÉE 1824.

14 janvier. Les conflits ne peuvent être élevés que sur des jugements ou arrêts susceptibles de recours.

Par le motif que les tribunaux ne peuvent réviser les actes émanés des corps administratifs, la Cour de Rennes avait, le 27 novembre 1806, infirmé un jugement rendu par le tribunal de Saint-Malo, en faveur de Dubreil.

Celui-ci s'était pourvu en cassation ; son pourvoi avait été rejeté.

Ainsi battu, il a recours au préfet, qui, le 10 juillet 1823, élève le conflit.

Voici le motif du rejet :

« Qu'il n'existe d'autre instance judiciaire que celle qui a été définitivement jugée par l'arrêt de la Cour de cassation; que les conflits
ne pouvant être élevés que sur des instances actuellement pendantes
devant les tribunaux, ou sur des jugements ou arrêts susceptibles de
recours, l'arrêté du préfet d'Ile-et-Vilaine est sans objet. »

Quelle arme meurtrière que celle des conflits! Quel abus facultatif et toujours impuni dans la main des préfets! Un arrêt de Cour
souveraine est rendu en 1806; c'est dix-sept ans après, lorsque encore
il y a eu de plus un arrêt de la Cour de cassation qui avait rejeté
le pourvoi contre cet arrêt, qu'un préfet se permet d'élever un conflit, et remet par là en doute tout ce qui a été jugé. Est-il imagi-
nable que, dans un État représentatif et constitutionnel, il y ait un
fonctionnaire public qui puisse à volonté jeter l'alarme dans les
familles, et saper ainsi les fondements de l'ordre judiciaire, en sus-
pectant et faisant suspecter la foi que l'on doit aux décisions souveraines de la justice? Le Conseil d'État, qui tant de fois a usé de
sévérité, très rarement de justice, envers ses officiers postulants;
dont le ministère est obligé, comme celui des avoués près les tribunaux et les Cours, pour des requêtes et des demandes qu'ils avaient,
dit-on, trop légèrement signées, ne devrait-il pas en réserver un peu
pour MM. les préfets, qui, de son aveu même, ont opéré irrégulière-
ment et illégalement? Non seulement, en se rendant ainsi les instruments des passions des plaideurs, ils devraient être personnellement
condamnés aux dépens, il faudrait encore ouvrir, pour des cas aussi
évidemment mal fondés, l'action en dommages-intérêts pour les frais
d'avocats au Conseil, qui ne passent pas en taxe, et pour la réparation des torts et dangers qu'une pareille attaque a fait éprouver.

Malgré l'ordonnance ci-dessus, il est peut-être heureux que l'arrêt
de Rennes et celui de la Cour de cassation aient jugé leur incompé-

tence ; car il est très incertain de savoir si le Conseil d'État eût également rejeté le conflit, dans le cas où les tribunaux, même la Cour de cassation, auraient, après s'être déclarés compétents, prononcé sur le fond, qu'il eût regardé comme étant du domaine administratratif. Les exemples fournis dans cet ouvrage, que le Conseil n'est pas plus arrêté, quand il le veut, par un arrêt de la Cour de cassation que par un arrêt de la Cour royale, ne sont pas assez rares pour qu'on n'ait pas à les redouter ; il annule les uns comme les autres, ou encore il prononce comme s'il n'y eût point eu d'arrêts rendus, et sans s'en occuper.

22 dudit. Dès qu'un préfet a élevé un conflit, il doit s'abstenir de statuer sur la difficulté revendiquée, même lorsqu'il s'agit du règlement d'un cours d'eau, avant qu'il n'ait été statué sur le conflit.

Un juge de paix dépasse les limites de sa compétence lorsqu'il ne se borne pas à statuer sur la question possessoire qui lui est soumise, et qu'il ordonne la destruction d'un ouvrage construit par ordre de l'administration.

L'autorité judiciaire excède ses pouvoirs, lorsque, nonobstant l'arrêté de conflit qui lui a été confié, elle ordonne l'exécution des jugements qui en sont l'objet.

Conflit du préfet de l'Yonne.

Même jour. Lorsqu'il a été décidé par des arrêts du Conseil que les créanciers de régisseurs manutentionnaires de vivres se pourvoiraient devant le ministre de la guerre, pour être liquidés des sommes qui leur sont dues, les tribunaux ne sont pas compétents pour statuer sur les contestations qui peuvent s'élever entre les créanciers et les régisseurs au sujet du paiement de ces sommes.

Conflit du préfet de la Seine maintenu ; jugement du tribunal de commerce, et deux arrêts de la Cour de Paris non avenus.

4 février. Les contestations qui s'élèvent entre les flotteurs et les propriétaires riverains sont dans les attributions de l'autorité administrative.

Conflit du préfet de la Nièvre approuvé; deux jugements du tribunal de paix de Clamecy annulés.

Même jour. Les tribunaux ne doivent connaître d'aucune question relative à la liquidation de la dette publique.

Conflit du préfet de la Seine maintenu; jugement du tribunal de Paris non avenu.

Même jour. Toutes contestations relatives aux dommages causés par le fait d'un entrepreneur de travaux publics, doivent être portées devant les Conseils de préfecture.

Conflit du préfet de l'Isère; jugement du tribunal de Grenoble non avenu.

Même jour. Un dépôt de chanvre dans une rivière navigable constitue un délit de grande voirie, qui ne peut être poursuivi et jugé que par voie administrative.

Conflit du préfet du Puy-de-Dôme maintenu; jugement du tribunal correctionnel d'Issoire non avenu.

18 février. Quoique les actions possessoires soient de la compétence des tribunaux, néanmoins si l'administration a ordonné l'exécution de travaux dans l'intérêt commun, le juge de paix ne peut en prescrire l'interruption, sur la demande d'un tiers qui se prétend lésé.

Conflit du préfet de la Drôme.

24 mars. L'autorité administrative est compétente pour statuer sur l'opposition formée par des particuliers à des travaux de canalisation entrepris en vertu d'une loi, pour cause d'utilité publique.

Elle l'est aussi pour prononcer sur les indemnités pour dommages causés par ces travaux.

8

Conflit du préfet de la Somme maintenu.

Même jour. Le défaut d'autorisation pour poursuivre un fonctionnaire public suffit pour élever le conflit.

Le sieur Paris avait intenté contre son maire une action, à raison de faits commis par celui-ci en sa qualité.

Un jugement du tribunal de Montbéliard avait admis cette action, lorsque le préfet du Doubs élève le conflit, par le motif qu'un fonctionnaire ne peut être poursuivi en justice à raison de ses fonctions, sans avoir préalablement obtenu l'autorisation.

Il a été rejeté, parceque le défaut d'autorisation ne suffit point pour élever le conflit, mais qu'il constitue seulement une exception qui doit être proposée devant les tribunaux ;

Que le conflit ne pourrait être approuvé qu'autant que la contestation dont il s'agissait aurait été en soi de la compétence de l'autorité administrative.

Même jour. Les Conseils de préfecture sont compétents pour prononcer sur les réclamations des particuliers qui se plaignent de torts et dommages occasionés par les entrepreneurs de travaux publics.

Conflit du préfet de l'Ardèche ; jugement de Tournon non avenu.

7 avril. Lorsqu'un conflit a été notifié à l'autorité judiciaire, le préfet ne peut pas le rapporter.

Conflit du préfet de la Seine.

On décide bien par là qu'un arrêté de conflit ne peut être rapporté ; et cependant si un premier arrêté refuse le conflit, un deuxième ne devait pouvoir le détruire. Cependant nous avons vu plusieurs fois qu'il en était autrement. La mesure devrait cependant être la même.

Même jour, 7. La question de savoir qui est propriétaire d'un billet de loterie ne peut être jugée par les tribunaux.

La Cour de Montpellier, statuant sur une difficulté qui s'était élevée sur le paiement d'un lot de 3,462 fr., échu à Perpignan, sur le second tirage de mai 1823, entre Derosse, détenteur du billet, et Garette, s'en prétendant seul propriétaire, avait ordonné que le billet serait remis à Garette dans vingt-quatre heures ; faute de quoi, Garette autorisé à se présenter au bureau de loterie pour recevoir la valeur produite par le billet gagnant, laquelle valeur devrait lui être comptée sur le vu de l'arrêt de la Cour, qui tiendrait lieu alors du billet non restitué, moyennant quoi, et le paiement effectué, le receveur du bureau de loterie se trouverait déchargé.

La Cour a déclaré en même temps que, dans cette hypothèse, le receveur du bureau et l'administration de la loterie seraient définitivement libérés envers toutes personnes du paiement dudit billet ; ce billet demeurant ainsi annulé entre les mains de tous autres que le sieur Garette, qui en était seul et légitime possesseur.

On ne devait guère s'attendre qu'un pareil arrêt titillerait assez aucun ministre des finances, pour qu'il jugeât nécessaire de s'emparer des foudres du conflit pour le renverser.

Il en a été autrement : M. de Villèle donne ordre au préfet des Pyrénées-Orientales d'élever le conflit ; celui-ci se hâte d'obéir.

La question de propriété, dit-il, est bien dans les attributions de la Cour ; mais, sans sortir de ses attributions, cette Cour n'a pu ordonner que la valeur du billet serait comptée sur le vu de l'arrêt, qui tiendrait lieu alors du billet non restitué ; que ces dispositions étaient contraires aux arrêtés des 17 vendémiaire et 5 fructidor an VI, par lesquels il est enjoint aux employés de l'administration de la loterie de ne payer les lots échus que sur la présentation du billet, etc.

Le Conseil d'État ne manque pas d'adhérer, dans les termes suivants :

Vu l'art. 19 de l'arrêté du gouvernement, du 8 octobre 1797 (17 vendémiaire an VI), (*Avec quel soin l'on repousse la date véritable de l'arrêté , pour y substituer celle de l'ancien calendrier méconnu alors : on voit fréquemment cette étude, comme si l'on pouvait détruire les faits et l'histoire!*) lequel est ainsi conçu :

« Toutes les difficultés qui naîtront de la part du receveur ou de l'actionnaire, par suite des enregistrements, lors de la recette ou des paiements des lots après le tirage, seront portées par-devant les administrateurs, qui en référeront, s'il y a lieu, au ministre des finances. »

Considérant que , si la Cour royale de Montpellier était compétente pour juger quel était le propriétaire du billet de loterie en litige, elle a excédé ses pouvoirs en déclarant l'administration de la loterie définitivement libérée envers toutes personnes du paiement dudit billet , lequel elle annulle entre les mains de tous autres que Joseph Garette; que, d'après l'art. 19 de l'arrêté ci-dessus visé, toutes les contestations relatives au paiement des billets de loterie doivent être jugées par l'administration;

L'arrêt de la Cour de Montpellier, du 28 août 1823, est considéré comme non avenu, en ce qu'il enjoint à l'administration de la loterie de payer, sur les pièces qu'il indique, le billet ci-dessus énoncé ; est pareillement considéré comme non avenu tout ce qui s'est ensuivi de cette disposition de l'arrêt.

Est-il possible de montrer plus de haine ou de mépris pour les tribunaux et pour une Cour souveraine? Là revient cette observation générale sur laquelle nous n'insistons plus, résultant de ce qu'il commet un monstrueux abus de pouvoir, en se permettant de toucher à des arrêts qui sont et doivent être à l'abri de ses coups et au-dessus de toutes ses décisions.

Mais s'il déclare non avenus des arrêts parcequ'ils empiètent, quel prétexte donne-t-il donc pour aller au-delà, et anéantir tout ce qui s'est ensuivi? Ne devrait-il pas s'appliquer à lui-même ce qu'il dit continuellement des tribunaux: qu'ils ont pu décider tel ou tel point, mais qu'en ne s'arrêtant pas là, ils ont excédé, etc. ?

Les faits postérieurs à un arrêt, comment et en vertu de quelle loi entrent-ils dans la puissance et dans les attributions du Conseil d'État? Il aurait satisfait à la loi, et reconnu le droit qu'il se croit chargé de faire respecter, en détruisant l'arrêt; en s'immisçant dans les faits, il dépasse en tout cas sa limite.

L'article invoqué dit-il bien ce qu'on lui fait dire? Les difficultés, porte-t-il, qui naîtront de la part du receveur ou de l'actionnaire, par suite des enregistrements, lors de la recette ou du paiement des lots après le tirage, seront portées devant les administrateurs.

S'agit-il ici de difficultés entre le receveur et l'actionnaire, ou de la part de l'un à l'égard de l'autre? Évidemment non. Par cela que l'intérêt du receveur n'est pas en jeu, par cela qu'il n'est contesté par personne, le motif de l'arrêté n'existe plus, son texte repousse l'intervention de l'administration. Il s'agissait ici d'une prétention étrangère à l'administration, de la propriété d'un billet de loterie non dénié ni méconnu par elle; jusque-là elle n'avait rien à dire, elle le reconnaît: ce qui a été ajouté dans l'arrêt n'était-il pas une conséquence forcée? Quel tort cela faisait-il et pouvait-il faire à l'administration? Elle reconnaissait qu'elle devait, peu importe à qui elle paierait, pourvu qu'elle le fît valablement.

Dès que la Cour était valablement saisie d'une question de propriété, et qu'elle l'attribuait à celui qui n'avait pas la possession du billet litigieux, elle ne pouvait laisser son arrêt sans moyen d'exécution. Toutes les fois qu'elle prononce, elle est obligée de mettre la partie à même de faire respecter la décision; quand un tribunal ou une Cour omettent de mettre tout ce qu'il faut pour assurer l'exécution de la sentence, ils ont gardé une portion de ce qu'ils devaient aux plaideurs; ils les forcent de revenir à nouveau pour demander un complément de décision, ce que justice devait leur éviter.

Il est indubitable que la Cour n'avait rien fait que ce qu'il fallait pour assurer l'exécution de l'arrêt, et ce que tout tribunal fait, en pareille occurrence, pour contraindre l'un à rendre ce qui a été accordé à l'autre.

D'après ce que nous avons plusieurs fois établi, une Cour ne devrait jamais avoir à craindre que sa décision souveraine pût être attaquée devant l'autorité administrative. Il n'y avait, dans son arrêt, que ce que les lois prescrivent implicitement : alors même qu'elle ne pût ignorer qu'il existait un Conseil d'État qui, à sa volonté, élevait conflits par suite desquels les décisions judiciaires les plus irréfragables étaient mises en lambeaux, elle ne devait pas en supposer un qui, tout fréquent qu'il soit, n'en est pas moins exceptionnel et hors du droit commun. Elle devait donc décider dans l'imprévoyance de ce conflit, et de manière à ce que l'arrêt se suffît à lui-même, qu'il fût complet, non seulement par la déclaration de propriété, mais aussi pour la certitude de la récupérer, et pour les moyens de coaction que la loi et le juge lui doivent.

Voilà ce que le Conseil d'État ignore sans doute, ou feint d'ignorer. En se constituant d'une manière si élevée, la tête lui tourne ; les décisions de justice se rapetissent trop pour lui : en aucune circonstance, il ne devrait porter un regard, et encore moins une main profane, sur un arrêt ; à plus forte raison, si, ayant justement prononcé sur le fond, il n'a fait qu'ajouter ce qu'il devait pour l'exécution. En tous cas, lorsque cette exécution n'indique que les moyens ordinaires, en reconnaissant le bien jugé sur le fond, le Conseil, loin de les blâmer, devait les consacrer comme suite nécessaire, ou comme connexes ou inhérents au fond même, dont ils ne pouvaient sans inconvénient se détacher.

Même jour, 7. Une action qui a pour objet de fixer l'indemnité qui pouvait être due à des propriétaires de moulins, à raison de la moins value ou de la détérioration qui serait occasionée à leur propriété par des travaux entrepris en vertu d'une loi, pour cause d'utilité publique, est de la compétence exclusive de l'autorité administrative.

Conflit du préfet de la Somme approuvé; jugement du tribunal d'Amiens non avenu.

Même jour. Lorsqu'un propriétaire ne conteste pas l'existence d'un chemin vicinal appartenant aux habitants d'une commune, mais qu'il s'agit seulement de déterminer et régler sur quel point de sa propriété ce chemin doit passer, c'est au préfet seul qu'il appartient d'en fixer la largeur et la direction.

Conflit du préfet du Var; jugements de Draguignan non avenus.

Même jour. Lorsqu'un perron, ou terre-plein, qu'on veut enlever à un particulier pour cause d'utilité communale, est situé sur une place et n'anticipe pas sur une route royale, il n'y a pas lieu d'appliquer les règlements de grande voirie.

L'administration est compétente pour statuer sur la demande du propriétaire dépossédé, lorsque cette demande consiste seulement dans le maintien de l'état des lieux, ou dans les dommages-intérêts auxquels leur changement pouvait donner lieu.

Le préfet et le ministre, incompétents pour prononcer sur la question d'indemnité et d'expropriation, peuvent s'expliquer sur le projet de redressement de la place, en ce qui concerne son utilité, sa convenance et son mérite.

12 mai. Lorsque des actes du gouvernement ont prescrit de suivre la voie administrative pour la liquidation des créances d'une compagnie de fournisseurs, les tribunaux sont incompétents pour en connaître.

Conflit du préfet de la Seine; jugement du tribunal de commerce non avenu.

Il suffit, comme on voit, des actes qu'on dit du gouvernement, quand ils partent d'un agent quelconque, pour dépouiller les tribunaux. Il fallait au moins citer, ainsi que cela est arrivé plusieurs fois, les consentements des parties intéressées pour se soustraire à la justice ordinaire; encore, si le consentement eût été donné pour se soumettre à celle-ci, cela n'eût point empêché d'élever conflit, par la raison, eût-on dit, que les juridictions étant d'ordre public, les parties ne pouvaient, par des conventions particulières, y déroger.

Si cela peut avoir quelque fondement pour les attributions qui sont détournées du cours de la justice exceptionnelle, afin d'arriver à la justice ordinaire, quelle force l'argument n'acquiert-il pas lorsqu'il s'agit de déroger au droit commun pour faire entrer dans le droit social et accidentel?

Le Conseil d'État ne décide cependant pas de même dans les deux cas; loin de là, il admet la dérogation au premier cas, et non au deuxième.

Même jour. Les tribunaux ne peuvent connaître d'une action en indemnité intentée par un individu contre l'État, pour cause de saisie arbitraire de papiers.

Conflit du préfet de la Seine maintenu.

Il s'agissait de pièces saisies chez le comte de Pfaffenhoffer, Autrichien, par ordre du ministre de la police : le propriétaire en réclamait quatre-vingt-treize, et des dommages-intérêts pour les pertes éprouvées par suite de cet enlèvement.

Sur quoi donc l'administration se fondera-t-elle pour l'expertise et l'évaluation des dommages? Où est donc le texte avec lequel elle pourra établir et justifier cette revendication? Le seul motif qu'elle invoque est que le fait sur lequel le comte de Pfaffenhoffer fonde sa demande en indemnité, résulte d'un acte de l'administration, dont les tribunaux ne peuvent connaître.

Raison de plus, répondra-t-on, pour qu'elle ne reste pas juge et partie; les procédures en expertise et en évaluation ne doivent jamais d'ailleurs être pratiquées par elle; elles ne sont prescrites que pour les tribunaux; elle viole la loi en s'en emparant; elle fait de l'arbitraire en ne les suivant pas.

26 mai. Lorsque, devant les tribunaux ordinaires, une partie repousse la demande de l'autre, avec des arrêtés et actes du gouvernement, l'affaire devient administrative.

Le préfet de Lyon procède comme celui de Paris, dans l'affaire ci-dessus du 12 mai. Le moindre acte administratif suffit pour dépouiller les tribunaux, de sorte que toutes les fois qu'elle jugera à propos d'en faire, elle s'arrogera le droit d'en connaître seule, et de les apprécier ainsi qu'elle le jugera convenable.

16 juin. Un maire est compétent pour donner un alignement demandé, dans une rue qui n'est ni route royale ni route départementale, soit pour faire exécuter la démolition d'un bâtiment menaçant ruine, sauf recours au préfet.

C'est au ministre de l'intérieur que les arrêtés des préfets devraient être déférés.

Les tribunaux ne sont jamais compétents pour connaître des contestations relatives à un alignement en matière de voierie urbaine.

Conflit du préfet de la Haute-Saône. Jugement du tribunal de Gray, non avenu.

23 dudit. Lorsque l'administration a fait une vente, c'est encore à elle qu'il appartient d'en donner l'interprétation.

Conflit du préfet de la Seine, admis.

Même jour. Les réclamations fondées contre les entrepreneurs de travaux publics, pour extraction et enlèvement de matériaux destinés à ces travaux, sont de la compétence des Conseils de préfecture.

Conflit du préfet de la Haute-Marne; jugement du tribunal de Chaumont, annulé.

3o. Lorsque des jugements ont acquis depuis long-temps l'autorité de la chose irrévocablement jugée, et qu'ils ont reçu leur pleine et entière exécution, l'administration ne peut plus les attaquer.

Conflit du préfet des Basses-Pyrénées.

On devrait décider ainsi à l'égard de tout jugement en dernier ressort, et par conséquent de tout arrêt.

Même jour. Toute contestation relative au recouvrement des contributions directes, ne peut être jugée que par l'autorité administrative.

Conflit du préfet du Haut-Rhin, maintenu.

Mais s'il ne s'agit que du recouvrement des contributions de l'année échue et de l'année courante, dues par le propriétaire exproprié, ce recouvrement ne peut être poursuivi que devant les tribunaux, par privilége sur l'immeuble adjugé.

Conflit du préfet de, l'Oise vidé également le 3o.

Même jour. Lorsque divers travaux ont été ordonnés par un acte administratif, dans l'intérêt d'une commune, et qu'un particulier réclame contre l'exécution de ces travaux, sous prétexte qu'ils portent préjudice à sa propriété, la contestation doit être portée devant l'autorité administrative.

Conflit du préfet de Seine-et-Oise, approuvé.

Même jour 3o. Affaire Cambacérès: en voici quelques circonstances:

Après la mort du duc de Cambacérès, ancien archi-chancelier et prince de l'empire, ordonnance du 24 mars 1824, ainsi conçue:

Considérant que le duc de Cambacérès paraît avoir conservé des pièces qui n'étaient entre ses mains qu'à raison des diverses fonctions dont il a été revêtu; que ces papiers appartiennent à l'État, et doivent rester en sa possession.

Le sieur de Rozière, maître des requêtes, est chargé d'assister à la levée des scellés apposés après le décès de Cambacérès, sur les papiers qui étaient en sa possession, et à se faire remettre toutes les pièces, de quelque nature qu'elles soient, qui étaient entre les mains du duc de Cambacérès, à raison des diverses fonctions publiques dont il a été revêtu.

Le sieur de Rozière, placé là comme instrument à l'aide duquel un ministre voulait s'emparer de papiers qu'il convoitait, ne tomba pas d'accord, ainsi qu'on pouvait s'y attendre, sur la distinction à faire entre les papiers.

Un référé s'introduisit : les parties furent renvoyées à se pourvoir : par provision, il fut ordonné que les pièces de correspondance revendiquées seraient cotées, paraphées par le juge de paix et remises ensuite au commissaire, pour être déposées entre les mains de M. le garde des sceaux, sauf à être en définitive remises à qui de droit.

M. de Cambacérès neveu interjette immédiatement appel.

Le 2 avril 1824, le procureur général allègue le besoin d'une remise pour prendre connaissance de l'affaire :

Elle est continuée au lendemain 3.

A l'appel de la cause, un substitut annonce qu'une pièce importante signifiée au procureur général vient de lui être communiquée; cette pièce est un conflit du préfet de la Seine.

Aussitôt l'avocat de M. de Cambacérès observe que s'il avait pu prévoir un incident de cette nature, il n'aurait pas consenti hier au délai que lui avait demandé le procureur général, que la cour elle-même, ne l'eut probablement point accordé.

Il demande à plaider, parceque le conflit porte sur le fond, et sur la question de propriété des papiers dont la Cour n'est pas encore saisie.

Subsidiairement, vu l'art. 62 de la Charte, les conflits n'étant qu'un interdit lancé sur l'ordre judiciaire, n'ont pu survivre à sa promulgation : qu'il y aurait seulement lieu à proposer une exception d'incompétence, si un incident relatif à une levée de scellés et à la dépossession de l'héritier légitime saisi par la loi, n'était pas essentiellement de la compétence des tribunaux.

Ordonner qu'il sera passé outre au jugement de l'incident.

Le substitut observe qu'il ne lui appartient pas d'examiner le mérite du conflit, qu'il lui semble impossible de ne pas surseoir.

La Cour, après une longue délibération, surseoit à statuer jusqu'après le jugement du conflit, *toutes choses demeurant en état.*

Vainement les héritiers, pour faire repousser le conflit au Conseil d'État, disent-ils que la question à juger est une simple action possessoire, dont les tribunaux seuls peuvent connaître ; que cette possession doit être maintenue dans les mains de l'héritier; que les arrêtés du 7 thermidor an IV et du 3 nivôse an X, ne peuvent s'appliquer à un homme qui à proprement parler, comme prince et comme archi-chancelier, n'exerçait pas une fonction publique, mais était plutôt revêtu d'une dignité à laquelle des prérogatives étaient attachées ; que cette dignité était perdue, et que depuis dix ans, il vivait en simple particulier, auquel aucune réclamation n'a jamais été adressée, etc., etc.

Nonobstant ces observations, le Conseil d'État, présidé par *le garde des sceaux Peyronnet*, prononçant sur la demande de *Peyronnet, garde des sceaux*, tendant à ce que les papiers fussent remis au sieur de Rozière, pour être déposés entre les mains du *garde des sceaux*, a rendu l'ordonnance suivante.

Vu notre ordonnance du 24 mars 1824.

Considérant que dans l'instance de référé, portée devant le président du tribunal de première instance de la Seine, il ne s'agissait pas d'une question de propriété, mais seulement de régler le mode d'exécution de notre ordonnance du 24 mars; que les tribunaux étaient incompétents pour prononcer sur cette question qui appartient exclusivement à l'autorité administrative.

L'ordonnance de référé du tribunal de première instance de la Seine, du 1er avril, et l'arrêt de la Cour royale de Paris, du 3 du même mois, sont considérés comme non avenus.

L'héritier ainsi éconduit, par l'unique motif qu'il ne s'agissait que de régler le mode d'exécution de l'ordonnance du 24 mars, assigne le 14 juillet le sieur de Rozière, maître des requêtes, pour voir reconnaître la propriété des papiers et lever les scellés.

Le préfet élève sur ce point un deuxième conflit.

Ses motifs sont: que le duc de Cambacérès a exercé de hautes fonctions administratives, telles que celles de ministre et même de régent; que les questions de savoir quels sont parmi ses papiers les papiers d'État, et comment le triage doit être fait, par qui leur nature doit être déterminée, et à qui ils doivent être définitivement remis, sont des questions tellement administratives, qu'il est impossible de savoir comment une autorité autre que l'autorité administrative serait appelée à connaître et apprécier des actes administratifs; que dès lors, ce n'est pas devant les tribunaux que le sieur de Cambacérès neveu peut porter sa protestation d'être envoyé dans la possession de tous les papiers, sans distinction.

Ce conflit, comme de raison, a, le 17 novembre, éprouvé le même sort que le premier.

Vu l'arrêté du gouvernement, du 13 brumaire an X, et l'ordonnance du 12 décembre 1821.

Considérant que l'ordonnance royale du 30 juin 1824 a décidé en principe, qu'il appartenait à l'administration seule de prononcer sur les difficultés touchant l'exécution de l'ordonnance royale du 24 mars précédent.

Considérant que l'assignation du 16 juillet 1824 tend à faire prononcer la mainlevée pure et simple de l'opposition aux scellés apposés sur les papiers de la succession du feu duc de Cambacérès, dont la reconnaissance et le triage, aux termes de l'ordonnance du 24 mars 1824, doivent être faits en présence de notre commissaire délégué à cet effet ;

Que cette assignation a donc pour objet des difficultés élevées sur l'exécution de l'ordonnance du 24 mars 1824, lesquelles dès lors rentrent dans la compétence de l'autorité administrative ;

Le conflit est approuvé ;

L'assignation du 14 juillet sera considérée comme non avenue.

Tel est le résumé de cette affaire qui, sous un ministère autre que celui qui, sans rougir, peut tout braver, n'eût jamais dû s'élever. Ce qui a été dit pourrait tout au plus s'étendre à celui qui est mort dans l'exercice de ses fonctions, et qui, sur des révélations ou sur des présomptions autres que celles résultant de l'allégation Peyronnet, aurait détourné des papiers et les aurait recélés dans son domicile ; jamais on ne pourra appliquer le raisonnement à un homme qui a cessé d'être fonctionnaire, et qui, vivant depuis dix ans en simple particulier, n'a jamais reçu aucune demande à cet égard.

S'il en était autrement, quels sont les héritiers d'un homme qui, à quelque époque que ce fût, eût été fonctionnaire public, qui n'auraient pas à redouter pareille inquisition de la part d'un ministre passionné ? La hardie curiosité d'un avocat qui ne doute de rien peut se retrouver dans l'esprit vexateur d'un avocat breton, ou d'un gentillâtre toulousian ou de tout autre ; l'impunité seule peut enhardir pour une récidive, le triomphe obtenu peut la provoquer : que ce précédent ne tire pas à conséquence, il est à placer avec une multitude d'autres qui n'auront pour effet que de servir à l'histoire, et de montrer jusqu'où peut entraîner l'esprit de parti, et l'absence de frein à un homme inexpérimenté qui, enivré de son pouvoir, croit que, comme ministre, il peut tout entreprendre à l'aide des mots qu'il a sans cesse dans la bouche, service du roi, intérêt du roi, ordre du roi, gouvernement du roi, mots qui sont devenus pour lui un protocole banal.

Remarque-t-on le motif de la première ordonnance, vu celle du 20 mars, et qu'il ne s'agit que d'en régler le mode d'exécution; c'est-à-dire: il suffit que le ministre ait voulu, ou qu'il ait fait un premier acte d'empiètement, pour que les tribunaux s'arrêtent devant sa volonté, et que le Conseil d'État ait le droit exclusif d'apprécier sa volonté: quelle étonnante décision pour le temps où nous vivons!

Une inconvenance et une illégalité plus choquantes, c'est de voir le garde des sceaux véritable partie poursuivante, et de le retrouver, après avoir enlevé l'affaire aux tribunaux, présidant le Conseil pour la juger.

Sur le pourvoi de M. Legraverend, directeur des affaires criminelles, à son ministère, il en avait fait autant. C'est lui qui avait fixé la pension de retraite, due pour bons et loyaux services; M. Legraverend se pourvut au Conseil d'État pour faire réformer la décision ministérielle, il y retrouva M. Peyronnet, présidant et plaidant avec la violence qui lui appartient, pour faire confirmer sa propre décision, ce qui fut fait.

Son digne collègue comme avocat et comme ministre, Corbière, avait, pour le Vaudeville dont il sera ci-après rendu compte, fait délibérer ce qu'il appelle son comité, ce qui ne l'empêcha pas de le faire revenir au Conseil d'État, pour défendre son avis et le juger: on voit que ces messsieurs en usent avec peu de scrupule.

Enfin et pour dernière observation, on penserait que, l'affaire ainsi soustraite aux tribunaux, les ministres et le Conseil d'État se hâteraient de prononcer, pour éviter les reproches auxquels leur conduite passée, le retard et leur silence dans l'avenir, pourraient les exposer. Au moment où nous sommes, il n'y a rien encore de statué : les papiers saisis ne sont plus à la disposition de l'héritier ; telle est sa position, qu'il préfère sans doute la privation d'une propriété aussi précieuse, au risque de la perdre à toujours, en subissant la justice du Conseil d'État présidé par M. Peyronnet.

14 juillet. La surveillance et la perception des contributions, le contentieux relatif au recouvrement entre le contribuable et le percepteur, sont attribués à l'autorité administrative.

Un tribunal doit se borner à prononcer la validité d'une saisie, sans qu'il puisse s'immiscer dans la recherche des causes de cette saisie.

Il doit enfin s'interdire de renvoyer les parties à compter devant l'autorité administrative, lorsque cette autorité a déjà décerné une contrainte contre ce contribuable.

Conflit du préfet du Lot. Jugements du tribunal de Gourdon, non avenus.

Même jour. Lorsqu'il y a eu expropriation pour cause d'utilité publique, les contestations qui peuvent s'ensuivre, ne peuvent être jugées que par l'autorité administrative.

Ainsi les questions relatives à l'expertise, et à la nouvelle évaluation demandée des terrains cédés pour la confection des canaux, doivent être portées au Conseil de préfecture.

Seulement la question de savoir si, après la vente, un vendeur a pu faire acte de propriété au détriment de l'acquéreur, en adhérant à l'estimation et en recevant le prix du terrain exproprié, est de la compétence des tribunaux.

Conflit du préfet des Bouches-du-Rhône.

21 dudit. Les Conseils de préfecture sont seuls compétents pour

connaître des contestations qui s'élèvent à l'occasion des terrains pris ou fouillés pour les chemins ou travaux publics, et des torts et dommages causés par le fait personnel des entrepreneurs desdits travaux.

Conflit du préfet de l'Aube.

La multiplicité de décisions sur cette partie, et sur tout ce qui s'y rattache, prouve évidemment la difficulté que rencontre la décision. Le Conseil d'État a beau proclamer sans cesse ses attributions et celles des Conseils de préfecture, que les résistances, loin de cesser, s'accroissent. Tant il est vrai que ce qui n'est pas juste a de la peine à s'établir, et que les difficultés croissent en raison de ce que la raison publique et légale est plus ou moins blessée.

Cette multiplicité prouve encore que les oracles du Conseil, quoique faussement autorisés du nom du roi, ne commandent pas une telle déférence, que tous les justiciables doivent s'y soumettre; tous les nouveaux pourvois annoncent ce qu'on espère de la vacillation du Conseil qui a si peu de fixité dans ses décisions; ils sont autant de protestations contre la jurisprudence même, qu'on ne veut pas reconnaître. Nous mettons en fait qu'il n'est pas un tribunal ou une Cour qui auraient besoin d'un nombre aussi répété de décisions pour asseoir sa jurisprudence, et empêcher qu'on ne vienne continuellement l'attaquer ou la remettre en doute.

28. Le ministre de l'intérieur a le droit de prononcer la destitution d'un agent de change, qui n'a pas fait le versement du cautionnement qu'il est tenu de fournir.

L'autorité judiciaire ne peut jamais arrêter les effets d'une décision ministérielle, rendue compétemment.

Le ministre de l'intérieur révoque le sieur Condert de sa place d'agent de change à Bordeaux, faute d'avoir versé son cautionnement pendant les treize mois qu'il a exercé ses fonctions.

Le sieur Coudert se rend à Paris, où il fait son versement.

Muni de sa quittance, il se présente au tribunal de Bordeaux, qui, nonobstant la révocation, admet Coudert à prêter serment en qualité d'agent de change.

Le ministre de l'intérieur, avisé de ce jugement, invite le garde des sceaux à donner des ordres pour faire réformer ce jugement par voie d'appel.

Le procureur général interjette appel; la Cour de Bordeaux, par arrêt du 19 août 1823, confirme le jugement, par le motif que Coudert s'est présenté devant le tribunal de commerce avec l'ordonnance qui l'a nommé agent de change, et la quittance constatant qu'il avait versé le cautionnement auquel il était assujetti; qu'il n'est produit aucun acte qui s'opposât à ce que le tribunal de commerce exerçât les fonctions judiciaires qui sont dans ses attributions.

Le 19 décembre, le préfet élève conflit contre les décisions qui s'étaient permis de déroger à la volonté ministérielle.

Le Conseil d'État se hâte d'y faire droit par l'ordonnance suivante:

Considérant que, par une décision de notre ministre de l'intérieur, transmise, le 13 janvier 1823, au préfet du département de la Gironde, la place d'agent de change, dont était revêtu le sieur Coudert, faute par lui d'avoir versé son cautionnement, a été déclarée vacante, avec ordre au préfet de faire rayer ledit Coudert de la liste des agents de change, en lui faisant défenses d'en exercer les fonctions, et invitation au préfet de faire procéder à son remplacement;

Considérant que, par la lettre du 20 janvier 1823, le préfet du département de la Gironde a transmis cette décision au maire de Bordeaux pour la faire notifier au sieur Coudert, aux syndics des agents de change, et au président du tribunal de commerce, avec invitation de faire procéder à une liste de candidats pour le remplacement du sieur Coudert ;

Que cette décision a été notifiée au sieur Coudert par un appariteur de la mairie ;

Que, nonobstant cette destitution, le tribunal de commerce a postérieurement admis le sieur Coudert au serment, et a ordonné qu'il serait inscrit sur la liste des agents de change ;

Que le procureur général près la Cour royale de Bordeaux, ayant interjeté appel du jugement du tribunal de commerce, a fondé son appel sur la décision administrative prononçant la destitution du sieur Coudert, sur les notifications de cette décision au sieur Coudert, aux syndics des agents de change et au président du tribunal de commerce ; qu'il a indiqué d'une manière précise dans son réquisitoire, le contexte et les dates de ces divers actes ;

Que l'arrêt de la Cour royale de Bordeaux, malgré la décision administrative qui prononçait la destitution du sieur Coudert, a maintenu la disposition du tribunal de commerce qui ordonne que le nom du sieur Coudert sera inscrit sur les deux tableaux des agents de change ;

Qu'il ne convenait pas à l'autorité judiciaire d'arrêter les effets d'une décision ministérielle rendue compétemment ;

ART. 1er. L'arrêté de conflit est approuvé.

2. Le jugement du tribunal de commerce et l'arrêt de la Cour royale de Bordeaux sont considérés comme non avenus.

Que de réflexions fait naître une pareille décision !

1° Le conflit est postérieur de quatre mois à l'arrêt ; il n'y avait point de contradicteur régulier, par conséquent pas de signification pour faire courir le délai ; en tout cas il est présumable qu'on n'avait pas attendu un mois pour la faire ; par conséquent l'arrêt, dans l'esprit même du Conseil, était inattaquable par la voie de cassation : il adopte

des règles basées sur des faits qui n'existent pas, il les foule aux
pieds quand il les rencontre ; ainsi il prononce que toutes les fois
qu'un jugement ou un arrêt peuvent encore être attaqués en cassation, le conflit est admissible : quand il n'y a plus d'autre moyen, il
l'admet également alors même qu'il n'y a plus de pourvoi possible ;
mais, en ce cas, il a cru ne pas se mettre en contradiction, parcequ'il
motive d'une manière contraire : il prononce comme s'il n'y avait point
de fin de non-recevoir résultant de ses propres décisions, ou comme
s'il n'eût rien dit précédemment.

2° Le procureur général a interjeté appel du jugement ; nous voyons
bien qu'il l'a fait d'après l'ordre du garde des sceaux, mais cela ne
suffit pas pour le légitimer ; il a par là pris qualité comme contradicteur, il est devenu partie principale, et ne dit pas sur quelle disposition de la loi il établit son action.

L'art. 2 du titre 8 de la loi du 24 août 1790, porte : « au civil les
commissaires du roi exerceront leur ministère, non par voie d'action,
mais par celle de réquisition dans les procès dont les juges auront été
saisis. »

L'art. 46 de la loi du 20 avril 1810, ajoute : « en matière civile,
le ministère public agit d'office dans les cas spécifiés par la loi. »

Du rapprochement de ces deux articles, nous disons, avec *Henrion
de Pansey*, qu'il résulte qu'en matière civile il est interdit au ministère public de prendre l'initiative et d'agir par action ; que cependant, par exception à cette règle, cette voie lui est ouverte dans certaines circonstances que la loi prend soin de déterminer. Si l'on joint
l'art. 83 du Code de procédure, on voit que dans l'application de la
règle, il y a une distinction à faire ; que dans certains cas le ministère
du procureur du roi est obligé, et que dans les autres il est purement
facultatif.

Quant aux exceptions la loi admet uniquement celles qu'elle au-

torise par des dispositions formelles. Nous voyons en effet dans notre Code civil plusieurs articles qui, dans des circonstances prévues,
donnent aux gens du roi un ministère public qu'ils doivent exercer
d'office. Par exemple, les intérêts d'un absent présumé sont lésés, le
ministère public, chargé de veiller à leur conservation, signale au
juge l'incurie ou la mauvaise foi de la personne chargée des intérêts
de l'absent.

Ainsi un mariage a été contracté avant l'âge requis; le ministère
public en provoque l'annulation.

Une bigamie vient à sa connaissance; il est tenu de faire briser le
lien du crime.

Il est astreint aux mêmes obligations toutes les fois que la morale
a été outragée par un mariage entre parent au degré prohibé.

De même le ministère public doit faire interdire celui qui est
furieux.

En matière d'hypothèques légales, il doit réparer la faute ou la
négligence des maris, tuteurs ou subrogés-tuteurs, en faisant prendre
des inscriptions.

Le ministère public peut également attaquer, par la voie de l'appel,
les délibérations prises par les Conseils de discipline, dans les cas
prévus par l'ordonnance du 20 novembre 1822.

En un mot, telle est la règle : le ministère public ne peut prendre
l'initiative et agir d'office que dans les cas spécifiés par la loi : dans
tous les autres, soit qu'il intente une action, soit qu'il interjette un
appel, soit qu'il forme une demande en cassation, il doit être déclaré
non recevable.

La Cour de cassation a fait récemment l'application de cette règle,
dans des circonstances fort remarquables.

Le tribunal de Toulouse avait ordonné à l'officier de l'état civil
de prononcer un divorce contre le texte formel de la loi du 8 mai

1816. Les parties ayant adhéré à ce jugement, le procureur général en avait interjeté appel : par arrêt du 4 juillet 1820, la Cour royale avait reçu cet appel.

Le 5 juillet 1824, la Cour de cassation a annulé cet arrêt par les motifs suivants :

« Considérant qu'aux termes de l'article 2 de la loi du 24 août 1790, et 46 de celle du 20 avril 1810, le ministère public ne peut agir par voie d'action que dans les cas spécifiés par la loi, et qu'il n'en existait aucune dans l'ancienne législation qui l'autorisât à interjeter appel des jugements rendus en cette matière ; qu'ainsi, quelque irrégulier que puisse être, dans la forme et au fond, le jugement qui, depuis la loi du 8 mai 1816, permet à N... de faire prononcer son divorce par l'officier de l'état civil, l'appel que le procureur général en a interjeté n'était pas recevable, et par conséquent que l'arrêt attaqué a violé les lois ci-dessus ; casse, etc. »

Cependant une difficulté se présente sur la dernière disposition de l'article 46 de la loi citée de 1810, qui ajoute : « Il surveille l'exécution des lois, des arrêts et des jugements ; il poursuit d'office cette exécution dans les dispositions qui intéressent l'ordre public. »

Se fondant sur cette disposition, le procureur général près la Cour de Grenoble avait, seul et d'office, interjeté appel d'un jugement de première instance, qui avait déclaré nul un mariage qu'il regardait comme valablement contracté. « De tous les actes de la vie civile, disait-il, le mariage est incontestablement celui qui intéresse le plus éminemment l'ordre public : je suis donc autorisé à poursuivre l'exécution des lois qui en règlent la forme et en assurent la stabilité. »

La Cour de Grenoble avait reçu l'appel, infirmé la sentence et déclaré le mariage valablement contracté.

Les parties ont déféré cet arrêt à la Cour de cassation, pour violation de la première partie de l'article 46.

Le 1ᵉʳ août 1820, cette Cour l'a cassé par les raisons suivantes :

« Que, conformément à l'article 2 de la loi d'août 1790, il a été constamment jugé que le ministère public n'avait le droit d'agir d'office et par action que lorsque ce droit lui était conféré par une loi spéciale ;

» Que ce principe a été formellement et de nouveau exprimé dans la première partie de l'article 46 de la loi d'avril 1810 ; que la deuxième partie de ce même article serait diamétralement en opposition avec la première, si on l'entendait dans le sens dans lequel la Cour de Grenoble l'a entendu ;

» Qu'on ne peut pas cependant supposer que le législateur qui a répété, dans la première partie de l'article, un principe constamment observé, ait entendu lui-même le détruire dans le même article.

» Qu'il est naturel d'entendre la deuxième partie de l'article dans le sens de la première, et de la regarder comme un développement qui n'altère en rien le principe ;

» Qu'il résulte de ce développement, en le rapprochant de la première partie de l'article, que le ministère public poursuit d'office l'exécution des lois dans les dispositions qui intéressent l'ordre public, lorsque ce droit de poursuite lui est spécialement attribué par la loi ;

» Que s'il en était autrement, et s'il fallait donner à la deuxième partie de l'article l'extension que la Cour royale de Grenoble lui a donnée, il aurait été inutile que le législateur eût déterminé, au titre du Code civil relatif au mariage, les espèces dans lesquelles le ministère public aurait qualité pour agir d'office ;

» Que ces espèces sont fixées par les articles 184, 190 et 191 du Code civil ;

» Qu'en attribuant au ministère public, dans les cas prévus par ces articles, le droit d'agir d'office en nullité du mariage, le législateur lui a évidemment refusé ce droit dans les autres cas. »

Malgré que ces motifs soient un peu délayés et n'aient pas la concision qu'ils auraient pu avoir, ils sont tous applicables à l'espèce ci-dessus : la voie de cassation eût été la seule à prendre contre l'arrêt de Bordeaux, rendu sur l'appel du procureur général, qui n'avait qualité ni pouvoir pour le faire.

Il y avait dans l'espèce cet embarras, que le procureur général et le garde des sceaux, ayant eux-mêmes commis l'irrégularité, se seraient gardés de présenter leur propre fait comme moyen de cassation ; que d'un autre côté, alors même que l'arrêt eût été cassé, le jugement de première instance restait dans toute sa force, ce que le ministre ne voulait pas ; qu'enfin, n'y ayant qu'une partie qui voulait conserver le jugement, le ministère public éconduit, il ne restait personne pour porter l'appel à une autre Cour, et le jugement eût passé en force de chose jugée : voilà sans doute la raison pour laquelle le ministère public près la Cour de cassation n'a pas requis d'office, ou sur la dénonciation du garde des sceaux, la cassation de l'arrêt de Bordeaux dans l'intérêt de la loi.

3° N'a-t-on pas dit et dû dire que l'administration ayant elle-même saisi la Cour royale, puisque c'est le garde des sceaux, provoqué par le ministre de l'intérieur, qui avait donné ordre d'interjeter appel, s'était rendue non recevable à méconnaître l'autorité judiciaire ?

Après le jugement du tribunal de commerce, elle avait l'option entre le conflit et l'appel ; une fois qu'elle a fait l'option volontairement et en connaissance de cause, n'est-il pas absurde et inconvenant de lui voir demander l'annulation, pour cause d'incompétence, d'un arrêt qu'elle a elle-même provoqué ? Évidemment les ministres devaient être non recévables à faire juger par leur Conseil d'État, que la Cour de Bordeaux était incompétente, quand ce sont eux qui l'ont saisie et qui lui ont demandé jugement.

S'ils étaient eux-mêmes présents au Conseil, si le garde des sceaux, qui le préside ordinairement, poussait avec la vigueur de poumons qui lui appartient, à admettre le conflit; malgré son imperturbable assurance, il devait être un peu gêné dans sa discussion. Mais il n'était pas accoutumé à trouver là des contradicteurs qui, pour l'offenser, ou pour tout reproche, n'avaient qu'à lui présenter le tableau du passé et de ses propres faits.

N'est-ce pas ici que se vérifie et s'applique ce que nous avons déjà dit dans cet ouvrage, que le pouvoir d'élever le conflit après arrêt, était monstrueux et barbare : l'administration laisse lutter péniblement et à grands frais les malheureux plaideurs, elle se met en sentinelle pour guetter l'évènement : si la décision est comme elle le désire, elle la laisse passer et en profite; si elle lui est contraire, le ministre ou un préfet la reporte au Conseil d'État, pour la mettre en pièces, ou la façonner comme il convient au bon plaisir.

Si cette marche est odieuse dans les cas où nous l'avons placée, quel caractère prend-elle quand c'est le ministre lui-même qui a porté l'affaire devant les tribunaux et qui leur a demandé justice, justice qu'il n'a pas obtenue comme il la voulait, mais qui, par cela seul qu'il l'a demandée, devait commander à la pudeur publique, dont il ne devrait pas faire abnégation absolue, de ne pas venir se démentir lui-même et se faire donner, par l'autorité dont il dispose, raison de ses propres erreurs, et du mal qu'il aura impunément causé au malheureux plaideur, qu'il n'a traduit ainsi devant une Cour royale que pour l'entraîner dans des frais coûteux de procès, et lui donner la certitude du peu de cas qu'il fait des décisions de la magistrature, lorsqu'elle a la témérité de juger autrement qu'il ne le désire.

4° Au fond, s'il est vrai que, d'après l'arrêté du 29 germinal an IX, et la loi du 28 avril 1816, l'agent de change qui n'a pas versé son cautionnement peut être rayé du tableau, à la diligence du préfet du département, il est vrai aussi qu'il n'y a aucun délai péremptoire et fatal : d'où la conséquence que la déchéacne et la radiation peuvent n'être encourues que d'après les circonstances que les tribunaux sont toujours aptes à apprécier, après une mise en demeure officielle de faire son versement, par exemple, ou toute autre circonstance analogue. Un malheur imprévu, non seulement exempt de blâme, mais digne de toute commisération, ne peut-il pas venir en atténuation ou en motif raisonnable de temporisation ? La loi n'exclut pas ces délais; pourquoi prétexter une incompétence pour blâmer l'appréciation que le juge en a faite ?

D'ailleurs, il n'y avait point d'arrêté administratif spécial prononçant la radiation : c'était à la diligence du préfet que cet arrêté aurait dû être rendu, ce qui n'avait point eu lieu; il ne restait que la décision ministérielle, mais cette décision n'est point une règle souveraine pour les tribunaux: le Conseil d'État a été plusieurs fois obligé de le reconnaître lui-même : les ministres devraient aujourd'hui être accoutumés à voir ces actes traités avec le peu d'égards que le commandent leurs infractions continuelles aux lois. La décision dont est question avait été rendue alors que le versement du cautionnement n'avait point eu lieu; depuis, il avait été opéré; l'arrêté n'avait point encore produit son effet, il lui fallait pour complément l'intervention du préfet, les diligences de ce fonctionnaire pour faire opérer la radiation de l'agent de change, et les défenses à celui-ci d'exercer: rien n'avait été fait; donc les tribunaux étaient encore à même de prononcer; quand ils l'ont fait, le cautionnement avait été versé; ils n'étaient donc plus dans la même position que le ministère, *cessante causâ*, cessat effectus. Le ministère prononçant la destitution au moment où il l'a fait, eût très probablement décidé comme les

tribunaux, au moment et dans les circonstances différentes où ils
étaient. Le ministre, au lieu de se roidir contre l'arrêt, devait s'applau-
dir d'être désarmé dans la sévérité qu'il avait cru devoir déployer :
tout ce qui tend à adoucir une décision meurtrière, à rendre à un
citoyen un état qu'il ne perd jamais sans un désastre plus ou moins
grand, devait être accueilli et saisi avec empressement. Sans doute ce
M. Coudert n'était point un protégé de la congrégation, ou un suppôt
dévoué de l'opinion des trois ou quatre dictateurs du jour ; son élimination ouvrait les rangs pour quelque favorisé de ce genre, voilà
les présomptions, voilà les idées que la conduite de ces hommes ré-
prouvés fait naître à tout homme libre et sensé.

Enfin, pour dernière remarque, n'est-il pas singulier que ce
soit à Bordeaux, théâtre où l'on a vu se dérouler successivement
tous les talents, d'abord humbles et modestes, du jeune avocat Peyronnet, puis l'esprit judiciaire, pour ne pas dire judicieux, du président
du tribunal de cette ville, que l'on ait trouvé un tribunal de commerce,
agissant autrement que l'avocat de Rennes, s'écarter des intentions
peu équivoques qu'il avait fait connaître, puis une Cour qui n'ait pas
craint de résister aux deux avocats réunis? Ne semblerait-il pas que les
souvenirs qu'elle gardait sur ce magistrat, dont elle avait sans doute
eu plusieurs fois à peser les sentences, ne la portaient pas à les sanc-
tionner aveuglément, et à se dispenser de les examiner de près
avant de les confirmer? Si cette Cour a pu penser que le jeune magistrat qu'elle a eu dans son ressort n'était point destiné à devenir un
L'Hôpital, un d'Aguesseau ou un Malesherbes, celui-ci lui prouvera son
erreur : en faisant anéantir ses arrêts, il tentera de prouver que lui et
son Conseil d'État sont bien supérieurs au corps de magistrature,
qui, se trompant sur la personne d'un ministre garde des sceaux, doit
nécessairement errer sur les affaires et sur les choses.

Même jour, 28. Lorsqu'un chemin se trouve légalement classé au nombre des chemins vicinaux, et qu'il s'agit de savoir si l'alignement donné par l'autorité municipale doit être maintenu, c'est à l'autorité administrative à prononcer sur les réclamations relatives à cet alignement.

Conflit du préfet d'Indre-et-Loire.

11 août. Le règlement d'attribution entre un ministre et un Conseil municipal n'étant point contentieux, ne peut être fait par la voie du comité du contentieux.

Le sieur Delandine, nommé bibliothécaire le 18 pluviôse an XI, par le Conseil municipal, est décédé le 5 mai 1820.

Le préfet, toujours officieux en pareille circonstance, demande au ministre de l'intérieur si, conformément à sa circulaire du 7 novembre 1815, la nomination du conservateur devait avoir lieu par son excellence, sur la présentation faite par le maire de trois candidats.

L'excellence ne manque pas de dire oui; la réponse est communiquée au maire, afin de faire procéder par le Conseil municipal à la nomination de trois candidats.

Le Conseil, étonné d'une pareille prétention, décide que, conformément à l'arrêté du gouvernement du 8 pluviôse an XI, il doit procéder non à une simple présentation, mais à la nomination même du conservateur. En conséquence, sans avoir égard à la communication ministérielle, il nomme M. Delandine fils aîné à la place de son père.

Le ministre écrit aussitôt au préfet la lettre suivante:

« J'ai reçu la délibération en vertu de laquelle le Conseil municipal *s'est arrogé le droit* de nommer à la place de bibliothécaire de la ville, vacante par la mort de M. Delandine. L'art. 15 de la loi du 28 pluviôse an VIII, et l'art. 5 du décret du 2 juin 1806, s'expliquent clairement sur les attributions des Conseils municipaux et des maires: l'administration est tout entière dans les mains des maires.

Je considère donc la nomination faite par le Conseil municipal comme *non avenue* (c'est l'expression usuelle), *et je vous prie d'ordonner* à M. le maire de Lyon de procéder au remplacement de M. Delandine, en se conformant à la circulaire du 7 novembre 1815. Vous voudrez bien lui faire remarquer qu'elle n'exige pas une simple présentation de trois sujets, qu'elle veut encore qu'il me soit adressé des détails sur leurs connaissances littéraires.

La ville de Lyon s'est encore permis de résister, elle a attaqué la décision du ministre devant le Conseil des ministres.

Le ministre a proposé une fin de non-recevoir en ces termes :

« La réclamation me paraît devoir être rejetée, attendu que la question dont il s'agit n'étant qu'un règlement d'attributions, n'est pas de sa nature contentieuse, et ne saurait être décidée par cette voie. »

Le Conseil a rendu une décision ainsi conçue :

Considérant qu'il ne s'agit, dans l'espèce, que d'un règlement d'attributions, et que cette question n'étant pas de sa nature contentieuse, ne saurait être décidée par la voie du comité du contentieux ;

La requête de la ville de Lyon est rejetée.

Cette ordonnance produit le même effet que si elle était confirmative, puisque par là la ville de Lyon reste sous le coup de la lettre ministérielle, qui a déclaré non avenue la délibération du Conseil municipal.

L'arsenal du Conseil d'État est, comme celui des ministres, rempli de toute espèce d'armes ; bien qu'il en ait de propres à tailler le fond ainsi qu'il le désirera, il en a encore pour la forme, qu'il emploie suivant les cas et les besoins.

Déjà on l'a vu faire usage de celles-ci ; aussi avons-nous remarqué qu'il est assez bizarre que, se pourvoyant au Conseil d'État, qui doit

être homogène, les parties, et une ville comme celle de Lyon, subissant, comme toute autre, le joug d'un maître, soient éconduites,
parceque la question ne peut être décidée par la voie du comité du
contentieux. Mais si le Conseil ne veut la décider par cette voie,
qu'il la décide par une autre, celle qui lui plaira : la requête lui est
adressée, ou plutôt elle l'est *au roi en ses Conseils*; telle est la forme
ordonnée et adoptée : qu'il la distribue à sa guise, mais qu'il ne
vienne pas ridiculement dénier justice, sous prétexte que le comité
contentieux ne peut la rendre.

Son embarras, dans une rédaction aussi sèche que celle ci-dessus,
ne montre-t-il pas les efforts qu'il a faits pour donner raison aux
ministres, d'une façon, en ne pouvant, malgré sa bonne volonté sans
doute, la lui donner dans une autre?

Que signifie ce motif, qu'il ne s'agit que d'un règlement d'attributions? C'est précisément parcequ'il ne s'agit que de cela, que le
comité du contentieux, aux termes des lois, décrets et ordonnances
que vous invoquez tous les jours, est compétent. A qui donc s'a-
dresser pour statuer sur un règlement d'attribution, qu'au comité
spécialement organisé pour cet objet nominal? Que devient donc le
motif, que la question n'étant pas de sa nature contentieuse, ne
saurait être décidée par la voie du comité du contentieux? Les conflits ne sont pas contentieux, si on le veut; c'est cependant ce comité
qui les vide. On ne sait comment qualifier de pareilles raisons; il
faut supposer aux Français, particulièrement à une grande ville
comme celle de Lyon, une grande débonnaireté pour supposer
qu'elle se contentera de pareilles défaites!

D'ailleurs, n'est-ce pas contentieux, toutes les fois que l'administration a froissé dans sa marche les intérêts particuliers? Une place
de confiance ayant pour objet la conservation d'une propriété de la
ville, lui appartenant de temps immémorial, et particulièrement

destinée à l'usage de ses habitants, ne pourra jamais dépendre que de la municipalité, représentée par le maire, tant que la loi de 1789, l'arrêté du 8 pluviôse an XI, et le décret du 4 juin 1808, n'auront point été formellement abrogés.

Ces dispositions étaient autant d'obstacles légaux qui s'opposaient à l'exécution de la circulaire de 1815.

La loi du 14 décembre dit, art. 50 : Les fonctions propres au pouvoir municipal sont : de régir les biens et revenus communs des villes, bourgs, paroisses et communautés;

De régler et d'acquitter celles des dépenses locales qui doivent être payées des deniers communs;

D'administrer les établissements qui appartiennent à la commune, qui sont entretenus de ses deniers, ou qui sont particulièrement destinés à l'usage des citoyens dont elle est composée.

Le débat entre un ministre et une municipalité tombe naturellement et forcément dans la compétence du Conseil. La nomination à une place suppose le droit de la maintenir, selon les avantages et prérogatives qui y sont attachés. Si la ville de Lyon avait jamais des motifs de supprimer le traitement du conservateur de sa bibliothèque, son excellence viendrait s'y opposer, pareeque, l'employé ayant été nommé par l'autorité, il n'appartiendrait qu'à elle de statuer sur la suppression ou sur la réduction.

Le Conseil, en rejetant comme il l'a fait, eût dû indiquer à la ville comment et dans quelle forme elle devait se pourvoir; autrement, et en l'état, à qui devrait-elle maintenant s'adresser? L'ordonnance ci-dessus est un véritable déni de justice. Jamais la compétence du comité du contentieux ne fut mieux établie, soit sous le rapport du contentieux, soit sous celui du conflit ou du règlement d'attribution que ce comité s'est depuis si long-temps arrogé.

Le fils Delandine, prétendant que la bibliothèque de son père avait été fondue dans celle de la ville, la réclame; vu l'urgence et le tort grave qui peut résulter du défaut de constatation légale de l'état de la bibliothèque avant la gestion du nouvel administrateur, il demande qu'il soit prononcé un sursis à l'installation du nouveau bibliothécaire; dans tous les cas, qu'il soit prescrit par le Conseil d'État telle mesure qu'il jugerait à propos à la conservation des droits de la famille Delandine; subsidiairement, en attendant le règlement des droits respectifs de la ville et des héritiers, qu'il soit ordonné que le sieur Delandine aîné restera provisoirement adjoint au nouveau bibliothécaire.

10 août 1825. Le Conseil d'État, « considérant que de pareilles questions ne peuvent lui être présentées, rejette la requête, et condamne M*...., avocat, qui l'a signée, à 50 francs d'amende. »

Malgré que cette affaire parût devoir finir là, dans la lutte témérairement engagée par le préfet, où le ministre et le Conseil d'État avaient jugé à propos d'intervenir pour prêter assistance à leur agent, le ministre, tout breton qu'il est, a été obligé de reculer, et de renoncer au droit de nomination; mais il a imaginé un autre moyen de tourmenter, qui malheureusement lui a réussi. Il a chargé le maire d'enjoindre à M. Delandine d'opter entre sa place de vice-président du tribunal de Lyon et celle de conservateur de la bibliothèque, et de procéder à son remplacement, faute d'option.

Le sieur Delandine refuse d'opter, par le motif qu'il tenait sa nomination de la seule autorité qui avait le droit d'agir.

Le maire exécute les ordres du ministre, et nomme le sieur Poupart, inspecteur de l'Académie de Lyon, avec injonction aussi d'opter entre les deux places.

M. Delandine défère au préfet l'arrêté du maire, et demande qu'il soit annulé pour excès de pouvoir.

Le préfet rejette la demande, en se fondant sur les décisions du ministre.

Le sieur Delandine s'est pourvu au Conseil d'État, qui,

« Considérant que l'exercice du droit de nomination à un emploi public ne peut en aucun cas donner lieu à pourvoi devant nous par la voie contentieuse;

» Rejette les requêtes du sieur Delandine, et condamne M*…, signataire du pourvoi, à 3o francs d'amende. » (23 novembre 1825.)

Malgré l'issue finale de cette affaire, hommage soit rendu aux officiers municipaux de la ville de Lyon, et au sieur Delandine, que nous voyons avec plaisir figurer parmi les magistrats honorables de cette grande cité. Le maire sans doute a cédé à des considérations qu'il est possible de pressentir; mais M. Delandine n'a succombé que sous des coups d'autorité, dont aucun caractère en France n'eût pu se préserver.

Ce qui n'étonne pas moins dans cette affaire, c'est la double condamnation à l'amende prononcée contre l'avocat aux Conseils par les deux dernières ordonnances. Nous avouons que nous ne pouvons les expliquer que par l'humeur qu'a eue le Conseil de voir qu'on pouvait rencontrer un avocat assez ferme pour signer une requête contre une décision où l'amour-propre du ministre était engagé, et d'autant plus blessé qu'il a eu le dessous. Si cet avocat est, ainsi qu'il faut le présumer, le signataire de la première requête, nous aimons à y reconnaître le fils d'un professeur à l'École de droit, autant estimé par son savoir que par l'indépendance de ses opinions et de son caractère. Le nommer à raison d'une injustice qu'il a éprouvée dans le libre exercice de ses fonctions, c'est le désigner à l'estime et à la vénération du public, qui sait apprécier pareils actes : c'est M. Cotelle, avocat à la Cour de cassation et au Conseil.

11 août. Les tribunaux ne peuvent connaître d'une demande qui

tend à remettre en question ce qui a été déjà jugé par un décret passé en force de chose jugée.

Conflit du préfet de la Seine approuvé.

Même jour. La contestation qui a pour but de savoir si un terrain en litige a fait ou non partie d'une vente nationale, est de la compétence exclusive de l'autorité administrative.

Conflit du préfet de la Seine.

Même jour. Lorsqu'il s'agit de décider si le versement fait dans les caisses de l'État par le débiteur d'un émigré a opéré sa libération, la question est de la compétence des Conseils de préfecture, et non du ministre des finances.

Nous ne nous sommes arrêté qu'aux décisions qui avaient pour objet de régler la compétence ou les attributions de l'autorité administrative et celles de l'autorité judiciaire : nous avons par conséquent rejeté toutes celles de la nature de celle-ci, qui ont été nécessitées par la dissidence des diverses agences administratives. Ces discordances entre les branches, comme entre les pouvoirs, montrent mieux que tous les raisonnements le bien qui résulterait de l'abolition des conflits, et de ce contentieux administratif qui a été reconnu sur un point, et que les agents exécutifs ont tant étendu depuis.

26 août. Toute bourse ou portion de bourse communale est censée remplie jusqu'à la fin de l'année, lorsqu'il y a été nommé au commencement.

Décidément la ville de Lyon, comme celle de Bordeaux, ont, ainsi qu'on a dû le voir par les espèces ci-dessus, encouru la disgrâce des deux excellences de l'intérieur et de la justice. L'une écrit des lettres, l'autre, en présidant le Conseil, les fait enregistrer et passer comme lois. Une simple circulaire, du 7 janvier 1812, a eu cette force contre la ville de Lyon, qui a été aussi malheureuse au Conseil pour les bourses que pour le bibliothécaire qu'elle voulait.

8 septembre. Lorsqu'il s'agit d'interpréter et de déterminer le mode d'exécution d'un acte d'administration qui a affecté à un service public les bâtiments d'un ancien couvent, les tribunaux ne sont pas compétents pour en connaître.

Conflit du préfet de la Corse.

Même jour. L'exécution d'un traité passé entre un ministre et un particulier est de la compétence de l'administration; les tribunaux ne peuvent jamais interpréter un pareil acte.

Conflit du préfet de la Seine.

4 novembre. L'appareil nécessaire pour faire rouir le chanvre met obstacle au libre cours de la navigation, et constitue ainsi un délit de grande voirie, qui ne peut être poursuivi et jugé que par l'autorité administrative.

Conflit du préfet de la Charente.

Même jour. Les préfets n'excèdent pas leur compétence en déclarant qu'il n'appartient point à l'administration de remettre à un émigré les biens par lui revendiqués, qui n'ont jamais été frappés de séquestre.

Les Conseils de préfecture sont seuls compétents pour déclarer si des biens litigieux ont fait partie d'une vente nationale.

Jugement d'Arras non avenu.

17 dudit. Même ordonnance sur le conflit du préfet de la Seine.

Même jour, 17. La clause d'un marché de fournitures qui soumet à un jugement arbitral les contestations qui pourraient s'élever entre l'administration et l'entrepreneur, doit être réputée non écrite.

Toute contestation semblable doit être jugée par l'administration.

On a vu plusieurs ordonnances, disséminées dans cet ouvrage, qui établissent nettement que, quand un particulier, entrepreneur ou fournisseur, s'est soumis à la juridiction administrative, la clause devait avoir tout son effet : il s'agissait cependant, en ce cas, d'arracher au citoyen ses juges naturels, et de le chambrer à l'extraordinaire. Pourquoi le ministre, ou son agent passant les marchés, qui a formellement reconnu que toutes les contestations seraient jugées par des arbitres contradictoirement nommés, qui, en cas de partage, s'adjoindront un troisième arbitre pour prononcer; clause honteuse, il est vrai, pour les ministres, mais qu'ils ont acceptée, et sans laquelle peut-être le fournisseur n'eût pas voulu traiter; pourquoi cette stipulation, qui replace toutes les parties dans le droit commun, ne s'exécuterait-elle pas aussi exactement que la première? Peut-on plus manifestement abuser du droit? Comment des ministres sont-ils assez aveugles pour ne pas voir qu'en ayant ainsi deux poids et deux mesures, ils déconsidèrent leur autorité et dégradent leur personne?

Toute singulière que soit cette disposition, malgré qu'elle s'applique à M. Ouvrard, dont elle faisait le droit comme celui de tout autre, dès qu'elle était écrite nos ministres devaient s'y soumettre; la justice leur eût peut-être été aussi bien rendue de cette manière que par celle qu'ils ont prise : ils perdent même l'avantage de laisser penser qu'elle ait été obtenue par leur adversaire, quoiqu'il en fût autrement : la déconsidération des ministres s'étend à leurs agents; le fournisseur, ainsi réglé, paraîtra toujours avoir été immolé à huis clos.

Turenne s'honora en payant le billet qu'il avait souscrit à des voleurs qui l'arrêtèrent dans un bois; mais nos ministres, voire même M. Clermont-Tonnerre, ne sont pas des Turenne.

17 novembre. Lorsqu'un dépôt de matériaux a été fait par un entrepreneur de travaux publics, dans une rue formant le prolongement d'une route royale, pour l'entretien et la réparation de cette route, c'est aux Conseils de préfecture seuls, et non aux tribunaux, qu'il appartient de statuer sur la contravention.

Avant le décret de 1811, sur lequel seul s'est fondé le Conseil d'État, existait la loi, du 24 août 1790, qui confie à la diligence et à l'autorité des corps municipaux tout ce qui intéresse la sûreté et la commodité du passage dans les rues, places et *voies publiques*.

Le Code pénal, art. 471, n° 4, déclare coupables de contravention ceux qui auront embarrassé la voie publique en y déposant ou y laissant sans nécessité des matériaux ou des choses quelconques qui empêchent ou diminuent la liberté ou la sûreté du passage.

Cela est bien autrement clair que les art. 112, 113 et 114 du décret qui n'a pour objet que de déterminer le mode d'entretien des grandes routes.

Pourquoi donc avoir fait prédominer la volonté d'un seul, qui n'a aucune force que quand elle est une exécution de la loi, et non quand elle lui est contraire, sur des textes positifs et formels de loi? Le Conseil d'État a une prédilection marquée pour ce qui vient de lui, même par un usurpateur; un décret qui aurait dérogé à une loi est bon à conserver : dès que le décret parle des grandes routes, il faut y comprendre les rues et places publiques sur lesquelles ces routes passent; au moins nos agents pourront faire la police, exercer leur juridiction dans les villes et bourgs. C'est d'ailleurs une attribution de plus enlevée à ces malencontreux tribunaux, qui nous gênent sans cesse; c'est enfin autant de soustrait à ces autorités municipales, qui, quoique constituées et nommées par nous, se permettent quelquefois d'aller sans nous.

L'empiètement est d'autant plus évident dans l'espèce, que la contravention avait été commise sur les petits pavés qui se trouvent devant les maisons et qui ne font pas partie intégrante de la grande route, ainsi que l'ont décidé plusieurs arrêts de la Cour de cassation, un notamment du 15 avril 1824.

1er décembre. C'est aux préfets séant en Conseil de préfecture, et non aux Conseils de préfecture, qu'il appartient de prononcer sur toutes les réclamations individuelles ayant pour objet le maintien ou la radiation des contrôles de la garde nationale.

Il faut convenir que voilà une distinction bien subtile, et qui n'a été imaginée que pour le besoin du moment, ou pour obliger le demandeur, le sieur Massard, graveur à Paris, qui avait su intéresser le Conseil. Dès que le préfet est de droit membre du Conseil de préfecture, qu'importe qu'il soit statué par le préfet en Conseil de préfecture, ou par le Conseil de préfecture où assistait le préfet ?

Le ministre de l'intérieur, Corbière, prenait parti pour Massard ; il avait consulté son comité de l'intérieur, qui, après mûre délibération, ainsi qu'il le dit, avait pensé que la formule introduite dans plusieurs lois et ordonnances : *Il y sera statué par le préfet en Conseil de préfecture*, n'équivalait pas à celle-ci, *il y sera statué par le Conseil de préfecture*, dont le préfet est membre de droit, etc.

A la vérité, l'avocat de Rennes se trouvait en contradiction avec M. Lainé, son prédécesseur, ancien avocat distingué de Bordeaux ; mais il s'élevait au-dessus de cette autorité, la combattait ou la faisait combattre du mieux qu'il pouvait. Il y avait une lettre du 5 septembre 1818, qui reconnaissait formellement la compétence des Conseils de préfecture ; une ordonnance du 31 mars 1819 l'avait aussi consacrée vis-à-vis du sieur Monsallier, qui, ayant changé de domicile, demandait à être rayé du contrôle de la garde nationale dans la commune qu'il avait quittée. Rien ne pouvait ébranler la haute raison bretonne ; aussi l'opinion de M. Lainé avait fait admettre, en 1818, la compétence ; celle du savant Corbière la fit repousser en 1824. Voilà l'indépendance et la fixité du Conseil d'État.

15 dudit. Par cela seul que la construction d'une usine hydraulique a été autorisée par un arrêté du préfet, l'autorité judiciaire est incompétente pour connaître des oppositions élevées contre l'exécution de l'arrêté.

Elles ne peuvent être portées que devant le ministre de l'intérieur.

Le sieur Bouis avait été autorisé par le préfet à construire un moulin à tan, et à le mettre en jeu par les eaux d'une source.

Au moment où les travaux allaient être terminés, les syndics des propriétaires intéressés à l'arrosement, intentent contre lui une action possessoire ;

Le juge de paix de Brignolles condamne Bouis à démolir les ouvrages.

Il interjette appel, et obtient du préfet du Var un arrêté de conflit, qui a eu le résultat énoncé ci-dessus.

Dès que le cours d'eau n'était pas public, on ne conçoit pas comment le préfet avait pu régulièrement intervenir; il ne s'agissait dès lors que d'une contestation privée, qui, suivant l'art. 3 du Code de procédure, devait, comme toute autre, être soumise au juge de paix. Si, par cela seul que le préfet s'était immiscé, la compétence ordinaire était changée, il suffirait du fait pour établir le droit; il suffirait pour cela que le préfet s'ingérât de son propre mouvement, ou que la partie s'adressât à lui volontairement ou par suggestion. L'ordre des juridictions ne peut être ainsi mis à la discrétion ni du préfet, ni d'une partie : avec les dispositions envahissantes de l'administration, il n'y aurait pas de raison pour que l'autorité judiciaire ne se trouvât insensiblement dégarnie de toutes ses attributions.

Le préfet invoquait, à l'appui de son conflit, une ordonnance du 19 décembre 1821, pour prouver l'exactitude de l'autorité invoquée ; en voici le texte :

L'administration de la Guadeloupe avait concédé à Grassier un terrain qu'elle regardait comme faisant partie du domaine public.

Les héritiers Picon citent le concessionnaire devant le juge de la Pointe-à-Pitre, comme troublant leur possession.

Ils avaient succombé, mais un arrêt du Conseil supérieur avait ordonné sur l'appel, une enquête sur le fait de la possession.

Conflit. Rejet, par la raison que le Conseil supérieur s'est borné à
prononcer sur une action possessoire, et que son jugement ne préjuge ni la compétence, ni le fond.

On voit que l'autorité était mal choisie, et que l'ordonnance décide positivement le contraire de ce qu'on lui fait dire ; celle du 19
décembre 1821 se trouve en contrariété directe avec celle du 15 décembre 1824; celle-ci avec celle du 18 janvier 1826. Voilà le Conseil
d'État, pour, contre, et toujours bien : l'affaire se continue, voici
l'ordonnance qui la complète :

En exécution de la première, les syndics de l'association se pourvoient devant le ministre, mais ils attaquent en même temps, devant
le Conseil d'État, l'arrêté du préfet pour incompétence.

Vainement Bouis soutient-il que l'ordonnance du 15 décembre,
ayant renvoyé les oppositions au ministre de l'intérieur, avait reconnu
que le préfet n'avait pas dépassé les bornes de sa compétence.

Le Conseil, moins bien disposé, renverse l'arrêté qui lui avait
servi de base la première fois.

Voici ses motifs, qui décèlent son embarras, pour chercher à se
corriger.

Considérant que notre ordonnance du 15 décembre 1824 a eu pour
objet d'empêcher les tribunaux de connaître des oppositions à l'exécution de l'arrêté du préfet, du 15 avril 1824, lequel arrêté, sous le
rapport administratif, ne pouvait être déféré qu'à notre ministre de
l'intérieur;

Considérant que ledit arrêté est maintenant attaqué devant nous,
pour cause d'incompétence, et que les arrêtés des préfets sont susceptibles de nous être déférés directement pour cette cause;

Considérant que les oppositions à la demande du sieur Bouis, étaient fondées sur des titres de propriété, d'usage et de servitude d'un ruisseau d'arrosage qui n'est ni navigable, ni flottable; que dès lors l'appréciation des titres et droits des parties appartient aux tribunaux ordinaires, et devait précéder toute décision administrative;

L'arrêté du préfet du Var est annulé pour cause d'incompétence.

Du 18 *janvier* 1826.

CHAPITRE IV.

ANNÉE 1825.

12 janvier. Un conflit négatif ne peut jamais être élevé par un préfet; il ne peut résulter que de deux actes des deux autorités judiciaire et administrative, qui ont déclaré leur incompétence.

Il ne peut y avoir conflit, lorsque le Conseil de préfecture a autorisé l'une des parties à plaider devant les tribunaux, et qu'ils se sont déclarés incompétents.

Conflit du préfet de la Moselle.

Même jour. Des particuliers ne peuvent demander la destruction d'ouvrages ordonnés par l'administration, en intentant l'action en complainte devant le juge de paix.

En cas d'opposition à ces actes, le pourvoi ne peut en être porté que devant le roi en son Conseil d'État.

Conflit du préfet du Loiret.

Cette décision est une de celles que nous avons plusieurs fois critiquées, puisque, sans examiner si l'administration avait eu le droit d'agir, elle reconnaît qu'il suffit du fait pour que les tribunaux doivent s'abstenir. Ce système est insoutenable; il tend à subordonner le droit au fait, à légaliser pour ainsi dire les actes d'usurpation; il tend directement à soustraire à la justice réglée ce que l'administration n'eût jamais dû tenter de lui enlever.

Le Conseil d'État couvre encore son empiètement d'un manteau qu'il emploie souvent; il fait parler le roi et lui fait dire que ce n'est que devant lui que les protestations ou actions devaient être portées. Le roi, qu'a-t-il à faire dans de pareils actes? Le Conseil en allant contre le texte de la Charte, qui ne veut pas plus qu'un particulier soit distrait de ses juges naturels par un préfet que par tout autre, abuse évidemment de son pouvoir, et va contre les intentions du roi. Il devrait donc agir pour son propre compte, au lieu d'invoquer un nom qui doit rester toujours étranger à de pareils empiètements.

Même jour. Les tribunaux sont incompétents pour expliquer le sens et les effets d'une vente de biens nationaux.

Conflit du préfet de la Seine-Inférieure ; jugement du tribunal de Rouen non avenu.

19 janvier. Lorsque la soumission faite par un ancien engagiste, a été validée par une ordonnance royale, que celui-ci a payé le quart de la valeur, et qu'il a vendu le bien à un tiers, si le ministre des finances ordonne au domaine de reprendre possession du bien, le tiers ne peut, avant que cette décision soit annulée, poursuivre le domaine en restitution.

S'il saisit les tribunaux et que ceux-ci condamnent, c'est le cas de se pourvoir au Conseil d'État, pour faire annuler leur décision.

Lorsqu'un conflit a été élevé, le préfet ne doit pas prononcer sur le fond.

Conflit du préfet de l'Eure maintenu ; trois jugements d'Évreux, arrêt de la Cour de Rouen, ordonnance de référé, et trois jugements de Pont-Audemer non avenus.

16 février. L'autorité administrative seule est compétente pour régler les dommages réclamés contre un entrepreneur des routes.

Conflit du préfet des Bouches-du-Rhône.

Même jour. L'action possessoire relative aux chemins qui ne sont pas portés sur l'état des chemins vicinaux, et dont la propriété est contestée entre les communes et les particuliers, doit être portée devant l'autorité administrative.

24 dudit. Les tribunaux empiètent sur les attributions de l'autorité administrative, en ordonnant la démolition de constructions élevées par un particulier dans les limites d'un alignement qui lui a été donné, et en modifiant ainsi cet alignement.

Si un voisin se croit fondé à attaquer cet alignement, il doit se pourvoir dans la forme prescrite par la loi de septembre 1807.

S'il prétend qu'il lui est dû des dommages-intérêts, il ne peut être statué sur ce point par l'autorité judiciaire, avant que l'administration ait prononcé sur la réclamation de ce particulier relative à l'alignement.

Conflit du préfet de la Gironde. Jugement de Bordeaux non avenu.

3 mars. Si, en matière de vente de biens nationaux, les tribunaux sont compétents pour statuer sur les moyens de garantie et de prescription, ils ne le sont plus pour prononcer sur la question de savoir si le terrain en litige est compris dans une vente nationale.

Conflit du préfet de Seine-et-Oise ; jugement de Mante non avenu.

Même jour. Les Conseils de préfecture sont seuls compétents pour juger les contestations élevées sur les comptabilités des hospices;

Ainsi que pour prononcer sur les réclamations des particuliers, qui se plaignent de torts et dommages procédant du fait personnel des entrepreneurs ou de leurs agents, et sur les demandes et contestations concernant les indemnités dues aux particuliers à raison des terrains pris ou fouillés pour la confection des chemins, canaux, et autres ouvrages publics.

Conflit du préfet du Puy-de-Dôme confirmé.

Même jour. Les contestations en matière de grande voirie sont de la compétence des Conseils de préfecture.

Les anticipations sur la voie publique, dans les rues ou places qui ne font pas partie des routes royales ou départementales, appartiennent à la voirie urbaine.

17 dudit. Tout propriétaire de voiture de roulage est tenu de faire peindre sur une plaque de métal son nom et son domicile, sous peine d'amende, qui sera double si la plaque porte, soit un nom, soit un domicile faux et supposé.

Conflit du préfet de la Meurthe approuvé.

31 dudit. C'est à l'administration, et non aux tribunaux, qu'il appartient d'interpréter les ventes de biens nationaux.

Même jour. Lorsque les actes s'expliquent d'eux-mêmes, les Conseils de préfecture ne peuvent se déclarer incompétents et renvoyer devant les tribunaux.

Même jour. Toutes les fois qu'il s'agit de réprimer des anticipations commises sur un chemin reconnu vicinal, c'est aux Conseils de préfecture qu'il appartient d'en connaître.

Conflit du préfet de la Haute-Marne; jugement du tribunal correctionnel de Chaumont non avenu.

4 mai. Lorsque des travaux publics ont été ordonnés, l'expropriation des terrains compris dans le plan doit être saisie administrativement.

Conflit du préfet des Bouches-du-Rhône; jugement de Tarascon non avenu.

Même jour. C'est aux Conseils de préfecture seuls à prononcer sur les réclamations des particuliers qui se plaignent de dommages causés par les entrepreneurs de travaux publics.

Conflit du préfet du Rhône approuvé; l'assignation donnée à ces entrepreneurs par le procureur du roi de Lyon, devant le tribunal correctionnel, non avenue.

15 juin. Une décision sur conflit, quoique par défaut, n'est pas susceptible d'opposition.

C'est à l'aide des mots *ordre public*, *juridiction de droit public*, que le Conseil d'État veut qu'on reconnaisse son infaillibilité, quand il a prononcé sur un conflit hors la présence du véritable intéressé; il finira par se donner pour infaillible en tout cas, et pour souverain dans toutes les matières. Il est temps d'opposer une digue à d'aussi inconcevables prétentions: un corps qui se place si haut révise tout, mais jamais ses propres actes. Cependant, l'ordre public n'est pas seul intéressé dans les conflits; presque toujours des affaires majeures et importantes en dépendent pour les particuliers. Nous ne pouvons nous expliquer pourquoi le Conseil, qui admet l'intervention de ceux-ci dans les conflits négatifs, la refuse dans les conflits positifs. C'est là un des coups de cette haute autorité qu'il faut reconnaître en fait, sans pour cela admettre dans notre droit rien de ce qu'elle décide aussi arbirairement.

22 juin. Les dettes des communes, contractées avant la loi du 24 août 1793, qui les a déclarées nationales, sont de la compétence de l'autorité administrative.

Conflit du préfet du Bas-Rhin maintenu; acte d'appel et tout ce qui a précédé, nul et non avenu.

Même jour. Quoique l'ébranchement d'un arbre planté sur une route royale ne constitue délit ni contravention, les Conseils de préfecture peuvent seuls prononcer sur le dommage.

Voilà une volonté du Conseil d'État qui ne peut s'expliquer que par la raison qu'il serait souvent obligé de donner si on l'interpellait : *Je le veux, parceque je le veux.*

Ce décret de 1811 est un empiètement fait par un gouvernement absolu, qui offrait sur le papier constitutionnel, un moyen de le réprimer, mais qui, en fait, concentrait tous les pouvoirs, sans aucune possibilité physique ni légale de s'y opposer. Le sénat conservateur a livré nos institutions comme nos personnes au maître qui payait en cordons, en titres, en sénatoreries, etc.

Toutes ces décisions impériales qu'on était obligé de subir en fait, quoique n'étant point d'accord même avec les lois d'alors, devraient bien aujourd'hui être répudiées, puisqu'elles sont devenues inconciliables avec notre pacte fondamental ; c'est bien ici que l'on peut dire que les lois secondaires, les décrets, les ordonnances, étoufferont notre charte sous leur poids, si on ne se hâte de l'en alléger ! Loin de là, nos ministres actuels renchérissent sur le passé. L'article 114 de ce décret constitue les Conseils de préfecture juges correctionnels pour les amendes encourues sur les routes. Ces amendes ne sont encourues que quand il y a contravention ; mais, malgré que le Conseil d'État eût reconnu que le fait ne constituait pas une contravention de grande voirie, et qu'il se réduisait à une simple réparation de dommage, il a néanmoins voulu que l'administration retînt l'affaire qu'elle avait renvoyée. Pareille opinion doit être repoussée comme illégale, inconstitutionnelle et vexatoire.

Même jour, 22. Lorsqu'il s'agit de constater préalablement la direction et les dimensions d'un chemin vicinal, le préfet est seul compétent pour procéder à cette opération.

Conflit du préfet de l'Indre maintenu.

Un procès-verbal est dressé contre Rouet pour anticipation sur un chemin vicinal.

Jugement du tribunal d'Issoudun, qui lui donne acte de ce qu'il

articule et met en fait que le terrain contesté n'est point un chemin
public ; ordonne qu'il fera preuve des faits par lui articulés.

Conflit du préfet admis, dans les termes ci-dessus.

Ici encore le Conseil a fait une une extension abusive de ses
pouvoirs : par cela que le préfet avait classé ce chemin au nombre
des chemins vicinaux, il n'en devait pas résulter incompétence des
tribunaux pour prononcer sur la prétention de Rouet. En admettant
même, ce que nous sommes loin de faire, qu'il suffisait d'un fait
de l'administration pour que la justice ne pût être saisie de ce qui
s'y rattachait, cela n'aurait pu recevoir application qu'au cas où il se
fût agi de savoir si le chemin était ou non vicinal, seule chose que
le préfet avait décidée affirmativement. Mais la question de savoir si
le terrain, sur lequel le chemin est établi appartenait à la commune
ou au particulier, est une question de propriété, qui, comme toute
autre, est du ressort exclusif des tribunaux. L'arrêté du préfet qui
déclare le chemin vicinal ne fait point obstacle à ce que la question
concernant la propriété du terrain leur soit soumise ; tout ce qui
résulte de l'arrêté, est que, le chemin, étant vicinal, est reconnu nécessaire et doit être maintenu, sauf à indemniser le tiers, qui serait
judiciairement reconnu propriétaire du terrain.

Cette dernière chance a été enlevée à Rouet ; incontestablement
l'ordonnance, vue sous ce rapport seulement, devrait être
écartée.

15 juillet. En matière de conflit positif, le Conseil d'État ne
peut être saisi que sur la revendication du préfet, et non sur le
pourvoi des parties.

Il est encore heureux que le Conseil d'État veuille bien repousser
les parties qui, battues par les tribunaux, élèveraient un conflit
contre les jugements et arrêts qui les blessent. De cette manière,
il tiendrait au moins l'ordre judiciaire dans ses mains pour tous les

points. Il attendrait, sur son trône, qu'on vînt lui déférer ces jugemens qui, bien que basés sur le texte ou sur l'esprit de la loi, devraient disparaître devant la raison politique et la haute sagesse du Conseil.

S'il a éconduit les parties qui, sous prétexte d'incompétence, s'adressaient directement à lui pour qu'il revisât les actes judiciaires, celles-ci, et ce sont toujours celles qui ont perdu, ont cru qu'elles pouvaient forcer le préfet au conflit, lorsque, ce qui n'est pas très fréquent, il se refusait à l'élever. Il a fallu des ordonnances pour repousser ces prétentions.

Le Conseil d'État comme les ministres ont trop bien senti leur intérêt pour y consentir. Indépendamment de ce qu'ils auraient admis un bouleversement complet, parcequ'il est peu de parties condamnées qui ne voulussent encore courir cette chance, et que le Conseil d'État eût été appelé par là à statuer sur toutes les contestations, ils ont voulu ne réserver le moyen qu'à eux seuls. Si les préfets eussent pu avoir la main forcée, les ministres et leur Conseil eussent été dominés; ils se sont bien gardés d'admettre cette contrainte.

Même jour, 13. Lorsque c'est pour la confection des travaux dont il a l'entreprise, qu'un individu a fait des fouilles dans une propriété particulière, c'est au Conseil de préfecture que la demande en indemnité doit être portée.

Conflit du préfet de la Loire; jugement de Saint-Étienne non avenu.

10 août. Les tribunaux ne sont pas compétents pour interpréter et déterminer l'étendue et les effets d'un acte du gouvernement qui a prononcé la remise des biens d'un ancien émigré.

Ainsi, ils ne peuvent décider si une inscription hypothécaire prise par le domaine a été comprise dans la remise des biens.

Conflit du préfet d'Ille-et-Vilaine; jugement de Rennes non avenu.

17 août. Lorsqu'un prêtre a refusé d'admettre les parrain et marraine présentés pour le baptême d'un enfant, le père n'est ni recevable ni fondé à se pourvoir au Conseil d'État, en appel comme d'abus.

Quoique cette décision ne soit point intervenue sur conflit, cependant elle a pour objet la compétence du Conseil, et montre mieux que toute autre l'esprit qui dirige ce corps obéissant, préposé à la direction de toutes les autorités administratives et judiciaires du royaume. Ici on l'a vu bien des fois interpréter, même affronter la loi, pour en faire sortir des doctrines favorables à son pouvoir et à ses vues de limitation des tribunaux; il n'en a point été de même vis-à-vis du clergé, voire même d'un simple desservant de campagne.

D'après les articles 6 et 8 de la loi du 8 avril 1802, les cas d'abus pour lesquels il y a recours au Conseil d'État, sont : l'usurpation ou excès de pouvoir; la contravention aux lois et règlements du royaume; l'infraction des règles consacrées par les canons reçus en France; l'attentat aux libertés, franchises et coutumes de l'église gallicane; et toute entreprise ou procédé qui, dans l'exercice du culte, peut compromettre l'honneur des citoyens, troubler arbitrairement leur conscience, dégénérer contre eux en oppression, en injure ou en scandale public.

Le recours, ajoute le dernier article, compètera à toutes personnes intéressées; à défaut de plainte particulière, il sera exercé d'office par les préfets.

Le sieur Liaas avait présenté son enfant, pour être baptisé, sur le témoignage des sieur et dame Loustalot, parrain et marraine.

Le desservant Casaulong, ne jugeant pas ces derniers dignes d'être admis, refuse de procéder avec leur assistance au sacrement de baptême.

Le sieur Liaas s'est cru blessé dans son honneur, à raison de ce que les parrain et marraine étaient ses parents; il se pourvoit en appel comme d'abus devant le Conseil d'État, par l'intermédiaire du ministre des affaires ecclésiastiques.

A la différence de M. Peyronnet, qui, quoique chef de la justice, agissait sans cesse contre elle pour restreindre ses droits et en déconsidérer les membres, M. Frayssinous s'est constitué le défenseur du desservant; il a d'abord plaidé qu'il n'y avait point refus du sacrement de baptême;

Que les parrain et marraine étaient connus comme n'observant pas même les devoirs les plus ordinaires de la religion, et allant à peine à l'église deux ou trois fois dans l'année; qu'une pareille conduite équivalait à une profession ouverte d'irréligion; que, malgré leur négligence publique, le desservant les avait déjà reçus une fois comme parrain et marraine; mais qu'alors il leur avait fait remarquer le droit qu'il avait de les refuser, et avait exigé d'eux la promesse qu'ils seraient désormais plus fidèles à leurs devoirs religieux; que ce n'était qu'à cause de leur persistance dans l'irréligion, qu'il les avait cette fois refusés.

« Est-ce là, a dit M. Frayssinous, troubler arbitrairement la conscience des citoyens? Est-ce là ce qu'on peut appeler un scandale public? Aucune loi civile ne pouvait obliger le ministre de l'église à les admettre en qualité de parrains; et de plus, toutes les règles canoniques le lui défendaient expressément.

« J'y cherche quelque usurpation ou excès de pouvoir; quelque contravention aux lois; quelque infraction des règles consacrées par les canons reçus en France; je n'y vois que la conduite sagement mesurée d'un pasteur qui, sachant tempérer l'ardeur du zèle par tous les ménagements de la charité, n'a rien fait qui ne lui fût permis par le silence des lois civiles, et formellement commandé par toutes les règles canoniques. »

On voit avec quel zèle et quelle ferveur le ministre catholique défendait le prêtre récalcitrant qui, en repoussant du giron de l'église les sieur et dame Loustalot, comme indignes de témoigner pour le baptême, exposait l'enfant, s'il fût mort, à être privé des effets d'un sacrement aussi nécessaire pour le salut des âmes.

On voit que le motif était tiré principalement de ce qu'ils ne pratiquaient pas assez exactement les devoirs religieux ; de sorte que le citoyen n'a plus de liberté dans l'exercice de son culte ; il faudra aller à la messe, aux vêpres, à confesse, sous les peines que prononcera l'officier ecclésiastique, en privant d'un des sacrements de l'église le catholique qui les aura encourues.

Peu s'en est fallu que le ministre, qui ne s'est pas contenté de défendre, n'ait pris un caractère attaquant et dénonciateur ; on y démêle assez clairement la satisfaction et même l'éloge.

Nous ne devons pas pousser plus loin nos observations ; il est des choses qui se sentent beaucoup mieux qu'elles ne se disent ; le texte de la loi est présenté ; chaque lecteur, dans son intention, est à même d'en faire l'application mieux que ceux qui défendent leur cause ou celle du parti qu'ils servent. Il sera facile de voir que le Conseil d'État qui, dans tant de circonstances d'une autre nature que celle-ci, a fait sortir des lois des interprétations qu'on ne s'attendait pas à y rencontrer, eût bien pu se servir de la loi de 1802 pour condamner, au moins pour blâmer le prêtre Casaulong, afin d'empêcher récidive, et de préserver à l'avenir de pareilles exigeances.

Aussi le Conseil, interprétant bénignement et avec faveur, a dit,

sur le premier point, qu'il n'y avait pas eu refus du sacrement de
baptême.

Sur le second, qu'aux termes de la loi, le recours ne compète
qu'aux personnes intéressées ; que les sieur et dame Loustalot ne
se pourvoyant pas, le sieur Liaas était sans qualité pour le faire en
leur nom.

Est-il possible d'avancer que les père et mère de l'enfant ne sont
pas intéressés ? N'ont-ils pas un intérêt différent, il est vrai, des
parrain et marraine, mais bien autrement énergique et direct ? La
qualité de proche parent, qui s'y joignait d'ailleurs, ne rendait-elle
pas cette injure commune à la famille ?

La lettre que nous lisons au moment où nous écrivons ces pages
montre jusqu'à quel point l'impunité enhardit un petit agent, même
un prêtre, qui journellement en contact avec les passions de localité, se laisse aussi facilement que tout autre emporter par elles.

« J'ai à vous signaler un acte d'intolérance dont je suis l'objet.
Ma fille m'ayant donné un petit-fils, il avait été convenu en famille
que je le présenterais aux fonts baptismaux : c'était pour moi un
devoir qu'il m'était doux de remplir, et j'étais loin de m'attendre
au refus injurieux que j'ai éprouvé. Croirez-vous, monsieur, que
M. James, curé de Montausier, a refusé en pleine église d'administrer le sacrement de baptême à mon petit-fils, parceque j'en étais
le parrain, alléguant pour raison que je n'assistais pas régulièrement
aux offices de ma paroisse ! Il m'a été pénible de recevoir cet affront
devant plusieurs personnes, et en présence de deux familles respectables, la mienne et celle de mon gendre, qui l'ont senti plus vivement que moi-même. J'ai dû me borner à protester dans ce moment
contre le refus de M. le curé ; et, usant de la faculté qu'a tout chré-
tien d'administrer ce sacrement, j'ai répandu sur le front du nouveau-

né l'eau baptismale, apportant dans ce devoir toute la piété et le recueillement dont j'étais capable.

« Je ne suis pas bien versé dans la science théologique ; mais on m'a assuré que, d'après le concile de Trente, on ne peut refuser pour parrain que celui qui est hérétique, juif ou païen ; Dieu merci, je ne suis rien de tout cela.

« Cet évènement a fait une vive sensation dans la localité, et nullement à la louange de M. le curé, dont on dit, au reste, que la conduite n'a pas été approuvée, même par ses chefs supérieurs. Mais je crois que publier de pareils faits est le meilleur moyen d'empêcher qu'ils se multiplient. »   *Signé* CHAUSSENDE-RICHOND.

Le père ainsi éconduit, n'ayant pas à attendre une justice prompte et ferme, d'après l'exemple ci-dessus, a pris un très sage parti. Dans l'état des choses, nous le regardons même comme le seul à suivre. Il faut, plutôt que de faire du scandale, ou de se livrer à des menaces ou voies de fait, l'étendre à tous les refus de sacrement ou de cérémonies religieuses. Les prêtres qui se placent ainsi entre Dieu et l'homme, ne peuvent rendre celui-ci victime de leur propre refus, ni intercepter les prières qui monteront à la Divinité, sans ces faux intermédiaires.

Nous nous abstenons de toutes autres réflexions ; le lecteur éclairé les suppléera facilement.

Nous trouvons dans les recueils que, le 13 juin 1827, après trois ans d'instruction, au ministère des affaires ecclésiastiques il a été statué sur l'appel comme d'abus interjeté par M. Gallais, propriétaire à Ruffec, contre M. Delasalle, curé de cette ville. Cet ecclésiastique s'était refusé à remplir son ministère envers la mère du plaignant, par le motif que cette dame était *en possession de biens d'origine ecclésiastique.*

Le Conseil d'État a jugé que ce refus n'était pas susceptible de la censure autorisée par la loi du 8 avril 1802.

Il n'y a rien à ajouter à de pareils exemples.

17 août. Le paiement des dettes des communes ne peut être poursuivi que contre l'État, et par voie de liquidation administrative.

Conflit du préfet de Vaucluse maintenu.

Même jour. Le ministre des finances est seul compétent pour arrêter les décomptes, comme pour statuer sur les questions relatives à l'exécution du décret du 4 janvier 1808, entre un ancien receveur général et un receveur particulier.

Conflit du préfet de Seine-et-Oise confirmé; jugement de Rambouillet non avenu.

Même jour. Lorsqu'une ordonnance a sursis à la prise de possession par un engagiste, jusqu'à décision définitive du fond, il ne peut être procédé à l'expropriation du domaine devant les tribunaux, même à la requête d'un tiers créancier.

Conflit du préfet de l'Eure approuvé; jugements du tribunal de la Seine non avenus.

Même jour. Lorsque devant les tribunaux, l'une des parties repousse l'autre, en se fondant sur des arrêtés et actes du gouvernement, l'affaire devient administrative, et le Conseil d'État seul doit prononcer sur le sens et l'effet de ces actes.

Conflit du préfet du Rhône maintenu.

Même jour. La nomination des notables part-prenant dans une fontaine d'eau salée, est un acte administratif dont les tribunaux ne peuvent connaître.

Conflit du préfet des Basses-Pyrénées.

Même jour. Un juge de paix n'est pas compétent pour prononcer sur les dommages-intérêts réclamés contre un entrepreneur de travaux publics, pour torts et dommages par cet entrepreneur.

Conflit approuvé; jugements du tribunal de paix de Crécy non avenus.

Même jour. Les indemnités réclamées pour dommages éprouvés par la confection de travaux publics, doivent être allouées par les Conseils de préfecture.

Cette règle s'applique au préjudice qu'un particulier prétend avoir éprouvé par l'inaction de son moulin, au moyen de prises d'eau faites pour le canal de l'Ourcq, et la privation de jouissance de terrains par suite de travaux du même canal.

Conflit du préfet de la Seine maintenu.

Ces décisions se répètent souvent; ce qui prouve la difficulté qu'a le Conseil d'État de les faire admettre. On ne peut en effet concevoir comment une action en dommages-intérêts, qui présente en elle-même une cause nouvelle et indépendante des personnes contre lesquelles cette action est dirigée, peut être attribuée à l'administration. Quels éléments a-t-elle que n'aient pas les tribunaux? Si elle ne suit pas les formes de la loi civile, particulièrement celles établies pour l'expertise, pourquoi en prive-t-elle les parties qui intentent une action qui leur est propre, et qui est tout-à-fait détachée du traité passé avec l'entrepreneur, avec une compagnie ou tout autre agent? Le Conseil persévère dans cet accaparement; les résistances soutenues qu'il rencontre devraient lui en montrer l'injustice, et le déterminer à l'abandonner.

1er septembre. Même cause de contestation, même décision sur le conflit du préfet de la Seine.

Même jour. Les questions qui peuvent s'élever sur le mode d'opérer la liquidation des fournitures faites par une compagnie, ne sont pas de la compétence des tribunaux.

Conflit du préfet de la Seine confirmé.

Même jour 1er septembre. L'affaire des actionnaires du Vaudeville

avec le nommé Bérard, directeur adjoint à ce théâtre, a eu trop
de publicité pour que, sans entrer dans tous les détails qu'elle
embrasse, nous ne faisions pas connaître ceux qui se rattachent au
conflit, et qui mettront le public à même de connaître les prétentions du ministère, et la conduite personnelle du ministre Corbière
en cette affaire.

Avant de recourir aux tribunaux pour le redressement des torts
de toute sorte qu'ils éprouvaient de la part de l'adjoint au directeur,
les actionnaires ont fait auprès du ministre, par l'intermédiaire de
leurs quatre administrateurs sociaux, toutes les démarches qui pouvaient empêcher des discussions judiciaires. M. Corbière daigna les
recevoir et les écouter plusieurs fois ; ils croyaient, par la connaissance qu'ils lui avaient donnée de leurs droits et des motifs si légitimes de leurs plaintes, obtenir sans difficulté et d'accord l'éloignement de celui qui avait perdu leur confiance. Ils commençaient à
s'apercevoir que les promesses du ministre n'étaient que fallacieuses,
lorsque, le pressant un peu plus vivement, il finit par leur dire que,
les faits étant contestés, il fallait les faire juger par les tribunaux ;
que, s'ils y étaient admis en tout ou même en partie, il aurait bientôt fait justice en ce qui le touchait ; qu'ils revinssent le voir aussitôt
qu'ils auraient un jugement.

Tout peu préparés qu'ils étaient à cette réponse, force fut de s'y
soumettre. Le théâtre étant fermé par ordre du sieur Bérard, les
actionnaires le firent assigner à fin de restitution de 2,300 fr. dont
il s'était emparé pour la recette du 14 avril, dernier jour de spectacle. Il avait destitué le caissier de la société : rétabli le lendemain
par ordonnance de référé, Bérard fit fermer le théâtre ; on lui demandait 3,000 fr. de dommages par chaque jour de fermeture : le
tout par corps, avec défense pour l'avenir de ne plus troubler les
administrateurs de la société.

Bérard requiert que le tribunal se déclare incompétent.

Le 14 avril 1824, jugement qui, attendu qu'il s'agit dans la cause d'une demande en dommages-intérêts résultant d'un fait imputé à Bérard, et à fin d'une restitution de 2,300 fr.; ce qui constitue une action purement personnelle, dont la connaissance appartient à l'autorité judiciaire, se déclare compétent.

Bérard n'avait été admis par les actionnaires que sous les conditions d'exécuter l'acte social, et les obligations prises par Désaugiers et Barré, ses prédécesseurs; depuis il avait, dans un acte particulier, reconnu lui-même qu'il n'avait pas le droit de s'immiscer dans l'administration; qu'il ne pouvait se mêler que du personnel dramatique; méconnaissant tout, nouvelle assignation lui est donnée, tendant au provisoire, à ce que les administrateurs de la société soient maintenus dans la gestion financière, comprenant tout le matériel, la nomination et la révocation de tous employés, etc.

Au fond, que les conventions sous la foi desquelles Bérard avait été admis soient résiliées, et les sociétaires autorisés à pourvoir à son remplacement, ainsi qu'ils aviseraient; sauf à présenter à l'autorité l'agent chargé de correspondre avec elle; qu'il soit, en outre, condamné, pour torts et préjudices, aux dommages-intérêts à donner par état.

Bérard demande que le tribunal se déclare incompétent, et renvoie la cause et les parties devant l'autorité qui doit en connaître.

Le 23 novembre 1824, jugement qui, attendu que la demande a pour objet de faire annuler les conventions pour cause d'inexécution, sans avoir égard à l'exception d'incompétence, rejette, etc.

L'établissement souffrait beaucoup par le fait de Bérard; il réglait le spectacle, les recettes étaient de 200 ou 300 fr. par jour au lieu de 1,100 fr. nécessaires pour les dépenses. Avant d'obtenir ces jugements contradictoires, il avait fallu passer en conciliation, prendre jugements par défaut, les signifier, etc. Le ministre n'ignorait pas le préjudice de ces retards : tout ayant l'air d'y compatir, il disait aux actionnaires, après les jugements par défaut : Faites juger contradictoirement la compétence. Accoutumé à paperasser, il avait lu les grosses des jugements, assuré les administrateurs et M. de Poupières, actionnaire, qui les accompagnait, qu'il n'y avait point à craindre de conflit de sa part; que le litige non seulement ne le regardait point, mais qu'il déclarait très formellement que si les tribunaux se déclaraient incompétents, il élèverait un conflit négatif.

Quand on eut jugements sur le déclinatoire, il fallut aller en appel, obtenir arrêt par défaut, puis contradictoire, qui confirmât les jugements. Il ne s'en contenta plus; il fallait en obtenir un sur le fond. Les deux instances furent réunies à la première chambre; on poussait d'autant plus vivement, que les pertes s'accroissaient de 1000 francs par jour : le ministre, qui le savait, espérait, avec le sieur Lourdoueix, chef de la division des théâtres et beaux-arts, que les propriétaires se lasseraient et viendraient à composition : voilà pourquoi il n'y a encore sur le fond qu'un jugement par défaut. On retourne au ministre, en lui observant que son homme décline et fuit la justice ; que nous souffrons horriblement de ces retards; que nous pourrions bien l'expulser, puisque c'est nous qui l'avions nommé, ou au moins présenté; que lui ministre, n'ayant fait qu'y donner son agrément, nous venions le lui demander pour un autre, avec lequel nous avions fait un traité nouveau. Il nous dit : « Ayez un jugement sur le fond, et vous pouvez être assuré que j'aurai bientôt fait justice; jusque-là je ne puis rien. »

Nous pressâmes l'audience, et nous obtînmes enfin, le 18 février 1825, jugement qui ordonne que Bérard sera tenu de se conformer à l'acte de société du 12 messidor an III, au règlement général du 29 brumaire an IX; lui fait défenses de faire aucun engagement ni dépenses, sans le concours du bureau d'administration; de troubler le caissier et autres employés, et le condamne en 6,000 francs de dommages-intérêts.

Avec ce jugement, nous crûmes cette fois qu'il n'y avait plus qu'à réaliser les paroles tant de fois données. Nous lui parlâmes alors plus positivement de notre traité et de la personne avec laquelle nous l'avions passé; il nous dit qu'elle lui convenait fort; que M. Laporte, petit-fils de Rosière, l'un des fondateurs du Vaudeville en 1792, *avait des droits héréditaires*, etc.... M. Corbière consentit à le recevoir, et lui réitéra le même langage. Qui croirait que tout cela n'était que dissimulation et perfidie? Cet homme a ou sait prendre l'enveloppe du bon homme simple et franc; comme avocat, il cause beaucoup, il y met de l'expansion; il a l'air de prendre part à la peine, aux besoins d'autrui, et de désirer de les faire cesser; il ne parle de ses droits que pour les mettre en harmonie avec les vôtres; dans le particulier plus encore qu'en public, il doit trouver des gens qui se laissent tromper : ne voyant rien de positif, nous ne doutons pas que nous étions sa dupe.

Nous y allâmes un jour avec la grosse du jugement, qu'il lut et relut une deuxième fois. Tout en reconnaissant le bien jugé, il nous dit qu'il avait vu notre homme, qui lui avait assuré que les juges s'étaient trompés; qu'il n'était pas embarrassé de faire réformer le jugement; que le ministre, en le condamnant à l'avance, le priverait de ses moyens sur l'appel et lui interdirait le droit de se défendre; qu'il avait consenti à ne rien faire avant la décision sur appel; qu'aussitôt que nous l'aurions, s'il y avait confirmation, et à plus forte raison si nous obtenions toutes nos demandes, nous revenions le voir, et qu'il nous aurait bientôt débarrassés.

Nous lui avions remis une copie de notre traité avec M. Laporte, et les conditions auxquelles, pour terminer avec Bérard, nous consentions à sa retraite : nous les réclamâmes, en lui déclarant que nous ne sortirions pas sans les avoir : elles étaient passées dans les mains de M. Lourdoueix, quoiqu'il nous eût promis qu'elles ne sortiraient pas des siennes. Il les envoie chercher. Nous nous retirons dans le salon : le sieur Lourdoueix arrive ; M. Corbière, envoyé sans doute par son chef de bureau, nous les apporte lui-même.

Sur l'appel, arrêt par défaut, puis contradictoire, du 14 mai 1825, qui,

» Considérant que le décret du 29 juillet 1807 a reconnu et autorisé l'existence du théâtre du Vaudeville établi en 1792 ;

» Qu'ainsi les droits et les obligations du directeur, à l'égard des actionnaires, ne sont déterminés que par l'acte constitutif de l'entreprise du 12 messidor an III ;

» Considérant que Bérard ayant été en 1822 présenté par les actionnaires à l'autorité administrative pour remplacer Désaugiers, lequel avait succédé à toutes les obligations de Barré, directeur originaire, s'est soumis lui-même aux charges et aux engagements de ce dernier ; qu'il faut par conséquent se reporter à l'acte de l'an III pour savoir si Bérard en a violé les dispositions, et s'il a donné lieu à des dommages-intérêts et à la résolution du traité en ce qui le concerne ;

» Considérant qu'il résulte des faits de la cause que Bérard est contrevenu à ses obligations par plusieurs actes arbitraires, et notamment en fermant de son autorité privée le théâtre pendant treize jours ; d'où il est résulté préjudice pour les actionnaires ;

» A mis et met les appellations et ce dont est appel au néant, en ce que la résolution des conventions qui liaient Bérard aux actionnaires n'a point été prononcée ;

« Émendant quant à ce , déclare résiliées, à l'égard de Bérard, les conventions sous la foi desquelles il a été appelé à la direction dudit théâtre, *à la charge par les actionnaires de présenter un autre directeur à l'autorité administrative.*

« La sentence au résidu sortissant effet. »

Avec un pareil arrêt, et les paroles données qu'un ministre n'avait même aucun intérêt à rétracter, puisqu'il n'avait fait que s'arroger le droit d'agréer le directeur nommé et présenté par la société, qui pouvait s'attendre à la moindre objection ?

Nous provoquâmes plusieurs fois une audience pour nous entendre sur l'exécution de l'arrêt. Nous n'en pouvions obtenir. M. Gaudiche répondait que les nombreuses occupations dont le ministre était accablé dans ce moment, ne lui permettaient pas de pouvoir nous recevoir ; que Son Ex. l'avait chargé d'avoir l'honneur de nous dire que si nous voulions bien lui faire connaître par écrit l'objet dont nous avions à l'entretenir, elle l'examinerait avec une attention particulière.

M. de Pompières, peu accoutumé aux supercheries, va directement chez l'excellence. Sans s'arrêter devant les valets, qui assurent qu'elle n'y est pas, le voilà dans le salon ; il répond aux huissiers qu'il attendra qu'elle rentre ; qu'elle n'a pas un traitement de 150,000 fr., et les brillants appartements où il se trouve, pour ne pas entendre au moins ceux qui viennent se plaindre d'une injustice monstrueuse, ou d'un déni de justice qu'elle veut commettre. Les huissiers vont informer l'excellence de cette ténacité. Ils reviennent poliment lui dire qu'elle n'a pu encore s'occuper de l'affaire du Vaudeville ; qu'il prenne la peine de repasser dans quelques jours. Il insiste pour voir le ministre, et dit qu'il attendra plutôt jusqu'à minuit. M. Capelle, secrétaire général, arrive, adoucit le patient, et lui promet que justice lui sera très promptement rendue; qu'il se fait fort de lui obtenir une réponse définitive avant trois jours. M. de Pompières se laisse toucher; il sort. Le surlendemain, nous apprenons qu'il y a conflit élevé sur l'arrêt.

Ne voyant pas la possibilité de le motiver, ayant entendu le ministre répéter tant de fois, « Ce que l'on demande aux tribunaux ne me regarde pas; j'élèverais un conflit négatif si les tribunaux ne prononçaient pas : » nous ne pouvions croire à cette nouvelle. On s'occupait de l'exécution forcée de cet arrêt. L'agent ministériel aux abois multipliait les obstacles; des référés s'élevaient sans cesse; le préfet de police, le soutenant, pour services à lui rendus, dit-il un jour aux administrateurs, faisait cause commune avec le ministre. Je vis alors combien il manque encore de garanties aux tribunaux et aux particuliers, qui peuvent voir leurs décisions paralysées par les ordres émanés du préfet de police à Paris, du commandant de la force armée ou du ministre de la guerre, portant défenses à l'autorité militaire de prêter main-forte, malgré le mandement littéral qu'elles renferment.

Le fait du conflit se vérifia : croirait-on que l'avocat chargé de la défense des actionnaires regarda comme inutile de présenter la fin de non-recevoir résultant de ce que le conflit était tardif, puisqu'il n'arrivait qu'après que tout était jugé; qu'il était surtout non recevable dans l'espèce, où il y avait eu des jugements et arrêts rendus uniquement sur la compétence : que ces arrêts étant devenus irrévocables, il n'y avait plus possibilité de revenir sur ce point; que les décisions avaient eu la plus grande publicité par les journaux qui en avaient rendu compte; que, dès lors, le ministre ni le préfet ne pouvaient prétexter cause d'ignorance; que, bien plus, ces deux fonctionnaires, et notamment le premier, avaient eu dans les mains les jugements et arrêts, où il avait vu tout ce que les actionnaires demandaient , qui allait encore au-delà de ce qui leur avait été accordé , notamment l'expulsion de Bérard.

Il nous observa que la jurisprudence du Conseil était tellement fixée, qu'il paraîtrait ou la méconnaître ou la braver, en plaidant ou protestant contre elle ; il nous fit sentir avec raison que ce serait plutôt nuire à la défense que la servir. Tout défiants que nous fussions sur cette justice administrative, qui avait à juger le ministre, nous espérions que le conflit serait rejeté, tant il était difficile d'imaginer une seule raison passable pour l'admettre. Nous nous gardâmes bien de rien faire qui pût blesser nos juges ; nous ne parlâmes pas de la fin de non-recevoir.

Au fond, nous établîmes qu'en règle générale , le ministre n'avait pas le droit de nommer des directeurs aux théâtres ; qu'il l'avait encore moins pour le Vaudeville, qui tenait son existence de la loi de 1791 et de la confirmation des décrets impériaux postérieurs ; qu'il n'avait sur tous les théâtres qu'une simple surveillance, et que s'il avait approuvé le choix de Désaugiers et de Bérard, c'était uniquement pour la correspondance qu'il avait à établir ; que d'ailleurs cette approbation ne lui avait jamais été demandée, et que la lettre qui la renferme ne peut lui assurer aucun droit contre les actionnaires, etc.... ;

Que l'arrêt renferme deux dispositions, l'une qui résilie les conventions privées ; l'autre qui impose l'obligation de présenter un autre directeur ;

Que la première est évidemment à l'abri de toute critique ; que la deuxième n'en comporte pas davantage, puisque le ministre, n'ayant jamais réclamé ni exercé que le droit *d'approuver* la nomination du directeur, qui ne saurait être contestée aux actionnaires, l'arrêt a eu une sage et peut-être trop grande réserve ; en se bornant à ordonner de présenter un autre directeur, il n'a pas voulu décider si ce droit appartenait ou non au ministre; il a pris les précédents tels qu'ils étaient; il a ordonné de s'y conformer.

Malgré ces bonnes raisons, et plusieurs autres développées, l'éloquence de l'avocat qui présidait le Conseil a tout foudroyé, et entraîné la décision suivante :

« Vu le rapport de notre garde des sceaux sur un arrêté de conflit.....;

» Vu l'arrêt de la Cour royale de Paris, qui déclare résiliées, à l'égard de Bérard, les conventions sous la foi desquelles il a été appelé à la direction du théâtre, à la charge par les actionnaires de présenter un autre directeur à l'autorité administrative;

» Vu le décret du 29 juillet 1807;

» Vu les décisions du ministre de l'intérieur, des 27 septembre 1815, 17 janvier 1816, 25 juin et 30 novembre 1822 (1);

» Vu les observations des actionnaires du théâtre du Vaudeville;

» Vu également les observations du sieur Bérard;

» Ensemble toutes les pièces jointes au dossier;

» Considérant qu'il appartenait sans doute aux tribunaux de statuer

---

(1) Ce sont de simples lettres : la première, du ministre à Barré, porte : « Vous avez déclaré que votre projet était de remettre votre gestion entre les mains de M. Désaugiers, *j'y donne mon assentiment.* »

La deuxième, sur la réclamation des actionnaires, dit : « Mon intention, en acceptant M. Désaugiers, n'est point de changer vos rapports et vos obligations réciproques. »

Le 25 juin 1822, lettre du ministre à Désaugiers sur l'interprétation de quelques articles de l'acte de société.

Le 30 novembre suivant, arrêté *in petto*, qui n'a jamais été communiqué aux actionnaires, qui adjoint Bérard au privilège concédé à Désaugiers. (On parle là et dans une précédente, d'un privilège : il est constant qu'il n'en a jamais existé; il n'en a jamais été produit, malgré les interpellations.)

sur les conventions privées intervenues entre les actionnaires du Vaudeville et *leur mandataire;*

» Mais qu'en imposant aux actionnaires l'obligation de présenter à l'autorité administrative un autre directeur que le directeur actuel, nommé et établi par le ministre de l'intérieur, la Cour royale de Paris a statué sur une matière qui n'était pas soumise à sa juridiction;

» Notre Conseil d'État entendu;

» Nous avons ordonné et ordonnons ce qui suit :

» ART. 1ᵉʳ. L'arrêté de conflit pris par le préfet de police, le 24 juin 1825, est confirmé.

» ART. 2. L'arrêt de la Cour royale de Paris est considéré comme non avenu dans la disposition dudit arrêt, qui impose aux actionnaires l'obligation de présenter un autre directeur à l'autorité administrative.

» ART. 3. Notre garde des sceaux et notre ministre de l'intérieur sont chargés, chacun en ce qui le concerne, etc. »

Approuvé le 1ᵉʳ septembre 1825.

Voilà donc l'arrêté qui était devenu si nécessaire pour empêcher le scandale et le grand empiétement qu'avait exercé la Cour de Paris. Y eut-il jamais motif plus futile? Ne semble-t-il pas voir les omnipotents tendre la main aux actionnaires du Vaudeville, et les relever de l'obligation de présenter un nouveau directeur à l'autorité? Est-ce pour tromper le public que le motif est tourné ainsi? Ont-ils cru, en disant que le directeur actuel était nommé et établi par le ministre, donner à l'assertion une vérité qu'elle n'avait pas? Ils ont été obligés de faire la supposition, pour arriver à impugner l'arrêt; ils ne se sont pas donné la peine, ni de répondre à l'objection tirée de ce que le ministre n'avait jamais écrit que des lettres qui, n'étant point en forme d'arrêtés, ne pouvaient être attaquées comme tels; ni surtout à ce que ces lettres n'étaient adressées qu'à des tiers, savoir : à Barré, à Désaugiers, à Bérard; la dernière même dénuée des formes qui entourent ordinairement ces actes. Ces lettres, n'ayant jamais été remises aux actionnaires, ne pouvaient en aucune façon leur être opposées ; enfin elles ne parlaient que d'assentiment, et n'étaient jamais intervenues qu'après la nomination des propriétaires de l'établissement et la déclaration qui en était faite au ministre.

Voilà pour le Conseil d'État.

Que penser d'un particulier qui se serait conduit comme M. de Corbière? Un ministre, connaissant tout ce qui était soumis aux tribunaux, pousse les hommes qui ont la déférence de s'adresser à lui, à plaider pour obtenir une justice qu'il dit ne pouvoir leur rendre, et vient d'une manière infâme leur arracher ce qu'ils ont si péniblement gagné. Il leur dit, faites juger, vous ne garderez pas vingt-quatre heures l'homme dont vous vous plaignez : les jugements et arrêts condamnent cet homme à des dommages-intérêts à raison des torts graves qu'il avait occasionés, résilie les conventions passées avec lui à raison des violations d'engagements, sous la foi desquels il avait été admis. N'y avait-il pas, indépendamment de toute pudeur qui doit empêcher un homme de forfaire à sa parole, des raisons de convenance que le ministre, plus que tout autre, devait respecter, qui le mettaient dans l'indispensable nécessité de ne plus soutenir celui que les tribunaux et une Cour souveraine venaient de condamner d'une manière aussi énergique.

Qui croirait qu'en France, où la susceptibilité de la délicatesse et de l'honneur est si vive, il y a de nos jours un ministre qui, sous prétexte de son autorité violée, vient trahir la foi jurée, se mentir à lui-même, et se faire dire qu'il en imposait à ceux à qui il donnait ces promesses fallacieuses? Si pareille conduite est perfide et déloyale pour tout homme, quel caractère prend-elle à l'égard d'un ministre imposteur qui, après avoir compromis son pouvoir, vient ensuite en abuser?

Qui verra sans indignation de pareils procédés?

Est-il possible de voir mutiler ainsi les décisions des Cours souveraines? Quelle sécurité reste-t-il aux citoyens ainsi spoliés à la volonté d'un employé qui fait souvent signer sans lire un acte qui leur ravit le produit d'une justice réglée, les replace dans une justice administrative occulte, réformatrice de la première? Aussi, depuis le conflit, et malgré que l'arrêt dût recevoir son exécution sur tous les autres points que celui de l'obligation de présenter un autre directeur, le sieur Bérard se révoltait contre toutes les dispositions, et n'en reconnaissait aucune. Il fallait obtenir des jugements; un notamment, le 23 septembre, ordonnait que, dans le jour, Bérard serait tenu de renvoyer tous préposés par lui nouvellement introduits, sous quelque titre, dénomination ou prétexte qu'ils l'aient été ou le soient à l'avenir, pour le service du théâtre, et notamment pour le contrôle et la perception des droits d'entrée, l'inspection de la salle; sinon, et faute par Bérard d'expulser à l'instant même lesdits individus, autorise les administrateurs du Vaudeville à les expulser, et requérir, s'il est besoin, l'assistance du commissaire de police, même le secours de la force armée; et attendu l'extrême urgence, ordonne que le présent jugement sera exécuté même sur la minute, dont, etc.

Il y aurait trop à additionner, s'il fallait rendre compte de tout ce qui a été la suite de ce mémorable conflit, surtout quand un homme qui ne respecte rien, n'a rien à perdre, se trouve couvert de la coupable protection d'un ministre, flatté de faire quelque chose d'agréable à son chef de bureau (1).

____

(1) Bérard donnait à l'inspecteur du théâtre, et par écrit, l'ordre suivant :

« Toutes les fois que M. DE Lourdoueix donnera des billets, sans exception de

Si l'on pouvait calculer la différence de position d'une partie qui ,après une longue lutte judiciaire, a enfin triomphé de l'intrigue et de la mauvaise foi, et de cette même partie pendant la durée d'un conflit et après l'arrêté qui renverse la chose jugée, on ne pourrait concevoir qu'un ministre puisse de gaieté de cœur braver une masse d'actionnaires que l'iniquité de la mesure a révoltés. Le ministre a su, ainsi que le sieur Lourdoueix, son complice, toutes les vexations qu'ils occasionaient; ils en ont ri : il a fallu, pour les faire cesser, recourir directement au roi et aux personnes éminentes qui l'entourent, pour qu'il parvînt à les faire cesser, au moment où le Vaudeville, poussé à bout, allait succomber.

Pour se venger de ce qu'une justice lente mais protectrice leur arrachait leur victime, ces deux potentats désappointés ont cherché à l'immoler tout-à-fait, en donnant encore, au détriment de tous les spectacles existants, et contre le texte des décrets limitatifs encore en vigueur, une autorisation, ou ce qu'ils sont convenus d'appeler un privilége, pour ouverture d'un nouveau théâtre pareil à celui qu'ils n'ont pu détruire.

Il y aurait à examiner si la mesure est légale et la concession régulière ; mais les actionnaires, débarrassés d'un ennemi, ne s'en sont pas occupés davantage. Ils ont pensé que cet homme ne pouvait que nuire partout où il porterait sa brouillonne activité et son insatiable avidité. Ils se sont tenus tranquilles, et attendant tout de la justice divine, puisque la justice des lois leur a été ravie.

---

jours, faites toujours entrer et bien placer. Recommandez et surveillez cela. »

Heureux M. DE Lourdoueix! il a une salle de spectacle et une troupe d'acteurs et d'actrices dont il peut disposer à prix d'argent ou gratuitement en faveur de qui bon lui semble.

19 octobre. Lorsqu'il s'agit de statuer sur la validité et les effets d'un acte de soumission de biens communaux, le Conseil de préfecture est seul compétent.

Conflit du préfet du Pas-de-Calais; jugement de Saint-Omer non avenu.

Même jour. Les créanciers des communes ne peuvent agir par voie de saisie-arrêt, pour obtenir le paiement de leurs créances reconnues en justice.

Ils doivent s'adresser aux préfets, seuls chargés d'indiquer les fonds affectés à ces paiements, les communes ne pouvant payer qu'autant qu'elles y ont été autorisées par leur budget.

Conflit du préfet de l'Hérault; jugement de Lodève non avenu.

Même jour. Lorsqu'il s'agit de plaintes élevées contre des ouvrages entrepris par une association de propriétaires sur les bords d'une rivière flottable en cette partie de son cours, l'autorité administrative seule a droit de faire modifier ou détruire les ouvrages, s'ils ont été exécutés sans autorisation, ou s'ils sont offensifs contre la rive opposée, nonobstant les titres privés invoqués par l'une des parties.

Conflit du préfet de Vaucluse approuvé.

Même jour. L'autorité judiciaire est incompétente pour connaître du mérite des arrêtés d'un préfet, et pour décider quel est celui qui doit être confirmé et exécuté.

C'est, en ce cas, le ministre que la matière concerne, qui doit prononcer.

Conflit du préfet de l'Orne; jugement de Domfront non avenu.

Même jour. C'est à l'administration qu'il appartient de déterminer l'étendue et les limites de l'expropriation, et de décider si elle doit être absolue, ou si elle peut être restreinte par des servitudes ou des constructions favorables aux fonds qui restent dans la possession des particuliers.

La loi ne dispose que pour l'expropriation du fonds de la propriété, et laisse à l'administration à régler les indemnités qui seraient dues pour toute autre cause.

Conflit du préfet du Cher ; jugements du tribunal de Sancerre non avenus.

Même jour. Les expropriations relatives aux travaux ordonnés antérieurement à la loi de 1810, doivent avoir lieu sans recourir aux tribunaux.

Conflit du préfet de la Seine.

Même jour. Toute question relative à l'entretien et à la conservation des travaux de dessèchement est de la compétence de l'autorité administrative ; celle relative à des baux et partages de marais desséchés appartient aux tribunaux.

Conflit du préfet de la Loire-Inférieure.

Même jour. Les torts et dommages provenant des entrepreneurs ne peuvent être appréciés que par un Conseil de préfecture.

Conflit du préfet du Gard maintenu.

Même jour. Même décision pour des matériaux des routes.

16 novembre suivant. Même décision.

Même jour. Lorsqu'un géomètre a été nommé par l'administration pour fixer l'emplacement des chemins vicinaux dans une commune, des particuliers ne peuvent le troubler dans ses opérations, sous prétexte qu'il attente à leurs propriétés.

Ces opérations ne sont que préparatoires, et ne préjugent aucunement les questions de propriété.

En conséquence les tribunaux doivent s'abstenir de prononcer sur les réclamations des particuliers, afin de ne pas interrompre les opérations du commissaire délégué par l'administration.

Conflit du préfet de l'Eure maintenu; ordonnance de référé du tribunal de Pont-Andemer non avenue.

Le sieur Vicquelin assigne le sieur Berthelot, travaillant à déterminer l'emplacement de deux chemins publics, afin de se voir condamner à discontinuer ses travaux, par le motif qu'il viole ses propriétés et lui cause dommage.

Malgré l'ordonnance qui le condamne, Berthelot continue ses opérations et donne avis au préfet, qui élève le conflit, sur lequel est prononcé comme ci-dessus.

Il ne suffisait pas que Berthelot fût commis par l'administration, il fallait que vis-à-vis du propriétaire sur le terrain duquel il travaillait, il justifiât de sa commission; autrement il n'exerçait plus que des voies de fait illégales, qui pouvaient amener d'autres voies de fait pour les faire cesser. Le propriétaire, ne voyant que trouble apporté à sa jouissance, pouvait expulser celui qui l'occasionait, verbaliser contre lui, et faire tous actes conservatoires de son droit de propriété.

Il fallait également que l'administration, après qu'il aurait justifié qu'il était son délégué, offrît de réparer et réparât complètement le dommage causé; autrement, le droit du propriétaire n'eût pas été respecté autant qu'il devait l'être. Ce droit, quand il est menacé, excite tellement la sensibilité, qu'il faut bien se garder de rien faire qui puisse donner à croire que l'administration veut y porter atteinte.

26 octobre. Lorsque le Conseil d'État a renvoyé devant les tribunaux pour une question préjudicielle, l'une des parties ne peut renouveler en entier la demande devant l'autorité judiciaire.

Conflit du préfet de la Seine confirmé.

Romey et Chassaigne, syndics et créanciers de feu l'abbé d'Espagnac font citer le frère du défunt devant le tribunal de commerce de Paris, pour se voir condamner à leur payer 406,792 francs par lui reçus d'une maison de banque de New-York, qui devait cette somme au défunt.

On ne voit pas en quoi pareille demande peut intéresser l'administration; néanmoins, sous prétexte qu'en 1815, Romey et Chassaigne avaient déjà appelé le sieur d'Espagnac devant le tribunal civil de la Seine en reddition de comptes de la succession de son frère, et que le préfet avait élevé un conflit qui fut confirmé le 22 juillet 1818, il en éleva encore un le 23 mai 1825, qui fut également approuvé, ainsi qu'il est dit ci-dessus.

Les créanciers redoutaient la juridiction sous laquelle on voulait les placer : voyant l'administration usurper des pouvoirs qu'elle n'avait pas, ils devaient, avec quelque raison, supposer des motifs peu rassurants de cette usurpation. Pour se soustraire au Conseil d'État et rompre le fil qu'il avait saisi pour s'emparer de l'affaire, ils ne forment plus une action aussi générale que la première; ils la restreignent à un cas particulier; ils la portent devant un autre tribunal. Ils devaient se croire à l'abri de revendication; il en a été autrement : le préfet les a poursuivis, et bon gré mal gré, sous le bon plaisir du Conseil, les a attachés à sa juridiction. La justice sans doute qu'ils y ont reçue leur a montré qu'ils étaient mus par une défiance imméritée.

16 novembre. La vente des biens composant le domaine de l'État est assimilée, quant à ses effets, aux domaines nationaux, et doit être réglée par les mêmes lois.

En conséquence, les contestations qui s'élèvent sur le résultat des décomptes dressés par le directeur des domaines, doivent être portées devant les préfets, sauf recours au ministre des finances.

Conflit du préfet du Pas-de-Calais.

D'un trait de plume, l'assimilation aux ventes de biens nationaux a été faite. Pour mettre à même de savoir si elle est juste, voici les motifs du jugement du tribunal de Boulogne, qui ne l'avait point reconnue :

« Considérant que l'arrêté du 4 thermidor an XI, et l'ordonnance du 25 juin 1817, qui le rappelle, n'ont évidemment pour objet que de régler la compétence relative au recouvrement du prix des biens anciennement vendus au nom de l'État, ou domaines nationaux proprement dits ; que cette vérité est de plus démontrée par la combinaison et l'économie des dispositions composant le titre premier de la loi du 12 mars 1820 ; que dès lors la vente de l'ancien hôtel de la Préfecture maritime, faite par l'État au sieur Homfray, le 27 décembre 1819, sort de la classe des aliénations qu'ont eues en vue lesdites lois et ordonnances, puisque l'État était propriétaire, comme particulier, de l'hôtel de la Préfecture maritime, qu'il avait acquis du sieur Thiesset ; d'où il suit que la contestation est du domaine de la justice ordinaire. »

A l'appui de ces raisons, on peut citer le Conseil d'État lui-même, qui, le 30 du même mois de novembre, a décidé que les ventes de bois faites au profit de la caisse d'amortissement devaient être régies, relativement aux tiers, d'après le droit commun, et a rejeté en conséquence le conflit du préfet de l'Ardèche, qui voulait la faire considérer comme un acte de vente administrative.

23 dudit. Les préfets sont seuls compétents pour reconnaître et déclarer la direction d'un chemin vicinal.

Lorsqu'il est déclaré tel, l'anticipation reprochée à un particulier est de la compétence du Conseil de préfecture.

Les questions de propriété et d'indemnité doivent seulement être portées aux tribunaux.

Conflit du préfet de l'Yonne approuvé.

7 décembre. Les constructions faites à une église paroissiale, qui

2.

ont eu lieu en vertu d'un marché revêtu de l'approbation du préfet, constituent des travaux publics.

Les réclamations des particuliers qui se plaignent de torts et dommages procédant du fait personnel des entrepreneurs de ces travaux, doivent être portées devant le Conseil de préfecture.

Conflit du préfet de la Meurthe; jugement de Lunéville non avenu.

14 dudit. Un juge de paix, bien que compétent pour connaître de la possession annale articulée par le riverain d'un chemin vicinal, doit s'abstenir de condamner le maire d'une commune à des dommages-intérêts pour trouble dans la possession, lorsque ce maire, en faisant combler un fossé qui le barrait, n'a agi qu'en vertu des ordres du préfet.

Conflit du préfet de l'Eure.

21 dudit. Il y a lieu de statuer par une seule et même ordonnance, tant sur un conflit que sur un pourvoi pour cause d'incompétence, lorsqu'il y a connexité.

Les décisions administratives rendues dans une affaire font obstacle à ce que les tribunaux puissent prononcer.

Jusqu'à la loi du 17 juillet 1819, le ministre de la guerre était seul compétent pour prononcer sur les indemnités pour dommages causés aux particuliers, par l'établissement des places fortes et autres moyens défensifs du royaume, spécialement par l'établissement d'une poudrerie.

Depuis cette loi, c'est aux tribunaux à connaître des demandes en indemnité relatives aux expropriations, aux privations de jouissance ou aux dommages matériels.

Mais le ministre est resté investi du droit de statuer sur les demandes en indemnité pour les autres cas non prévus dans la loi.

Conflit du préfet de la Seine approuvé.

CHAPITRE V.

ANNÉE 1826.

11 janvier. Lorsque la vicinalité et les limites d'un chemin ont été précédemment reconnues et déclarées par le préfet, c'est au Conseil de préfecture seul qu'il appartient de connaître des anticipations sur ce chemin.

Conflit du préfet du Puy-de-Dôme; jugement du tribunal correctionnel d'Ambert non avenu.

On attribue ici la compétence parce que la vicinalité a été *précédemment* reconnue; on la reconnaît également dans les cas où elle n'a été déclarée que *postérieurement*, de sorte que c'est quand on veut et comme on veut.

Une ordonnance toute récente, du 17 août 1825, en fait foi; l'arrêté du préfet était *postérieur* à l'anticipation reprochée, et néanmoins le Conseil de préfecture a été reconnu compétent.

Pourquoi donc mettre ce mot *précédemment*, qui ne sert qu'à induire en erreur, puisqu'on décide de même dans l'un et l'autre cas?

16 février. Si l'action en répétition qu'un ancien percepteur veut exercer contre un contribuable est du ressort des tribunaux, il n'en est pas de même lorsque le percepteur est en fonctions et qu'il poursuit le recouvrement des contributions.

Conflit du préfet de l'Oise.

Même jour. Les Conseils de préfecture sont seuls compétents pour statuer sur les réclamations des particuliers qui se plaignent de

torts et dommages provenant du fait personnel des entrepreneurs,
et non de l'administration.

Conflit du préfet de l'Orne approuvé; jugement du juge de paix
de Vimoutier non avenu.

Même jour. Lorsque les plantations faites par un propriétaire riverain d'un chemin vicinal, l'ont été sur sa propriété, le Conseil
de préfecture ne peut en ordonner la destruction.

Il n'y a point de distance prescrite pour la plantation sur les chemins vicinaux.

Les Conseils de préfecture sont compétents pour ordonner de relever des fossés ouverts par un particulier, afin de rendre au chemin sa largeur primitive; comme aussi pour ordonner la destruction
d'une levée, et prononcer l'amende.

22 dudit. Un tribunal excède sa compétence, lorsqu'à l'occasion
d'une demande en main-levée d'inscription hypothécaire, il préjuge
les résultats d'une liquidation administrative.

Conflit du préfet de la Seine approuvé; jugement de Paris annulé.

Dans une transaction passée en l'an VI entre la veuve Arfelière et
la commission administrative des hospices, il fut déclaré qu'une com-
pensation opposée était surabondonnée à une liquidation à faire à la
suite de l'expertise des travaux faits par le sieur Arfelière.

En vertu de cet acte, les hospices prennent inscription sur tous
les biens de la veuve; il est sursis à toute poursuite, jusqu'à liquidation des créances réclamées par la veuve.

Celle-ci, expropriée en 1825, pour cause d'utilité publique, d'une
maison, rue Monthabor (c'était pour étendre le palais du gentilhomme
Toulousain), rencontre l'inscription des hospices et en demande la
mainlevée, attendu que, de l'expertise qui avait eu lieu, résultait que
le Mont-de-Piété se trouvait débiteur de 163,818 fr., pour les tra-

vaux faits par son mari; qu'il avait été payé des à-compte pour 100,000 fr., que le surplus était plus que suffisant pour compenser la créance des hospices, qui ne montait qu'à 6,422 fr.

Jugement qui admet cette demande. Le préfet attaque ce jugement avec un conflit, qui bientôt est admis.

Il faut convenir qu'il n'y a plus rien de sacré pour l'administration, qui, avec la décision ci-dessus, peut porter la main sur toute matière sans aucune exception. Quoi de plus judiciaire qu'une inscription hypothécaire, et le droit d'en prononcer la mainlevée? N'aurait-il déjà pas suffi de la nécessité de rester devant les tribunaux pour cette cause qu'eux seuls pouvaient apprécier? pour qu'au moins par connexité l'affaire leur restât; ce qui se devait d'autant mieux, qu'en toute circonstance, il fallait qu'ils intervinssent pour l'inscription, dont l'administration ne pouvait en aucun cas ordonner la mainlevée?

Quelle est donc l'excuse donnée? Non pas qu'ils ont envahi ni même qu'ils ont jugé, mais seulement qu'ils ont *préjugé* les résultats de la liquidation. Qu'est-ce c'est que donc que *préjuger* les résultats? Au moins n'y avait-il pas obligation pour le Conseil d'anéantir le jugement, qui n'avait fait que préjuger. Il avait à cet égard une grande latitude d'interprétation; le parti qu'il a pris montre clairement sa pensée, et l'avidité avec laquelle il saisit toute occasion de manifester son pouvoir, ou ce qu'il regarde comme tel, et de mettre en lambeaux un acte judiciaire.

En quoi donc le tribunal de Paris avait-il préjugé? On lui demandait la mainlevée d'une inscription hypothécaire, il la prononce. Qu'est-ce que cela décide pour la créance du Mont-de-Piété, dont il n'est nullement question dans le jugement, pour laquelle ni contre laquelle il n'y a, il ne peut rien y avoir de réglé ni de statué? Cette créance existe indépendamment de l'inscription; cette inscription a

donc pu disparaître sans que la première fût en rien atteinte ni
même ébranlée. Indubitablement l'administration avait pour la liquidation la même latitude que s'il n'y avait point eu de jugement : donc
ce jugement ne préjugeait en rien la liquidation.

Que serait-ce si la transaction de l'an VI ne conférait pas hypothèque spéciale sur la maison rue Monthabor, et que l'inscription n'eût
été prise qu'à toute fin, par des précautions auxquelles le débiteur,
qui n'y avait pas consenti, eût pu s'opposer?

Ce qui est plus remarquable, c'est que les motifs du conflit
portent sur la nullité de la transaction : on y lit, que le 16 vendémiaire an 5 étant l'époque à laquelle l'administration des hospices a
été rétablie dans la jouissance de ses revenus, c'est bien à tort que
les membres composant cette administration ont de leur propre
mouvement, et sans approbation préalable de l'autorité supérieure,
transigé avec la veuve Arfelière et consenti à l'estimation d'ouvrages
confectionnés par son mari, pour une administration qui leur était
étrangère, et dont la liquidation était exclusivement attribuée au directeur général ; que cette transaction n'a pas encore été soumise à
l'approbation ; qu'en y adhérant, il est prouvé que les administrateurs
qui l'ont signée, ont excédé leurs pouvoirs et détérioré le sort de
l'administration actuelle.

N'est-il pas singulier, pour ne pas dire autre chose, de voir le préfet prendre des inscriptions en vertu de la transaction, non seulement
se refuser à la main levée des inscriptions, mais élever conflit contre
les tribunaux, pour qu'ils ne puissent juger son refus?

Cependant, si la transaction était nulle, les inscriptions qui en découlaient l'étaient aussi ; néanmoins telle est la justice de la prétention, que le préfet soutenait les inscriptions bonnes et la transaction
nulle : c'était tout à la fois répudier l'acte et s'en appuyer. Mais la
nullité même ne pouvait être soumise qu'aux tribunaux ; c'était à

eux seuls qu'il appartenait d'apprécier des conventions souscrites : l'administration ne pouvait avoir la prétention de juger elle-même ses actes, et de déclarer elle-même si elle était ou non obligée.

Cette ordonnance ne peut donc tirer à conséquence : elle doit être mise à l'écart.

Même jour, 22. Il n'est point dans les attributions des tribunaux de décider si un particulier doit être appelé, pour le tirage au sort, dans tel plutôt que dans tel canton.

Le sieur Vinter fils étant appelé pour le tirage dans la commune de Rions (Gironde), le père réclama, en prétendant que son principal domicile était à la Martinique; qu'il n'était venu en France que pour surveiller l'éducation de ses enfants; qu'il demeurait à Bordeaux; que son fils, après avoir passé un an au séminaire de cette ville, s'était rendu à Rome pour y continuer ses études et entrer dans les ordres.

Le Conseil de révision rejette la réclamation, parceque Vinter père ayant voté dans les dernières élections, devait être considéré comme ayant son domicile en France : le ministre de la guerre approuve la décision.

Il interjette appel devant le tribunal de Bordeaux, qui, attendu que Vinter n'est point domicilié dans la commune de Rions; qu'il y possède bien un domaine, mais que jamais il n'y a payé d'impôts personnels; que depuis son arrivée de la Martinique, il a constamment résidé à Bordeaux, où il paie sa contribution personnelle, déclare Vinter Français; mais que n'ayant point son domicile légal dans la commune de Rions, ce n'est pas dans ce canton qu'il doit être appelé au tirage.

Le préfet lance anathème contre ce jugement, qui, rendu sur appel et en dernier ressort, ne pouvait plus être attaqué. La loi du 10 mars

1818, qui veut que les tribunaux seuls puissent connaître des questions relatives à l'état ou aux droits civils, n'a pu le préserver des déchirements du Conseil d'État. Le Conseil de révision avait bien plus franchi le cercle de ses attributions en prononçant sur une question de domicile spécialement réservée aux tribunaux : néanmoins celui de Bordeaux, où tous les talents et la haute probité morale et politique de M. Peyronnet vivent encore, n'a pas été épargné : l'homme qui, après l'avoir présidé quelque temps, est venu comme ministre présider le Conseil d'État, en ordonnant de respecter la décision du Conseil de recrutement, a fait mettre en pièces l'acte de son ancienne compagnie.

1er mars 1826. Cette ordonnance décidant plusieurs difficultés, nous la donnons textuellement.

« *Sur la fin de non-recevoir :*

» Considérant que la dame Dervaux-Paulée a indiqué le domicile de son mari et justifié de son autorisation.

» *Sur la question de vicinalité :*

» Considérant que, dans l'espèce, il ne s'agit pas d'un nouveau chemin vicinal à ouvrir, auquel il y aurait lieu d'appliquer les formalités prescrites par la loi du 8 mars 1810, pour déclarer l'utilité publique et parvenir à l'expropriation, mais qu'il s'agit d'un chemin déjà existant, et qu'aux termes de l'art. 6 de la loi du 9 ventôse an XIII, le préfet était compétent pour faire rechercher et connaître les anciennes limites dudit chemin, après en avoir déclaré la vicinalité ;

» Considérant que cette déclaration ne peut, dans aucun cas, faire obstacle à ce que la question de propriété soit portée devant les juges compétents ; que seulement, lorsque la vicinalité est irrévocablement déclarée, les droits de propriété, s'ils sont reconnus, se résolvent en indemnité ;

» Considérant que la déclaration faite par le préfet ne pouvait être déférée qu'au ministre que la matière concerne ; qu'en effet la dame Dervaux-Paulée s'est déjà pourvue devant notre ministre de l'intérieur, mais que, dans cette matière, un tel recours n'est pas suspensif de sa nature ;

» Considérant que l'exécution que l'arrêté du préfet avait reçue par la décision du Conseil de préfecture ne pouvait être que provisoire, comme l'arrêté qui lui avait servi de base; et qu'ainsi elle ne faisait pas obstacle à ce que le ministre statuât sur le recours contre la déclaration de vicinalité, sauf l'appel devant nous en notre Conseil d'État.

» *En ce qui concerne l'enlèvement des barrières :*

» Considérant qu'après la reconnaissance et déclaration de vicinalité, le préfet a pu, par mesure de police, ordonner, ainsi qu'il l'a fait, l'enlèvement des barrières ;

» Considérant que lesdites barrières placées aux deux extrémités du chemin dit le *Pavé Madame* avaient pour objet de réunir le sol dudit chemin à la propriété de la forêt; et que, sous ce rapport, le Conseil de préfecture était compétent pour appliquer les dispositions de la loi du 9 ventôse an XIII, relatives aux empiétements et anticipations.

» *Sur l'amende :*

» Considérant que les Conseils de préfecture ne sont compétents pour prononcer des amendes, qu'en matière de grande voirie; mais que, relativement à la petite voirie, les amendes pour contravention ne peuvent être prononcées que par les tribunaux, et que, dans l'espèce, il ne s'agit que de contravention en matière de petite voirie ;

» La décision par laquelle notre ministre de l'intérieur s'est déclaré incompétent, etc. »

27 Avril. Lorsqu'il s'agit d'une prise d'eau supprimée pour la con-

fection d'un canal d'utilité publique, et que les travaux de négociation ont été ordonnés antérieurement à la loi de 1807, soit que la prise d'eau présente une question d'expropriation, soit qu'il en résulte seulement une question d'indemnité, la contestation est, dans tous les cas, de la compétence du Conseil de préfecture.

Conflit du préfet de l'Yonne maintenu ; jugement du tribunal de Tonnerre non avenu.

MM. du Conseil veulent absolument s'emparer de ces matières : s'il s'agit d'expropriation ; soit que les travaux aient été ordonnés avant ou après la loi de 1807, l'administration ne devrait pas plus en connaître dans un cas que dans l'autre. La loi n'a pas introduit novation dans le droit, elle n'a fait que régulariser ce qui existait. Bonaparte ou ses conseillers, aussi peu disposés pour les tribunaux d'alors, que notre ministère pour ceux d'aujourd'hui, ne se seraient pas dessaisis, non seulement d'un droit, mais d'une simple pratique administrative si elle eût existé ; le pouvoir prenait et ne rendait rien.

Il en doit être de même pour les indemnités : ainsi que nous l'avons déjà observé ailleurs, comment l'administration peut-elle les fixer ? Quelle forme suivra-t-elle pour les expertises ? Si elle ne prend pas celles déterminées par le code de procédure et par le code civil, elle prive les parties des avantages que les lois leur assurent. Si elle les emprunte, elle montre par cela seul son envahissement, puisque ces lois ne sont pas faites pour elle, et prouvent par leur texte qu'elles ne peuvent être maniées ni appliquées que par les tribunaux.

Du reste, le Conseil est persévérant dans ses spoliations ; témoin les arrêts des 6 août 1823, 14 juillet 1824, 4 mai, 1er septembre, 19, 26 octobre 1825.

17 Mai. Lorsque le domaine a appréhendé une succession, les con-

testations qui peuvent s'élever sur la qualité des héritiers qui la répètent, doivent être portées devant les tribunaux.

Il n'en est pas de même à l'égard des parties qui n'ont pas justifié de leur qualité; il faut surseoir à lever le conflit à leur égard.

Le comte de Schlabrendorf, né en Prusse, domicilié à Paris depuis 1790, y est mort le 24 août 1824.

Le ministre des finances autorise le préfet à déclarer la déshérence. Il se hâte de le faire. Un jugement autorise le directeur des domaines à procéder sous la surveillance du préfet au recouvrement de toutes les créances mobilières.

Le sieur Sattig, nommé curateur par l'autorité prussienne, se rend tiers opposant à ce jugement.

Le sieur Léopold-Ernest de Schlabrendorf, se disant héritier, forme également tierce opposition.

Le préfet prend d'abord des conclusions tendant à ce que, ne s'étant présenté aucun héritier qui ait justifié de ses droits, aux termes de la loi du 5 novembre 1790, la succession est encore en déshérence, subsidiairement, que, dans le cas où le tribunal penserait autrement et croirait devoir admettre les oppositions, il déclare qu'il revendique l'affaire.

Ces conclusions étaient par trop absurdes, pour qu'elles n'éprouvassent pas la plus vive contradiction à raison de l'alternative qu'elles embrassaient; aussi le préfet élève un conflit net et positif : il prétend en outre que la gestion de la succession étant réclamée simultanément par le sieur Sattig, curateur, et par le neveu prétendu, en vertu des dispositions portées au code prussien, de leurs prétentions respectives naît une question diplomatique qui ne peut être résolue que par l'autorité administrative supérieure.

Le ministre de Prusse à Paris, apprenant qu'en France on arrête à volonté le cours de la justice avec des conflits, réclame l'inter-

18.

vention du ministre des affaires étrangères. Celui-ci demande sur quoi était fondé le conflit ; il annonce que, d'après ce que lui dit le ministre de Prusse, la succession n'est pas en déshérence, puisque le défunt laisse plusieurs héritiers. Postérieurement il transmet au garde des sceaux copie d'une lettre par laquelle le ministre de Prusse insiste vivement pour que l'arrêté de conflit soit rapporté, et donne sur les ayants droit à la succession des renseignements dont il résulte que le défunt a laissé dix neveux et nièces ; qu'indépendamment de ces héritiers, il en existe encore d'institués par un testament déposé en 1785, par le défunt, au tribunal de Bentheim en Hanovre, et qui a été produit en expédition au tribunal de Paris ;

Que des circonstances graves et des témoignages dignes de foi, font connaître que le défunt a encore fait un testament dans les derniers temps de sa vie, que ce testament a été soustrait, qu'il en a été porté plainte tant à Paris qu'en Prusse.

Le ministre prussien demande que tous les actes de l'administration et du fisc opposés aux droits des héritiers légitimes ou testamentaires soient infirmés ; que les poursuites commencées par le juge d'instruction, à l'occasion de la soustraction du dernier testament du défunt, soient poussées avec la plus grande activité.

Le Conseil d'État s'est hâté de faire droit : Il a rejeté le conflit à l'égard de l'héritier, et sursis à faire droit vis-à-vis du sieur Sattig, jusqu'à ce qu'il eût justifié de sa qualité de curateur.

Le conflit ne montre-t-il pas l'abus épouvantable que l'autorité est toujours disposée à en faire ? Comme ici il avait été élevé par ordre du président du Conseil des ministres, qui n'eût tremblé pour les parties dont le sort dépendait du Conseil d'État ? Mais les Prussiens, accoutumés depuis quelques années à parler en maîtres, font intervenir leur ambassadeur, et obtiennent une justice que des Français auraient peut-être plus long-temps et plus vainement sollicitée. Cette justice

était le dessaisissement de l'administration pour se placer sous les tribunaux réguliers.

Au fond, que penser d'un préfet qui, agissant par ordre du ministre
des finances, vient dire dans un conflit qui tend uniquement à dépouiller les tribunaux, que les formalités prescrites par les lois
n'ayant pas été observées, deux ordres d'héritiers se présentant en
vertu du code prussien, de leurs prétentions respectives naît une
question *diplomatique* dont la connaissance ne peut appartenir aux
tribunaux, et qui ne peut être résolue et décidée que par l'autorité
administrative supérieure.

On emploie beaucoup, depuis quelque temps, les mots *diplomatie*,
diplomatique; mais ces mots vides de sens, que signifient-ils, avec
l'accolade *question diplomatique*? Quand il y a des discussions sur le
code civil prussien, sur le code civil français, il semble qu'il en naît
une question purement civile; et que surtout ce sont les tribunaux civils, et non *l'autorité administrative supérieure*, qui doivent en connaître.

Mais le préfet était bien aise de mettre les irrégularités qu'il avait
commises sous la protection de cette administration supérieure qu'il
invoque; au lieu de déclarer la succession acquise à l'État pour
déshérence ainsi qu'il l'a fait, l'administration des domaines devait,
d'après l'art. 770 du code civil, demander l'envoi en possession au
tribunal de première instance, qui n'eût pu le prononcer qu'après
trois publications et affiches dans les formes usitées.

Indépendamment de l'omission de toute forme légale de la part
du préfet, ce qui eût évidemment laissé l'affaire aux tribunaux, et
ôté à l'administration jusqu'au moindre prétexte de s'en emparer,
y a-t-il aucune raison de produire devant elle les titres sur lesquels
les parties fondent leurs prétentions? Est-ce à l'administration qu'il
appartient de les examiner et de les discuter?

Toutes les fois que, par jugement, une succession a été dévolue au domaine par déshérence, et qu'elle est réclamée par des tiers, ceux-ci ne peuvent se pourvoir que devant les tribunaux pour faire juger leurs qualités et leurs droits. L'administration contre laquelle la demande est formée ne peut s'en constituer juge, en prononçant sur le mérite de la filiation et des degrés de parenté des prétendants. Une demande de cette nature n'est évidemment qu'une pétition d'hérédité, dont les tribunaux seuls doivent connaître.

A la vérité, d'après la loi du 5 novembre 1790, on doit préalablement présenter la demande à l'administration avec les titres et pièces justificatives ; mais si elle n'acquiesce pas immédiatement elle devient défenderesse à la demande. Dans l'espèce, la formalité même n'avait pas été employée ; son omission, loin de lui faire un titre de conflit, devait au contraire lui en ôter jusqu'au prétexte.

Ces observations portent sur l'acte du préfet, et sur le ministre qui, arbitrairement, et avec l'espérance de l'impunité, l'avait ordonné. Le Conseil d'Etat qui, en fait d'abus de pouvoir, ne reste jamais en arrière, ne peut manquer de prendre sa part ; en rejetant le conflit seulement en ce qui concerne la tierce-opposition du comte de Schlabrendorf, il surseoit à y faire droit pour celle du sieur Sattig ; il reconnaît implicitement par là que l'administration pouvait s'immiscer dans cette affaire, puisqu'il ne prescrit pas immédiatement son intervention ; il lui réserve même par le sursis le droit d'examiner les titres du sieur Sattig, et de pouvoir dire qu'ils ne lui paraissent pas satisfaisants, etc.

Le sursis est donc une atteinte à l'ordre des juridictions, de la part du Conseil d'État.

Aussi a-t-il été levé, le 7 juin suivant, par une nouvelle ordonnance qui a saisi cette échappatoire :

« Que le sieur Sattig déclare agir non pas au nom du gouverne-

ment prussien (il n'avait jamais réclamé au nom de ce gouvernement), mais dans l'intérêt des descendants du comte Léopold de
Schlabrendorf, et autres qui se prétendent héritiers du défunt; que
l'examen des qualités et des droits des parties que le sieur Sattig
prétend représenter, appartient aux tribunaux. »

Pour que cette décision fût rendue vingt jours après la précédente, il est à croire que le ministre prussien l'a pressée vivement.
Si lente justice n'est jamais bonne justice; le reproche ne peut s'appliquer ici.

L'espèce suivante, jugée le même jour, 17 mai, présente à peu
près les mêmes circonstances :

Le 9 novembre 1824, le sieur Brandao, Portugais, décède à
Paris.

Le lendemain, le consul portugais appose les scellés.

Lorsque le juge de paix se présente pour apposer aussi les scellés,
à la requête du sieur Émery, tapissier et créancier, le consul portugais fait des protestations fondées sur les traités entre la France et
le Portugal, relativement aux droits des deux États sur les successions des nationaux décédés dans l'un ou dans l'autre pays, et sur
les formalités conservatrices de ces deux successions.

Le juge de paix passe outre. Des réclamations qu'on appelle di-
plomatiques s'ouvrent, et n'amènent aucun résultat.

Emery demande la levée des scellés; le consul portugais élève de
nouvelles protestations, lorsque, comme pour l'huître des plaideurs,
le domaine intervient, et demande à recueillir la succession.

Le préfet aussitôt la déclare acquise à l'État, à titre de déshérence.

En conséquence, jugement qui autorise le directeur des domaines
à procéder, sous la surveillance du préfet, au recouvrement de
toutes les créances mobilières.

Nonobstant l'arrêté et le jugement, le juge de paix allait procéder à la levée des scellés, lorsqu'un référé est introduit sur la demande de l'avoué du domaine, tendant à ce que la levée des scellés et l'inventaire soient faits à la diligence de l'administration.

Ordonnance qui prononce que les deux opérations auront lieu à la requête d'Emery, en présence d'un représentant du domaine et du consul portugais, par le ministère d'un notaire et d'un commissaire-priseur.

L'appel du consul est rejeté.

Le ministre des finances arrive : il écrit au préfet que la loi du 14 juillet 1819, abolitive du droit d'aubaine, est sans application à l'espèce, puisque le droit d'aubaine découle du droit public, tandis que le droit de succéder, à défaut d'héritiers, dérive de la loi civile, à laquelle sont assujetties toutes les successions ouvertes en France : il autorise en conséquence le préfet à se mettre en possession au nom de l'État, et même à élever le conflit, dans le cas où l'autorité judiciaire retiendrait la connaissance de l'affaire. Il n'en fallait pas tant : aussitôt, le 18 janvier, il élève le conflit, qu'il motive ainsi :

De l'aveu du consul, le droit par lui invoqué de réclamer la succession du sieur Brandao, à l'exclusion de tous autres, même du domaine de l'État, résulte des traités qu'il prétend exister entre la France et le Portugal ; que de cette prétention naît une *question diplomatique* dont la connaissance ne peut appartenir aux tribunaux, et qui ne peut être résolue et décidée que par l'autorité administrative supérieure.

Le conflit a été rejeté, par le motif que la Cour de Paris, par son arrêt confirmatif de l'ordonnance sur référé, n'a fait qu'ordonner la levée des scellés avec l'inventaire des objets ; que cette mesure a été ordonnée sur la demande et dans l'intérêt du sieur Emery, Français, et créancier de la succession ;

Que le jugement, sur requête du 5 juillet 1825, n'avait ordonné que des mesures conservatoires, et dont l'objet est de mettre les héritiers, ou autres prétendants à la succession, en mesure de faire valoir leurs droits; qu'il n'existe devant l'autorité judiciaire aucune contestation sur l'envoi en possession; que dès lors il n'y a pas lieu d'élever le conflit.

On ne voit pas ce qui a déterminé le préfet à élever le conflit, quand la lettre du ministre n'indiquait cette mesure que dans le cas où les tribunaux retiendraient l'affaire. Or, les tribunaux n'ayant rien fait depuis, il est à croire ou que le préfet a reçu d'autres avis particuliers, ou qu'il a cru pouvoir aller en avant, persuadé qu'un acte agressif contre les tribunaux ne serait jamais pris en mauvaise part par ses chefs. Sur quoi en effet portait le conflit, puisque d'une part les mesures judiciaires n'étaient purement que conservatoires des droits de tous, et ne les préjugeaient en rien pour aucun des prétendants ?

On ne peut y voir qu'une prévoyance pour attribuer à l'administration la connaissance de toutes les difficultés qui pourraient s'élever. Les raisons mêmes du Conseil d'État viennent fortifier cette présomption. Dès qu'elle ne rejette le conflit que parcequ'il n'y a eu que des mesures conservatoires prescrites, et qu'il n'existe devant l'autorité judiciaire aucune contestation sur l'envoi en possession, il en résulte bien comme conséquence, que si contestation existait, le conflit serait admis.

C'est ici que reviennent toutes les observations que nous avons présentées dans l'affaire Schlabrendorf. Le conflit est jeté dans le même moule, il est conçu dans les mêmes termes.

Dans l'un comme dans l'autre cas, il s'agit d'une succession que le domaine réclamait à titre de déshérence; dans l'un ni dans l'autre, le domaine n'avait rempli les formalités prescrites par l'art. 770 du

Code civil, et le préfet avait déclaré la succession acquise à l'État, avant que les tribunaux l'eussent prononcé.

Soit qu'il s'agisse de prononcer sur la prétention du domaine, soit qu'il faille examiner les droits du créancier et y statuer, il ne peut appartenir qu'aux tribunaux de le faire, puisqu'il n'y aura toujours difficulté que sur une pétition d'hérédité, et qu'il y a de plus ici un tiers qui prétend avoir des droits à faire valoir sur la succession, en qualité de créancier.

S'il y avait quelques explications ou quelques interprétations à donner sur les traités, c'est encore aux tribunaux à le faire; lors même qu'il en serait encore autrement, ce sont toujours eux qui devront examiner les actes, peser les droits et les prétentions des parties qui en éleveraient sur la succession. Pareilles difficultés, quoi qu'en décident ou laissent présumer les ordonnances, ne devraient jamais être soumises à l'autorité administrative, moins encore quand elle-même a un intérêt direct et contentieux avec d'autres parties réclamantes. Il répugne, indépendamment du droit, qu'elle soit juge et partie dans sa propre cause.

7 juin. Trois ordonnances, en approuvant les conflits des préfets des Basses-Pyrénées, de Saône-et-Loire et de la Nièvre, et en déclarant non-avenus les jugements de Bayonne, Châlons et Cosne, ont décidé, comme celle du 7 décembre 1825, énoncée ci-dessus à sa date, l'avait déjà reconnu pour les travaux communaux : que les difficultés élevées pour réparer les torts causés par des travaux départementaux, étaient du ressort des conseils de préfecture seuls; l'une de ces ordonnances ajoute même qu'il suffit que l'individu actionné déclare qu'il était agent d'entrepreneurs de travaux publics, pour que les tribunaux doivent se déclarer incompétents.

C'est, comme on le voit, pousser la faveur bien loin. Il suffit d'une simple déclaration de celui qui est appelé devant les tribunaux, pour s'y soustraire, et qu'immédiatement ils renvoient à l'autorité administrative.

Même jour 7. Un arrêté du préfet, qui reconnaît et déclare la vicinalité d'un chemin, a pour effet de mettre le public immédiatement en jouissance et de résoudre tous les droits du propriétaire du sol en un droit à indemnité.

L'autorité judiciaire porte atteinte à l'acte administratif, qui a déclaré la vicinalité, en maintenant le propriétaire dans la jouissance du chemin.

Elle n'est compétente que pour statuer sur la propriété et l'indemnité.

Conflit du préfet d'Indre-et-Loire maintenu; arrêt de la Cour d'Orléans non avenu.

On voit comment, dans l'occurrence d'un arrêt de Cour royale avec un arrêté de préfet, le Conseil d'État en use. Le premier est mis en pièces uniquement parcequ'il ne s'est pas arrêté tout court devant le deuxième. Dans la balance, une Cour royale n'est rien; un préfet est tout.

Cependant, dans la contestation d'une avenue que le propriétaire prétend lui appartenir exclusivement, celui-ci articule qu'il n'a pas cessé d'en jouir depuis son acquisition (1811); qu'elle a de tout temps dépendu de son domaine; qu'elle est portée sur le plan cadastral comme en faisant partie; que, sur les terres même du domaine, elle fait partie intégrante de la terre qu'il a acquise, et y a été nominalement comprise; qu'elle ne doit aucune servitude aux habitants.

Le maire ne conteste aucun de ces faits; seulement il prétend que la commune en jouit depuis plus de trente ans comme d'un chemin public et vicinal.

Le fait de cette jouissance articulée ne prouvait rien, d'une part, parceque les passants ne peuvent déposer que du passage, sans pouvoir témoigner de l'idée qu'ils avaient sur la nature du chemin qu'ils traversaient; que ce passage pouvait être de tolérance, comme de droit; que, partagé indubitablement par le sieur de Sournac, propriétaire, le fait ne prouvait rien pour la propriété qu'on débattait directement, laquelle ne pouvait naître d'un fait équivoque de tolérance ou de consentement, ni être établie par prescription, puisque la servitude n'était pas continue et apparente, ainsi que l'exige la loi.

Malgré ces raisons, le tribunal de Tours avait admis le maire à la preuve des faits articulés.

On vient en appel devant la Cour d'Orléans; on ne lui propose aucun moyen d'incompétence : elle avait à apprécier la réclamation telle qu'elle lui était présentée; ce qu'elle a fait très justement dans les termes suivants :

« Attendu que l'appelant se fonde sur un titre d'acquisition; que, pour renverser ce titre, établissant à son égard les droits de propriété sur le chemin contesté, il ne suffit point, de la part de la commune de Lariche, d'articuler qu'elle est en propriété, jouissance et possession du chemin de Port-Cordon; que l'ensemble des faits qu'elle allègue ne constitue que la preuve à faire d'un fait de passage; et qu'il est de principe qu'un simple fait de passage ne peut être un moyen d'acquérir la propriété par prescription; déclare les faits allégués non pertinents, et maintient le sieur de Sournac dans la propriété et jouissance du chemin en litige. »

Le Conseil d'État, avec son microscope, y a vu une violation des lois sur la compétence; il a fulminé contre une décision aussi attentatoire à l'ordre public. Nous avouons que nous n'aurions point hésité à juger de même, et qu'aujourd'hui, malgré l'opinion des doctes conseillers d'État, ne pouvant deviner le moyen d'incompétence réservée, ne pouvant penser surtout qu'il suffisait qu'il y eût un état des chemins vicinaux, approuvé par le préfet, pour que les tribunaux ne pussent admettre à la preuve de la propriété contestée, nous jugerions encore de même.

21 juin. Toute demande en indemnité pour terrain occupé pour travaux publics, est de la compétence exclusive de l'administration.

Il en est de même de la question relative à l'utilité, l'existence et le maintien d'un port ou dépôt de bois pour l'approvisionnement de Paris.

Mais l'action en indemnité pour l'occupation d'un terrain, à laquelle le propriétaire ne s'est point opposé, est du ressort des tribunaux.

Conflit du préfet de la Nièvre.

Même jour. Aujourd'hui les tribunaux sont compétents pour prononcer sur les contestations qui pourraient s'élever entre l'administration et les particuliers, relativement à la propriété des arbres plantés sur les routes royales et départementales.

Il a fallu que la loi du 12 mai 1825 vînt dépouiller l'administration du droit qu'elle s'était arrogé de juger elle-même sa prétention dans sa propre cause; espérons que le temps, par l'effet naturel du gouvernement représentatif, amènera bien d'autres réformes: il y en a trop à faire pour qu'elles ne soient pas successivement opérées par la force des choses.

19 juillet. Si les tribunaux sont compétents pour statuer sur les questions de servitude ou autres qui peuvent résulter, soit des titres anciens, soit des faits et actes postérieurs aux aliénations adminis-

tratives, ils ne le sont plus pour faire déclarer ce qui a été compris dans les actes.

Conflit du préfet de la Seine ; jugement de Paris non avenu.

Voilà une ordonnance qui, ne pouvant porter sur les faits tels qu'ils étaient, a été obligée de les supposer, et de déclarer que les parties se fondaient sur des actes administratifs, quand ils ne formaient qu'une simple énonciation dont le procès ne dépendait aucunement.

M. Lanjuinais d'une part, M. de Valmy de l'autre, se disputaient la jouissance d'une petite ruelle séparative de leurs deux propriétés, rue du Bac et rue de l'Université. Ils s'appuyaient surtout sur l'état où cette ruelle avait été mise par les anciens propriétaires ; celui où elle était avec des égouts, des signes extérieurs de servitude dont chacun tirait avantage ou des moyens de défense.

La maison avait bien été donnée, par le directoire, à Roberjot notre ancien plénipotentiaire à Rastadt ; mais elle l'avait été telle qu'elle se comportait : il fallait se reporter aux faits et actes antérieurs à l'aliénation, particulièrement à un plan qui avait été dressé par les anciens propriétaires, pour une contestation qui les divisait sur la même ruelle, et à une transaction qui avait été passée entre eux : les actes administratifs n'y étaient qu'énoncés, et nullement, quoi qu'en dise le Conseil, comme siége de la difficulté.

Je faisais alors partie des juges appelés à prononcer : le préfet avait même renvoyé les parties devant les tribunaux : aucune d'elles ne songeait que le *point à juger* dût jamais être soumis à l'autorité administrative : aucune d'elles n'avait demandé son renvoi ; nous, juges, ne nous en doutions nullement. M. Kellermann n'en a eu l'idée qu'après le jugement qui avait écarté sa prétention.

Dès que les moyens étaient tirés des actes antérieurs à la transmission opérée par le directoire, pourquoi ne pas les laisser

peser par la justice ordinaire , ainsi que plusieurs ordonnances antérieures l'avaient admis , par cela seul qu'ils étaient mélangés avec
des actes administratifs, et qu'ils étaient de nature à déterminer par
eux-mêmes la solution ? à plus forte raison quand ils étaient, quoi
qu'en dise le Conseil, uniquement invoqués , et que l'administration
et ses actes n'y étaient mentionnés qu'accessoirement.

Cette ordonnance, rendue dans des circonstances qui se représentent fréquemment , mérite d'être remarquée ; elle montre la vacillation du Conseil, et la facilité avec laquelle il rend une aussi
inégale justice aux malheureux qui sont forcés par le préfet à venir
plaider devant lui.

Les exemples de contradiction se présentent en foule :

Le 25 avril 1818 , il a décidé que la contestation élevée entre deux
habitants d'une ville , sur la propriété d'un passage qui sépare leurs
propriétés respectives, doit être jugée par les tribunaux , et non par
l'autorité administrative , bien que le passage serve à l'usage des habitants de la ville.

Son motif était qu'il s'agissait simplement entre les parties de faire
décider sur la propriété du passage en litige , et que cette question
était du ressort des tribunaux.

Il y avait, de plus , un arrêté du maire de Montélimart sur ce passage, l'allégation, en outre, qu'il appartenait à la voirie urbaine; nonobstant ces circonstances l'affaire resta aux tribunaux. A combien
plus forte raison devait-il en être de même dans l'espèce ci-
dessus !

Le 15 mai suivant. Autre ordonnance qui, considérant que le dé-
tournement d'une rivière non navigable ni flottable, non plus que le
chemin de desserte à l'usage d'un certain nombre de particuliers,

ne donnent lieu qu'à une question de propriété, cette question est du ressort des tribunaux ordinaires.

Il en était ou devait être absolument de même dans l'instance Kellermann et Lanjuinais : le procès même était particulier à ces deux contendants, sans aucune garantie possible contre l'État, et sans que la difficulté intéressât en rien les habitants ni la voirie, ainsi qu'on le prétendait dans l'ordonnance du 13 mai.

Le 20 janvier 1819. Le même Conseil décidait encore que, lorsqu'il y a eu transaction sur l'effet d'une adjudication de biens nationaux, toute contestation relative à cette adjudication doit rester étrangère à l'autorité administrative :

Considérant, disait-il, qu'il n'y aurait lieu de recourir à l'examen des actes de vente, devant l'autorité administrative, qu'autant que les termes de la transaction ne seraient pas reconnus suffisants pour asseoir un jugement sur le fond de la contestation.

Il y avait, *à fortiori*, même raison de décider dans l'affaire Kellermann : il existait, de plus, des circonstances de fait et de droit antérieures à l'aliénation nationale; il fallait avant tout les laisser apprécier par la justice ordinaire.

Mais à quoi bon aller chercher si loin des preuves de contradiction du Conseil?

Même jour, 19 juillet 1825, il nous les fournit dans une affaire existante entre la fabrique et la commune de Saint-Christophe de Turcoing, déjà administrative par la qualité des parties, et plus encore par l'objet contesté, puisque c'était sur le cimetière de la paroisse, situé derrière l'église, et à son occasion, que s'élevait la contestation. Le Conseil d'État avait ainsi motivé son ordonnance :

« Considérant que la *fabrique de l'église de Saint-Christophe* et la commune de *Turcoing* ne fondent pas les prétentions qu'elles forment respectivement à la propriété des terrains litigieux , sur des actes administratifs, mais sur la possession et sur divers actes de propriétaire faits par les parties en différents temps, et dont l'appréciation appartient aux tribunaux.

Pour faire admettre le moyen d'incompétence proposé contre l'arrêté du préfet qui avait rejeté la demande de la fabrique, le conseil a bien dit que les parties ne présentaient aucun titre administratif; qu'elles ne fondaient pas leurs moyens d'attaque et de défense sur les actes qui ont doté les établissements publics; que dès lors la connaissance du litige appartenait aux tribunaux.

On voit que le Conseil, comme le ministre, savent bien, quand ils veulent rejeter, trouver le chemin qui conduit au rejet; ils reconnaissent qu'il suffit que les moyens ne soient pas exclusivement puisés dans les actes administratifs, pour qu'en raison de la connexité, et pour apprécier les autres moyens, l'affaire reste aux tribunaux; c'est ce que nous ne cessons d'émettre en tout cas, et qui était bien plus applicable à l'affaire Lanjuinais et Valmy qu'à toute autre.

Encore une ordonnance du même jour, 9, rendue entre *Mariotte*, adjudicataire d'un bien communal, et la commune de *Doullens*, prononce que, pour apprécier une réserve faite par la commune sur le pâturage du pré vendu, les tribunaux seuls doivent statuer sur la nature et l'étendue de l'usage, d'après les règles du droit civil, lorsque l'acte de vente garde le silence à cet égard. Ici les actes translatifs ne déterminaient rien sur la ruelle : le Conseil devait donc, pour ne pas augmenter le nombre de ses contradictions avec lui-même, laisser l'affaire aux tribunaux où elle avait été portée : en la leur arrachant, il a commis un empiétement qu'il est temps de lui ôter les moyens de renouveler.

26 Dudit. Il n'y a pas conflit négatif lorsque la déclaration d'incompétence donnée par un tribunal et un Conseil de préfecture est fondée, et que le Conseil d'État seul aurait dû être saisi.

L'opposition à une contrainte décernée pour le recouvrement d'une somme réclamée d'un ancien émigré, à raison de la remise de ses biens, ne doit point être portée devant les tribunaux.

Le sieur De Vitzhum, ancien émigré, obtient, en 1818, la remise de forêts non vendues, à la charge par lui de payer 196 fr. 48 cent. pour frais de garde.

L'administration des domaines décerne contrainte pour cette somme.

Opposition tendant à nullité de la contrainte, à moins que l'administration ne veuille entrer en liquidation du produit des forêts et des frais de garde.

Le tribunal de Vissembourg admet l'opposition; mais, au fond, considérant qu'il s'agit d'examiner l'arrêté d'envoi en possession, qui est un acte administratif, se déclare incompétent.

La régie se pourvoit devant le Conseil de préfecture du Bas-Rhin, qui se déclare aussi incompétent.

Elle vient au Conseil d'État pour qu'il désigne l'autorité qui doit connaître de l'opposition.

Décision ainsi conçue :

« Vu l'art. 4 de la loi du 12 septembre 1791 ;

« Considérant que, dans l'instance portée devant le tribunal de Vissembourg, les conclusions du sieur de Vitzhum tendaient à modifier l'arrêté pris le 21 avril 1818 par la commission de remise des biens des émigrés, dans la disposition qui mettait à la charge dudit sieur de Vitzhum les frais de garde des forêts à lui remises, depuis le 1er janvier 1815 jusqu'au 1er juillet 1818 ;

«Que le tribunal de Vissembourg, dans son jugement du 26 juillet 1820, s'est avec raison déclaré incompétent pour statuer sur cette question, qui ne pouvait être portée que devant l'autorité administrative;

«Que le Conseil de préfecture a été mal à propos saisi, par le pourvoi de l'administration des domaines, de cette question, qui ne pouvait être portée que devant nous en notre Conseil d'État, et que ledit Conseil de préfecture s'est avec raison déclaré incompétent par son arrêté du 7 août 1820; mais qu'il ne résulte point de ce que ce dernier pourvoi a été mal dirigé, qu'il y ait dans l'espèce un conflit négatif;

«Rejette, etc. »

L'ordonnance cite une loi du 12 septembre 1791; et nous n'avons trouvé à cette date aucune disposition qui pût en rien avoir trait à l'espèce. C'est assez présumable dans un point où il ne s'agissait que de savoir si, à l'occasion d'une contrainte tendante à remise de biens, c'était le Conseil de préfecture ou les tribunaux qui devaient être saisis. Le Conseil d'État reconnaît que l'un, puis les autres, ont sagement fait de se déclarer incompétents, et que c'est devant lui que la question d'opposition à contrainte pouvait seulement être portée.

Sur quoi se fonde-t-il? Nous ne le voyons point : tout, au contraire, indique l'usurpation de pouvoirs la mieux caractérisée; on ne voit nulle part comment la question a dû être portée d'emblée, et *omisso medio*, devant le Conseil d'État. Il ne s'agissait pas, quoique le Conseil fasse dire à M. de Vitzhum, de modifier l'arrêté de remise, mais bien de statuer sur l'opposition à la contrainte. Après la contrainte décernée et l'opposition faite, si l'on eût saisi directement le Conseil, n'aurait-il pas dit ou dû dire, que quelles que soient les causes de la contrainte, n'existant pas d'appel ni de pourvoi contre l'arrêté, ce ne peut être au Conseil qu'il faut s'adresser pour obtenir une main-levée d'opposition.

Du reste cette incertitude de savoir à quelle autorité il faut s'adresser pour obtenir justice, vient de la multiplicité de pouvoirs constitués, surtout quand il n'existe pas de limites précises qui séparent leurs attributions. S'il n'y avait qu'une seule manière de rendre la justice en France, il n'y aurait qu'une seule manière de la demander. Les embarras de la nature de celui-ci se renouvellent sans cesse. Pour les éviter, il ne faudrait pas deux ordres judiciaires; il ne faudrait pas surtout que quand l'un est saisi, l'autre pût à volonté le dépouiller; il faudrait encore moins que l'un eût des attributions légales, et que l'autre n'eût presque que des attributions de fait, qui s'étendent à volonté, et viennent assaillir le citoyen sur une matière où il ne s'attendait pas à les voir s'élever, pour l'entraîner ensuite dans des frais et des lenteurs de contestations qu'aucune précaution n'a pu lui épargner.

L'espèce suivante le prouve encore.

Il y avait un fossé pour la jouissance duquel le sieur Brosson payait une indemnité annuelle.

Afin de s'en affranchir, il chercha à le faire considérer comme un objet d'utilité publique, et par conséquent à le placer sous la police de l'administration. Il imagine de se faire dénoncer par quelques habitants de la commune comme ayant fait une chose nuisible au public, en comblant le fossé qui bordait son pré.

Le moyen lui réussit.

Le préfet de la Nièvre, n'hésistant point, prit plusieurs arrêtés par lesquels il ordonna aux deux propriétaires riverains du fossé de le faire rouvrir chacun de son côté, sous peine de le voir faire par l'autorité locale.

Ces arrêtés furent confirmés par une décision du ministre, laquelle fut maintenue par une ordonnance royale, du 20 avril 1820, qui déclara la dame *Grangier* non recevable dans son pourvoi contre la décision, faute de l'avoir formé dans les trois mois.

En 1822, les motifs d'utilité publique ayant été reconnus mal fondés, à la suite d'une expertise contradictoire faite en présence de l'ingénieur en chef, le préfet a émis l'avis, sur la demande du ministre de l'intérieur, de rapporter les arrêtés et décision, et de renvoyer les parties à se pourvoir devant les tribunaux.

Nonobstant cela, le ministre déclare qu'il ne peut ni ne doit rapporter ni même modifier les arrêtés.

La dame *Grangier de Beaubois* se pourvoit contre la décision.

Voici l'ordonnance rendue le même jour, 26 juillet, que celle ci-dessus.

« Considérant que le ministre de l'intérieur, dans la décision attaquée, s'est avec raison déclaré incompétent pour revenir sur les mesures prescrites par les arrêtés du préfet de la Nièvre, des 26 mars, 10 et 16 avril 1807, confirmés par une décision ministérielle du 8 février 1810, et maintenus par ordonnance royale du 20 avril 1820.

« Considérant que lesdits arrêtés n'ont ordonné que le rétablissement d'un fossé d'écoulement pour cause de salubrité, mais comme mesure provisoire ; d'où il suit que ces arrêtés ne font point obstacle à ce que notre ministre de l'intérieur prenne ou nous propose, sous les rapports d'intérêt public, telle décision définitive qu'il appartiendra, et qu'il s'est mal à propos déclaré incompétent à cet égard ;

» Considérant, sur le surplus des conclusions, que les mêmes arrêtés ne font plus obstacle à ce que les propriétaires des prés litigieux portent devant les tribunaux les questions de propriété, de servitudes, ou indemnités, qu'ils se croiraient fondés à leur soumettre, d'après leurs titres particuliers et les règles du droit commun ;

« La décision du ministre de l'intérieur, du 1er avril 1825, est annulée dans la disposition seulement par laquelle ledit ministre se déclare incompétent pour statuer, soit sur les arrêtés d'exécution des 1er et 15 juillet 1820, soit sur le régime des eaux dans les rapports avec l'intérêt public. »

Est-il possible d'être ainsi ballotté et justicié? Un fossé simple, aboutissant à un pré, qui, sur la demande d'une partie, paie indemnité, passe, sous prétexte *d'utilité publique*, imaginé dans un intérêt privé et injuste, sous le domaine de l'administration; le ministre, le Conseil d'État, qui veulent faire et font de ce démêlé particulier un objet d'administration, et finissent même par le traiter comme tel, malgré l'expertise contradictoire où avait figuré l'ingénieur en chef, qui n'y découvrait aucun motif d'utilité publique; que d'injustices et d'illégalités dans une seule affaire!

La réserve scrupuleuse de l'avocat Corbière a quelque chose de singulier. Il provoque l'expertise, et le préfet à rapporter les arrêtés; néanmoins il décide qu'il ne peut ni les annuler, ni même les modifier; mais pour prouver l'indépendance du Conseil d'État, c'est par lui qu'il fait casser la décision par laquelle l'excellence s'était reconnue incompétente, et déclarer que tout ce qui a été fait n'étant que provisoire, il n'y a point d'obstacle à ce que le ministre prenne ou propose, sous les rapports d'intérêt public, telle décision définitive qu'il appartiendra. Sur le surplus des conclusions, qui ne sont rien, le Conseil permet que les parties se pourvoient devant les tribunaux; et comme si on redoutait de leur trop accorder, au moyen des mots *utilité publique*, qui ont été employés pour faire attribution à l'administration d'actes administratifs qui ont eu lieu dans tous les degrés, on pourra toujours ressaisir l'affaire par voie de conflit, et détruire ce qui ne conviendrait pas.

Quel mélange d'actes et de dispositions! quelle aberration de pouvoirs!

Même jour 26. Un juge de paix n'excède pas ses pouvoirs en statuant sur une action possessoire qui lui est soumise par l'acquéreur d'un bien national.

Conflit du préfet de l'Ardèche.

Il y a plusieurs décisions contraires. *Voy.* notamment les décrets des 26 prairial an 11, et 11 avril 1810.

23 Août. Les questions relatives au desséchement des marais sont du ressort de l'autorité administrative.

On peut considérer commes telles l'application du sens et des effets des ordonnances de concession, les indemnités dues, soit aux concessionnaires, soit aux propriétaires, même pour suppression d'usines ou cession de terrain; les contestations relatives à la jouissance réservée aux usagers, jusqu'à la réception du desséchement.

L'autorité judiciaire dépasse ses pouvoirs en condamnant les concessionnaires à des dommages-intérêts envers les propriétaires riverains, sous prétexte qu'ils ont excédé les limites de leur concession.

Par ces motifs, le conflit du préfet de la Loire-Inférieure a été admis, tandis que celui du même préfet, dans la même affaire, avait été rejeté : on va voir s'il y avait raison différente de décider.

Une première ordonnance avait, en 1817, accordé à la compagnie de Bray le droit de dessécher les marais de Donges.

Une deuxième distrait de cette concession, en 1819, des terrains tourbeux sur lesquels les habitans de diverses communes prétendaient avoir des droits de propriété reconnus par un arrêt du Conseil, du 15 janvier 1784.

La première ordonnance portait que les oppositions qui pourraient être faites au desséchement seraient jugées administrativement, mais que les questions de propriété seraient renvoyées devant les tribunaux.

En 1820 l'agent de la compagnie de Bray est cité devant le tribunal de Savenay, par les propriétaires de terrains tourbeux, à l'effet de faire cesser le trouble apporté à leur jouissance par les travaux commencés pour le desséchement.

Cet agent s'adresse au préfet, qui bientôt élève un conflit.

13 Mars 1822. Il est rejeté par les raisons suivantes :

« Qu'aux termes de l'art. 2 de l'ordonnance du 2 juillet 1817, les contestations de propriété entre les concessionnaires et les communes ou particuliers prétendant à des droits de propriété sur des terrains faisant partie desdits marais, sont renvoyées devant les tribunaux ;

» Que d'après l'art. 3, les actes d'opposition au desséchement, soit de la part des communes, soit de la part des particuliers, doivent être jugés administrativement et sans délai, d'après les règles tracées par la loi du 16 septembre 1807, sans que les travaux puissent être interrompus ;

» Que les contestations qui pourraient s'élever sur la limite précise des terrains réservés doivent être portées devant les tribunaux ordinaires ; que les dispositions de notre première ordonnance ont été confirmées par la deuxième de 1819 ;

» Qu'il n'est produit aucun acte de l'autorité judiciaire, duquel il résulte que ladite autorité veuille connaître des oppositions au desséchement, et ne pas se borner à l'examen des questions dont la connaissance lui est attribuée par nos ordonnances des 2 juillet 1817 et 25 novembre 1819. »

Au moyen de cette décision, les parties reviennent devant le tribunal de Savenay, qui déboute la compagnie de son déclinatoire pour cause d'incompétence, déclare les communes et les riverains légitimes propriétaires des grands terrains tourbeux, et se déclare incompétent pour les dommages-intérêts.

La compagnie interjette appel. 23 août 1825, arrêt de la Cour de Rennes, qui confirme le jugement; le modifie seulement pour les dommages-intérêts, qu'il fixe à 50,000 francs.

Nouveau conflit, sur lequel intervient l'ordonnance suivante :

« Relativement à l'ordonnance du 13 mars 1822 ;

» Considérant, qu'il résulte des motifs de ladite ordonnance, qu'aucun acte de l'autorité judiciaire n'étant alors intervenu dans la cause, ce premier conflit n'a été écarté que comme prématurément élevé.

» Relativement au deuxième conflit;

» Considérant qu'aux termes de la loi du 16 septembre 1807 et de l'ordonnance de concession du 2 juillet 1817, les tribunaux étaient compétents pour statuer sur toutes les questions de propriété relatives aux marais de Donges; mais que lesdites lois et ordonnances réservent à l'administration toutes les questions relatives au desséchement ;

» Qu'au nombre de ces questions se trouvent, 1° l'application du sens et des effets des ordonnances des 2 juillet 1817 et 1er décembre 1819; 2° les indemnités de toute espèce dues, soit aux concessionnaires, soit aux propriétaires, même pour suppression d'usines et cession de terrains ; 3° les contestations relatives à la jouissance réservée aux habitants par l'art. 22 de l'ordonnance de 1817, jusqu'à la réception du desséchement, et de manière toutefois à ne préjudicier en rien aux travaux de desséchement ;

» D'où il suit que la Cour royale de Rennes a excédé ses pouvoirs en condamnant la *compagnie de Bray* à 50,000 fr. de dommages-intérêts pour la privation des droits de tourbe et autres, que les communes propriétaires des terrains desséchés auraient soufferte depuis le desséchement commencé, jusqu'à ce jour;

L'arrêté du conflit est appouvé en tant, etc. ;

2.   21

» L'arrêt de la Cour de Rennes est considéré comme non avenu, dans la disposition qui condamne les concessionnaires à 50,000 fr. de dommages-intérêts pour avoir desséché les terrains compris dans les limites de la concession du 2 juillet 1817. »

Le premier effet de cette ordonnance, n'est-ce pas l'étonnement de voir, dans la même affaire, admettre en 1826 un conflit qui avait été rejeté en 1829. La demande sur laquelle il a été élevé, la première comme la deuxième fois, était identiquement la même, il n'y en avait même pas eu deux de formées. Quand le premier conflit élevé sur l'instance pendante au tribunal de Savenay a été rejeté, les parties sont revenues plaider sur la même demande, et reprendre les errements où elle était restée : donc c'était bien la même que le Conseil d'État avait à apprécier dans les deux cas ; il n'y a d'autre différence que celle résultant de ce que le fonds était jugé lors du deuxième conflit, et qu'il ne l'était pas lors du premier ; il semble que c'était ou devait être plutôt une cause de repousser un conflit, quand il y avait chose souverainement jugée.

Ce qui rend le Conseil d'État d'autant plus coupable, c'est que, dans le premier cas, en repoussant le conflit il a reconnu que la demande, puisqu'il n'y avait que cela alors de soumis à sa décision, était régulièrement portée devant les tribunaux : s'il ne l'eût pas pensé ainsi, il aurait tendu un piége aux parties, en réservant un moyen insidieux de détruire la chose jugée : il appréciait véritablement la demande, il devait indiquer ce qui ne pouvait être livré, sans empiétement, à la justice réglée.

Si l'on examine les motifs écrits de l'ordonnance, peut-on croire que c'est de bonne foi que le Conseil d'État ne craint pas d'avancer qu'il résulte des motifs de la première ordonnance, qu'aucun acte de l'autorité judiciaire n'étant intervenue le premier conflit n'a été écarté que comme prématurément élevé.

Nous avouons que nous ne voyons rien, absolument rien, dans les motifs réfutés, qui dise ce qu'on veut bien leur prêter. Au contraire on y lit ce motif insignifiant, il est vrai, qu'il n'y a aucun acte indiquant que l'autorité judiciaire ne veuille pas se borner à l'examen des questions qui lui sont attribuées.

Le conflit n'a donc pas été écarté par fin de non recevoir, ni comme prématurément élevé, il ne l'a été que parce que rien n'indique, etc. Le conflit ne portait que sur la demande, ainsi que le dit le préfet dans son arrêté, que les propriétaires riverains ne se bornant pas à faire reconnaître leurs droits de propriété, l'action qu'ils avaient intentée devant le tribunal de Savenay ne pouvait être considérée que comme une opposition formelle aux travaux de dessèchement.

Dès qu'il appréciait la demande, c'est parcequ'elle ne renfermait rien d'administratif, que le Conseil, assez chatouilleux, lui a donné son *exeat*, et a reconnu par là que le tribunal pouvait prononcer. Il ne veut sûrement pas dire qu'il faut attendre que la chose soit jugée pour la combattre et la détruire, il se contente de le faire, parce qu'il peut encore avancer qu'il ne connaissait pas l'instance avant qu'elle fût jugée ; mais quand la demande lui a été mise sous les yeux, que sa décision même n'a porté que sur son appréciation, il est absurde de dire que le conflit n'a été rejeté que comme prématuré. Le Conseil n'osera jamais avouer qu'il sait ce qui est porté devant les tribunaux, et qu'il attend qu'ils aient prononcé, pour l'approuver si le jugé leur convient, pour l'anéantir s'il leur déplaît.

Il suffit donc, pour constituer le Conseil d'État en tort évident, de voir que la demande fixée lors du premier conflit n'a éprouvé aucun changement depuis, qu'il n'est même articulé aucun changement.

L'assertion montre l'embarras, dans la rédaction, pour chercher à sauver la contradiction à laquelle le Conseil a cru échapper par une raison supposée.

En poussant plus loin le rapprochement des deux ordonnances, la dernière veut bien reconnaître, ainsi que la première l'a déjà fait, que les tribunaux étaient compétents pour statuer sur toutes les questions de propriété relatives aux marais de Donges; mais elle ajoute que les lois et ordonnances réservent à l'administration les questions relatives au dessèchement. Ces généralités ne signifiaient rien encore pour le résultat que l'on cherchait; le Conseil vient énumérer ce qui doit entrer dans la réserve: 1° l'application du sens et des effets, etc...;

2° Les indemnités de toute espèce dues, soit aux concessionnaires, soit aux propriétaires, même pour suppression d'usines ou cession de terrain.

Voilà bien, dans cette explication, la part qu'il se fait; mais tout en disant qu'elle résulte des lois et ordonnances, nous ne l'y voyons nullement. Ne conviendrait-il pas de mettre de côté les ordonnances, qui, n'étant que son fait, ne peuvent lui constituer son droit? Mais accolées à la loi de septembre 1807, elles ne disent pas plus qu'elle; elles ne font que consacrer la distinction, qui laisse tout incertain, et en interprétation d'après le droit commun.

Or, comment admettre que les tribunaux soient compétents pour statuer sur toutes les questions de propriété, et qu'ils cessent de l'être pour déterminer les effets de la solution donnée? S'ils reconnaissent que la propriété des terrains tourbeux appartient et n'a cessé d'appartenir aux communes; qu'elle a nécessairement été soustraite de la concession, non seulement parcequ'elle n'est point comprise dans le texte, mais encore parceque le gouvernement, ne concédant que ce qui lui appartenait, n'a rien accordé sur ce qui ne lui appartenait pas, comment les forcer à s'arrêter à cette déclaration, sans statuer sur ce qui est une suite de la propriété, sur la jouissance ou le droit de jouir, sans lesquels elle n'est rien? La privation qu'avaient éprouvée les communes et les habitants était donc et forcément soumise aux tribunaux, non seulement comme chose qu'eux seuls pouvaient apprécier, mais que, comme intimement unie à ce qui leur était attribué, ils devaient nécessairement apprécier, sous peine de déni de justice.

Les dommages-intérêts devaient être soumis aux tribunaux; ils ne pouvaient être accordés que par eux : le Conseil paraît l'avoir senti lui-même, puisqu'il finit le dispositif de l'ordonnance par une supposition fausse, consistant à dire qu'ils ont été accordés pour avoir desséché les terrains compris dans les limites de la concession, tandis que l'arrêt que nous avons sous les yeux est loin de reconnaître que ces terrains aient été concédés : il porte au contraire qu'ils ne l'ont pas été; et qu'admettre une distinction entre les tourbes marchandes et celles qui ne le sont pas, c'est une violation ouverte du droit de propriété consacré par l'arrêt du Conseil du 15 janvier 1784.

Il ajoute que la compagnie ne conteste pas avoir desséché, en tout ou en partie, les terrains tourbeux; que le fait est constaté par l'arrêté du Conseil de préfecture; que les communes ont donc été et sont encore privées du droit qui leur appartient de mener leurs bestiaux paître sur lesdits terrains, d'y couper des fourrages et des roseaux, ainsi que des mottes à brûler, tant pour le commerce que pour leur consommation locale; que cette privation est le résultat d'une voie de fait commise par les dessécheurs, etc.

N'est-il pas singulier que le Conseil veuille faire dire à l'arrêt que les terrains tourbeux étaient compris dans la concession du gouvernement? La fausseté de cette supposition démontre que, sans elle, l'ordonnance n'a plus de base.

Dès qu'il y avait attribution aux tribunaux pour juger la question de propriété et fixer la limite des terrains, il fallait mettre en regard les titres : la cour de Rennes l'a fait ; elle a vu que le gouvernement n'avait point concédé le terrain d'autrui ; que l'arrêt du Conseil, du 13 janvier 1784, l'avait formellement reconnu ; dès lors le dommage ne résultait point de la concession, il n'avait point été occasioné par ou avec les objets concédés, c'est une entreprise particulière faite par les concessionnaires, tout-à-fait étrangère à l'acte du gouvernement et hors des limites qu'il avait prescrites : la cour de Rennes n'avait donc fait que ce qu'elle devait, en statuant sur les dommages-intérêts répétés.

Indépendamment du mal jugé au fond, indépendamment des fausses suppositions admises dans l'ordonnance, il était encore une raison qui eût dû retenir le Conseil, et l'empêcher même d'examiner l'affaire ; c'est cet adage : *Non bis in idem*, qui lui est applicable comme à tout autre corps constitué, et qui empêche qu'il puisse déjuger demain ce qu'il avait jugé la veille ; sans cela il n'y aurait plus rien de fixe. Ce qui prouve que le *bis in idem* se rencontrait, c'est que l'on voit dans les conclusions prises devant le tribunal de Savenay, déjà énoncées dans la citation en conciliation, que les communes demandent à être restituées dans la propriété, avec défenses, etc., et en 50,000 fr. de dommages-intérêts. Le garde des sceaux lui-même dit, dans son rapport : « Si l'action formée par les propriétaires riverains est une action possessoire, s'ils réclament la propriété de terrains faisant partie des marais, nul doute que ce ne soit aux tribunaux à statuer ; c'est ce que décide formellement l'article 2 de l'ordonnance. » Or, à ne consulter que les conclusions prises devant le tribunal de Savenay, elles tendent à ce que, en ce qui résulte des pièces notifiées dans l'instance, qui établissent en faveur des demandeurs un droit de propriété immémoriale, fortifié d'une possession non moins ancienne ; attendu dès lors que le trouble apporté à cette possession est une voie de fait *passible de dommages-intérêts*, etc.

Le premier conflit élevé sur cette demande ne résulte-t-il pas évidemment de son rejet, que les tribunaux pouvaient et devaient prononcer sur les conclusions, par conséquent sur les dommages-intérêts ?

L'énonciation qui se trouve dans la première ordonnance, qu'il n'est produit aucun acte de l'autorité judiciaire, ne peut tromper personne. Le conflit, dans le sens même de ceux qui l'adoptent, s'élève bien mieux contre les demandes portées aux tribunaux, que contre la chose jugée par eux ; il ne vient, dans ce dernier cas, que parceque l'administration prétexte ignorance de la demande ; or, quand cette demande lui a passé sous les yeux, uniquement pour savoir si elle ne lui appartenait pas, qu'elle s'est déclarée incompétente, a renvoyé aux tribunaux, n'est-il pas contre tout sens et toute raison qu'elle vienne attaquer les tribunaux et bouleverser les décisions d'un tribunal et d'une cour, comme ayant empiété sur l'autorité administrative, tandis qu'ils n'ont prononcé que sur le renvoi qui leur a été fait par cette même autorité.

Rejetons donc cette dernière ordonnance comme un monument contradictoire du Conseil d'État dans la même affaire ; comme un monument honteux pour lui, qui montre les aberrations continuelles auxquelles il se livre.

6 septembre. Les contestations qui peuvent s'élever entre l'administration et les fermiers des bacs, sur les indemnités que ceux-ci peuvent prétendre pour cause de résiliation de bail, sont de ressort des Conseils de préfecture.

Conflit du préfet de l'Ardèche confirmé.

Une ordonnance, du 6 juillet 1825, entre Dubaut et Girard, l'avait déjà décidé. Comme il n'y avait pas eu de conflit, nous n'en avons pas fait mention à sa date.

Dès que cette ordonnance est indiquée, nous ajoutons qu'elle décide aussi que la régie des contributions indirectes peut attaquer l'arrêté qui ne lui a pas été signifié, quoiqu'il soit constant qu'elle en ait eu connaissance par une autre voie; que la signification est de rigueur à son égard comme à celui des particuliers.

Une ordonnance du 12 février 1823 avait déjà reconnu que les inspecteurs forestiers n'ont pas qualité pour recevoir la signification des arrêtés des Conseils de préfecture qui statuent sur des questions d'usage, dans les forêts domaniales.

Qu'en conséquence une signification ainsi faite, ne faisait point obstacle à ce que le ministre des finances exerçât un recours contre cet arrêté.

Enfin que les Conseils de préfecture n'étaient pas compétents pour statuer sur une question de droit d'usage dans une forêt domaniale, et pour connaître du mérite de titres anciens produits à l'appui de la réclamation de ce droit.

Une ordonnance du 3 juillet précédent avait cependant prononcé contre les héritiers du général Roubier, qu'il suffisait d'une lettre de l'intendant militaire pour faire courir les délais de pourvoi contre une décision ministérielle.

Le Conseil a aussi reconnu dans d'autres circonstances, que l'insertion au *Bulletin des Lois*, d'une ordonnance rendue au Conseil d'État, touchant des intérêts et des droits privés appartenant à un grand nombre de personnes, équivalait à une notification par huissier et faisait courir les délais d'opposition ou de tierce-opposition.

Peu de jours après, mais dans l'intérêt de l'administration des ponts et chaussées, décidé au contraire qu'il ne suffisait pas d'une notification ou communication officielle, pour faire courir les délais; qu'il fallait une notification régulière de la décision. Voilà la marche du Conseil.

Même jour, 6 septembre. Si l'action dirigée par le fermier d'un moulin, pour obtenir la résiliation de son bail, contre le propriétaire, à raison de l'ouverture d'un canal de navigation, est du ressort des tribunaux, il n'en est plus de même pour l'indemnité à raison de la diminution de la force motrice du moulin, intentée par le propriétaire contre l'administration.

Cette dernière action doit être portée devant l'autorité administrative.

Une ordonnance citée ci-dessus, du 27 avril, l'avait déjà reconnu.

Une autre, du 15 mars précédent, l'avait aussi prononcé contre le sieur Gautier, au profit de la ville de Paris.

Voyez encore celles énoncées ci-dessus contre Soulier et contre d'Hautefeuille, les 4 mai et 19 octobre 1825; et une dernière du 6 septembre 1826, contre la dame Pommereul.

Tous ces actes sont autant d'abus de pouvoir de la part de ceux qui adressent ce reproche aux tribunaux. D'après la loi de pluviôse an VIII, qu'ils ne cessent d'invoquer, l'autorité administrative n'est compétente que pour prononcer sur les indemnités pour terrains pris ou fouillés par les entrepreneurs de travaux publics; la suppression d'une usine ne peut se placer dans cette cathégorie. *Voyez* les *ordonnances du 14 août 1822*, entre Jolly et la commune de Montargis, qui a décidé que les contraventions aux règlements de police sur les rivières non navigables, doivent être portées devant les tribunaux.

Voyez aussi l'ordonnance de Casamaro, *du 14 novembre 1821*; deux autres *du 19 janvier 1825*; et une plus récente, 6 *septembre* 1826, qui dit que les contraventions sur les cours d'eau non navigables ni flottables, doivent être portées devant les tribunaux ordinaires.

Si les canaux et travaux ont été ordonnés après la loi du 8 mars 1810, qui fait attribution unique à l'autorité judiciaire pour toute indemnité à réclamer pour cause de travaux d'utilité publique, il est incontestable que cette loi, forcée de rentrer dans le droit commun, a interdit à l'administration les pouvoirs qu'elle s'arroge.

Si la rivière, à l'occasion de laquelle les riverains ont cru devoir solliciter la concession, n'était pas navigable au moment où cette concession a été accordée, elle ne faisait point partie du domaine public; elle appartenait aux riverains, qui avaient à en supporter les charges, les débordements, les curages, etc., etc.

Le ministre qui se permet d'imposer des conditions pécuniaires ou autres semblables, abuse de son pouvoir. Le Conseil d'État en ne le réprimant pas, puisqu'il s'arroge le droit d'en connaître, se le rend propre, il ne faut point s'arrêter à de pareils coups d'autorité.

Même jour. Le droit de suivre les actions qui intéressent les communes, n'appartient qu'aux maires ou à leurs adjoints.

Ils sont seuls compétents pour demander l'autorisation de plaider ou attaquer les arrêtés qui la refusent; les habitants de la commune, en quelque nombre qu'ils se trouvent, sont non recevables à le faire.

Une ordonnance du 22 juin 1825, puis avant une autre du 19 février 1823, l'avaient déjà décidé. Une plus récente, du 15 octobre 1826, prononce de même.

Nous concevons la distinction que l'on fait dans les réclamations des habitants *ut singuli*, ou *ut universi*; mais comment appliquer celle-ci au maire ou à l'adjoint qui représentent, dit-on, l'universalité, lorsqu'il est constant que ces agents municipaux, choisis par le préfet ou par le ministre, sans avoir en rien consulté les localités, sont imposés sur les communes au gré et au caprice de l'autorité, et très souvent pris en sens inverse de ceux que les habitants éliraient, s'ils étaient appelés à voter librement.

Quel recours, quelle garantie auront donc ces habitants contre le sous-préfet, le préfet ou le ministre, qui tenant le maire, le plus souvent un homme débonnaire et faible, à leur disposition, l'empêchent d'agir, ou le poussent à une action contraire au véritable intérêt de la majorité? N'est-il pas instant d'apporter remède à de pareils inconvénients?

Nous avons aussi plusieurs fois remarqué celui résultant de l'influence, pour ne pas dire de la toute-puissance du maire sur le garde champêtre; c'est à tel point que si le maire est fermier, cultivateur, ou propriétaire de bois, le garde champêtre ne prenant des ordres que de lui, est plutôt le conservateur particulier du maire que de la commune.

De plus, celui-ci approuvant ou rejetant tous les procès-verbaux pour délits ruraux, en ordonnant à volonté et contre qui il lui plait, quel moyen y a-t-il de se préserver des vexations d'un maire, s'il se rend l'instrument du préfet ou, ce qui arrive le plus souvent, du sous-préfet, plus accessible aux passions de localité? Le mal dans l'organisation actuelle nous paraît sans remède.

D'un autre côté, le maire ordonne sans cesse des procès-verbaux d'empiètement sur les chemins vicinaux; lui-même a commis ces empiètements et les attribue au particulier contre lequel il fait verbaliser; il en exerce plusieurs autres: quel moyen y a-t-il pour le propriétaire ainsi tourmenté de faire dresser des procès-verbaux contre le maire? Le garde champêtre, quoique requis, se gardera bien de rien faire contre celui qui peut à l'instant même le priver de sa place.

Tout en cette partie n'est qu'abus, dont on n'osait pas demander le redressement aux ministres qui viennent si tardivement d'être chassés, dans la crainte qu'ils n'en introduisissent d'autres d'un autre genre, et que le remaniement qu'ils opèreraient, n'empêchât d'en obtenir un efficace impossible désormais à éviter sous une autre administration, quelle qu'elle fût.

Même jour, 6 septembre. La question de savoir si un pilote lamaneur est passible de dommages-intérêts envers un tiers, pour fausse manœuvre, contraire aux instructions et règlements sur le lamanage, est de la compétence de l'autorité administrative.

Conflit du préfet des Bouches-du-Rhône maintenu. Jugement de Marseille non avenu.

Un décret du 23 avril 1807, entre Simon, Grasset et Balguerie, avait déjà consacré l'accaparement administratif. Le Conseil d'État actuel n'a fait que l'étendre jusqu'à lui.

Même jour, 6. Lorsqu'un particulier a versé dans les caisses du trésor, par ordre de l'autorité supérieure, des sommes appartenant à un tiers, et que cet ordre a pour cause un armement illicite entrepris sur le territoire français, et dirigé contre un gouvernement allié, les tribunaux sont incompétents pour prononcer.

Joachim Murat, se trouvant en Corse au mois de septembre 1815, remit au sieur Grégory, négociant à Bastia, une lettre-de-change de 200,000 francs sur la maison Barillon, de Paris.

Grégory toucha 171,740 francs: le marquis de Rivière, alors gouverneur de la Corse, lui ordonna de verser dans la caisse départementale tous les fonds qu'il pourrait avoir à la disposition de ce roi déchu.

Grégory verse 91,505 francs qu'il avait en mains; le surplus ayant été dépensé pour Murat, d'après les ordres du général Franceschini.

Quelque temps après il versa encore 10,500 francs, provenant de la vente de plusieurs bâtiments ayant appartenu à l'ex-roi.

En 1822, madame Murat, devenue comtesse de Lipona, actionne Grégory afin qu'il ait à lui rendre compte des sommes qu'il avait reçues de son mari.

Grégory met le gouvernement français en cause; le préfet élève aussitôt le conflit.

Vainement la veuve Murat soutient-elle que, d'après la législation sur la procédure, le garant suit la condition du défendeur à la demande principale; que le tribunal était compétent pour prononcer sur l'action en garantie dirigée par Grégory contre l'État;

Qu'en tout événement le conflit ne pourrait avoir effet que relativement à la somme de 101,805 fr., versée dans les caisses de l'État par ordre de l'autorité supérieure; que pour le surplus la justice ordinaire devait avoir son cours; le Conseil d'État veut connaître de l'affaire; il n'admet que le moyen subsidiaire, ce qui paraît résulter de l'ordonnance qui confirme le conflit, seulement en ce qui concerne la somme de 101,805 fr., versée par Grégory dans les caisses de l'État.

25 octobre. Lorsqu'un Conseil de préfecture a interprété un acte de vente nationale, s'il s'agit de l'exécution de son arrêté, les acquéreurs qui veulent s'y opposer doivent se pourvoir devant le Conseil d'État, et non devant les tribunaux.

Ceux-ci ne sont compétents que pour statuer sur les actions en garantie, sur la prescription et les titres autres que les actes administratifs.

Conflit du préfet du Rhône approuvé.

Le Conseil de préfecture avait déclaré que les biens litigieux n'avaient pas fait partie des ventes nationales.

Les sieurs Cognet et Bourget se pourvoient devant les tribunaux, où ils sont immédiatement arrêtés par le conflit ci-dessus.

Ainsi il n'y a pas eu d'autres raisons que le fait que le Conseil de préfecture avait statué; le Conseil d'État eût bien pu donner un motif sur la compétence de l'autorité qui avait statué, mais comme il lui suffit du fait, il n'a pas cru devoir s'énoncer en aucune façon sur le droit.

Même jour. Les torts et dommages causés par les constructions des prisons d'une ville, ne donnent lieu qu'à une réclamation administrative et non à une action judiciaire.

Conflit du préfet de la Corrèze approuvé; jugement du tribunal de Tulle non avenu.

Trois ordonnances énoncées ci-dessus, à la date du 7 juin, ont déjà fait attribution à l'administration; celle-ci persévère dans la même attribution: de sorte que, par cela seul qu'un entrepreneur a traité avec elle, il est assuré de trouver asile et protection contre ce que pourraient faire les tribunaux, malgré que l'action exercée n'intéressât en rien l'administration, et qu'elle fût personnelle à l'entrepreneur, à raison des travaux auxquels il eût pu se livrer sans nuire à ses voisins.

1er novembre. Lorsqu'à l'occasion d'un chemin vicinal dont la vicinalité n'est pas contestée, il ne s'agit pas d'une contravention, mais d'une anticipation constatée par procès-verbaux, c'est aux Conseils de préfecture, et non aux tribunaux, qu'il appartient de prononcer.

Conflit du préfet de la Marne confirmé; jugement du tribunal correctionnel de *Vitry-le-Français* non avenu.

Ici, comme dans d'autres cas, le Conseil d'État, pour colorer sa décision, suppose non seulement les faits, mais les dénature en les présentant autres qu'ils n'étaient; il dit que la vicinalité n'est pas contestée, tandis qu'un jugement définitif de Vitry-le-Français n'a renvoyé la commune à se pourvoir à fins civiles, qu'à raison de ce que le fond du droit était contesté, le sieur Vincent se prétendant propriétaire du terrain qu'on prétend qu'il a anticipé.

15 novembre. Les juges de paix ne peuvent connaître des actions en dommages-intérêts, intentées contre les entrepreneurs de travaux publics ou leurs agents, à raison de l'extraction de matériaux destinés à ces travaux publics.

Le 22. Même ordonnance sur conflit du préfet des Bouches-du-Rhône.

Quoi que fasse le Conseil d'Etat, il ne parviendra jamais à soumettre ni les parties lésées, ni les tribunaux, à ses décisions; les résistances se perpétuent tellement en ce point, que nous ne pouvons concevoir pourquoi il s'obstine à enlever à la justice réglée des attributions pour lesquelles il excite partout un mécontentement aussi général.

Même jour 22. Lorsque le nouvel œuvre attaqué par voie d'action possessoire, n'est que l'exécution ordonnée par le préfet, d'une décision ministérielle, le juge de paix n'est pas compétent pour prononcer.

Ici encore le ministre était intervenu de fait pour dire, on ne sait trop pourquoi, que, le 17 juin 1826, trois déversoirs situés en amont de l'usine de Gravigny, appartenant au sieur Petit, seraient arrasés de niveau entre eux à la hauteur, etc.

Le préfet, suivant son chef de file, accorde six semaines pour exécuter les travaux.

Le sieur Petit s'oppose à leur confection; le maire croit devoir faire surseoir aux travaux. Le sieur Petit le cite devant le juge de paix d'Evreux, pour être condamné à rétablir les déversoirs dans l'état où ils étaient au moment de son opposition.

Le maire décline la compétence du juge de paix, par le motif que les actes étant émanés de l'autorité administrative, les tribunaux n'avaient pas le pouvoir d'en connaître ni de les réformer.

Le juge de paix passe outre; ordonne la suspension des travaux, et que les choses seront remises dans leur état primitif.

La rébellion du juge de paix blesse le préfet, qui élève aussitôt un conflit. Il est admis au Conseil d'État, par le motif que le nouvel œuvre n'était que l'exécution ordonnée par le préfet et le ministre de l'intérieur.

Il suffit toujours que le préfet, le ministre, ou tout autre agent soit intervenu, pour que les tribunaux doivent, sans examen de leur compétence au fond, s'arrêter immédiatement, et livrer les particuliers en butte aux actes d'agents administratifs, à l'administration elle-même, pour les apprécier et faire ce qu'elle croira convenable.

Cette prétention, qui se renouvelle sans cesse, est révoltante : il faut, par tous les moyens possibles, la combattre et la détruire.

27 décembre. Lorsqu'il ne s'agit que de dommages causés aux arbres et récoltes par l'exploitation d'un établissement autorisé, les tribunaux sont compétents pour apprécier ces dommages.

Nous mentionnons cette décision pour montrer la facilité avec laquelle le préfet de police Delaveau revenait sur lui-même, lorsque après avoir renvoyé les parties devant les tribunaux, même après arrêt de cassation, il jugeait à propos de lancer un conflit.

Le sieur Lebel exploitait dans la commune de Belle-Ville, près Paris, une établissement pour l'affinage de l'or et de l'argent à l'aide de l'acide sulfurique.

Les sieurs Paris et Graindorge, prétendant éprouver des pertes dans le produit de leurs propriétés contiguës, assignent Lebel en réparation du dommage.

Le juge de paix fait droit à la réclamation, mais, sur l'appel, conflit par le préfet de police; ses motifs sont tellement contradictoires, que nous ne pouvons nous dispenser de les énoncer :

Les demandes en indemnité, dit-il, des propriétaires voisins des établissements dangereux, insalubres, ou incommodes, ne peuvent être du ressort des tribunaux, qu'autant qu'elles sont intentées pour obtenir la réparation d'un tort matériel; que les demandes en indemnité formées à raison de la diminution de la valeur vénale sont exclusivement dans les attributions administratives; que le jugement du tribunal de paix ne peut être considéré comme ayant prononcé des dommages-intérêts; qu'il faudrait pour cela que les dommages eussent été constatés, tant pour 1825 que pour les années antérieures; que la condamnation repose uniquement sur une appréciation conjecturale de la diminution des produits; que cette appréciation équivaut à une diminution de la valeur vénale, puisque le propriétaire dont le revenu se trouverait invariablement réduit ainsi chaque année subirait une perte proportionnelle sur le capital; qu'ainsi la condamnation a en réalité pour cause, non des dommages-intérêts, mais une diminution de valeur; que le tribunal, en la prononçant, a empiété sur les attributions administratives.

Le Conseil d'État a cru qu'il devait exactement répondre à des raisonnements aussi concluants : aussi a-t-il dit qu'il ne s'agissait pas dans la contestation portée devant le tribunal de paix de la dépréciation des propriétés, mais seulement de dommages causés aux arbres et récoltes par l'exploitation dudit établissement; en conséquence il a rejeté le conflit.

Il est à remarquer que le préfet de police avait, dès le 16 décembre précédent, répondu à M. Paris : « Tout est jugé par l'arrêt du Conseil d'État du 19 février 1823; le Conseil de préfecture est incompétent pour connaître de votre nouvelle demande. »

De plus Lebel s'était pourvu en cassation contre le jugement du 23 février 1823, pour cause d'incompétence; il prétendait que l'administration seule devait connaître de cette demande ; mais par arrêt du 19 juillet 1826, le pourvoi avait été rejeté.

Nonobstant ces deux circonstances, le préfet de police avait néanmoins élevé le conflit ; ce qui prouve l'abus scandaleux et impuni de ce moyen.

Nous terminons ici la série chronologique des ordonnances sur conflits. Pendant l'impression des deux livres suivants nous nous procurerons les ordonnances qui n'ont pas encore été publiées pour 1827 ; par cette raison, nous les rapporterons dans le dernier chapitre de l'ouvrage.

LIVRE SIXIÈME.

CHAPITRE I.

Conflits négatifs. — Improprement appelés ainsi, pour les attribuer à l'administration. — Il fallait les laisser à la Cour de cassation. — La loi ne les attribue pas plus à l'une qu'à l'autre.

Nous ne nous sommes presque pas occupé des abstentions de juger, soit que les tribunaux, cours, conseils de préfecture, préfets ou ministres, aient d'office reconnu leur incompétence, soit qu'ils l'aient déclarée sur la demande des parties ou de l'une d'elles; en pareil cas, lorsque les deux autorités se récusent, souvent elles ne se bornent pas à s'abstenir; elles veulent quelquefois indiquer l'autorité devant laquelle il faut se pourvoir, la manière et la forme qu'elles doivent employer; ces additions ne peuvent qu'embarrasser la décision, et souvent induire les parties en erreur, en leur faisant faire fausse route, et en donnant prise à des critiques plus ou moins fondées.

Il ne faudrait, pour prouver la superfluité de ces additions, que voir qu'elles sont en plus de ce qu'il y a à juger; que par conséquent elles sont déplacées et forment presque un *ultrà petita*. L'autorité saisie n'a qu'à prononcer sur sa compétence; elle doit se borner là; en indiquer une autre, c'est aller trop loin, parcequ'il n'y a rien à juger à l'égard de cette autre; chacune ne juge qu'en droit d'elle et pour elle. Si, à la disposition sèche d'incompétence, on veut ajouter quelque chose, il faut se borner à dire :

« Sauf aux parties à se pourvoir comme elles aviseront ; »

« Délaisse les parties à se pourvoir ainsi qu'elles le jugeront con-
« venable. »

Une incompétence ainsi reconnue est bien opposée à un conflit, qui
suppose que deux pouvoirs luttent pour s'attribuer ou garder la connaissance d'affaires portées devant eux; on ne voit donc pas pourquoi
l'on appelle *conflit négatif*, soit les décisions qui admettent l'incompétence, soit le résultat de ces décisions; il faut reconnaître que l'expression est assez impropre, et qu'elle n'a peut-être pas été imaginée,
ni mise en usage aussi innocemment qu'on pourrait le penser. Une
fois qu'il a été admis que les conflits sont portés au Conseil d'État, il a
fallu étendre autant que possible le cercle, et faire entrer sous le
mot tout ce qui, par un fil ou une ressemblance quelconque, pouvait
s'y placer.

En effet, de ce que la constitution de l'an VIII donne au Conseil
d'État, art. 52, le droit de résoudre les difficultés qui s'élèvent en
matière administrative;

De ce qu'un règlement du 5 nivôse an VIII, fait par le Conseil
d'État lui-même pour se donner ses pouvoirs, a ajouté art. 11:

» Le Conseil d'État prononce sur les *conflits* qui peuvent s'élever
entre l'administration et les tribunaux, » il n'en résulte pas qu'il faut
considérer comme tels les déclarations d'incompétence prononcées
par chacun des deux pouvoirs. Pour apprécier les moyens d'incompétence il faut examiner le fond et le peser; il semble qu'en pareil
cas si les décisions émanent du premier degré, la Cour royale dans
l'étendue de laquelle se trouve le tribunal ou le Conseil de préfecture,
et le plus souvent tous les deux, ou si l'on veut la Cour de cassation
pour tous les autres cas, était aussi capable qu'une section du Conseil
d'État, ou tout le Conseil d'État, de prononcer sur ce différend; comment supposer que les membres de ce Conseil, les uns militaires, les
autres naturalistes, préfets, propriétaires, etc., connaissent notre

législation civile mieux que ceux qui toute leur vie en ont fait une étude ou une application particulière? Ils ont dans la mémoire ou sous les yeux leurs précédents; la source d'où ils sont partis, les extensions les abus qui s'y sont insensiblement d'abord, et bientôt très brusquement et sans contestation possible, introduits, font vivement sentir le danger de les prendre pour règles, et la nécessité de s'adresser à une autre autorité que celle qui marche sur de pareils errements; une Cour souveraine offrirait autant de garanties que le Conseil d'État; elle n'est pas plus que lui subversive de l'ordre des juridictions, ni ennemie des lois; elle ne veut pas plus que lui empiéter ni usurper ou donner aux tribunaux des pouvoirs qui ne doivent pas leur appartenir. Si jamais elle devenait usurpatrice, l'administration n'a-t-elle pas à sa disposition le moyen de l'arrêter, avec ses procureurs généraux révocables seuls chargés de l'exécution? Les Cours et tribunaux ne forment point un corps compacte et homogène : disséminés sur toute la surface du royaume, les envahissements de leur part sont-ils présumables, même possibles? Ces agents, qui ont une si grande puissance d'inertie ou d'inexécution, ne sont-ils pas pour l'administration des préservatifs assurés? Les moyens odieux et iniques dont elle veut encore se couvrir avec les conflits ne forment-ils pas un cumul de moyens, sans qu'il reste aucun contrepoids pour y parer?

Enfin, si elle devait faillir, ce qui doit nécessairement arriver, puisque, *errare humanum est*, cette faillibilité arrivera au Conseil d'État comme à tout autre corps; seulement, la magistrature, méditant sur les textes, et ayant toujours une loi positive sous les yeux, y sera moins sujette que tout autre; elle s'égarera du moins avec la loi beaucoup moins que le Conseil, qui n'en a aucune autre que celle qui distingue les pouvoirs, et ne fait pas l'énumération des cas qui appartiennent à chacun d'eux. Faillît-elle autant, et même plus, elle laisse les contendants dans le droit commun, ce qui devrait toujours être, lorsqu'il n'y a pas une disposition précise qui leur arrache les juges généraux de tous, pour les placer sous une justice exceptionnelle.

Il en serait de ce cas comme des justices consulaires ou commerciales, qu'on ne reproche pas aux tribunaux de vouloir détruire pour s'en emparer; le mal de laisser, pour les cas douteux ou non spécialement classés, les parties sous la juridiction commune à tous! En est-il un, surtout quand les parties ne déclinent pas, ou ne demandent pas la juridiction spéciale? Il y en aurait un très grave dans le système contraire. C'est précisément ce qui arrive dans l'état actuel vis-à-vis de l'administration; aussi reconnaît-on que les tribunaux civils étant institués pour tous procès, la partie qui ne les a pas déclinés, alors même qu'elle était fondée à le faire, est non recevable, après condamnation, à venir se plaindre; dans toutes les matières mixtes il n'y aura jamais d'inconvénient de faire prévaloir la justice commune sur la justice spéciale.

Qu'on ne mette pas en avant les grands mots dont on abuse tant, que les juridictions sont de droit public, que nul ne peut y déroger, etc., etc.; que l'ordonnance du 15 juin 1825, pour refuser l'opposition aux ordonnances sur conflits, ne s'est fondée que sur ce que ces matières ne sont instruites et jugées que dans l'intérêt de l'ordre public. Toutes ces phrases ne font qu'ajouter aux embarras, au lieu de les faire disparaître.

Et, d'abord, si elles sont de droit public, et qu'il soit si important de ne pas y déroger, faites des classifications précises, vous verrez que les tribunaux ne chercheront point à les effacer; ils n'ont aucun intérêt d'augmenter les procès, ni d'étendre ou multiplier leurs occupations.

Si ces classifications ne sont pas faites, il faut convenir que l'ordre public est peu compromis; ce qui le trouble, c'est la violation des lois, c'est la rébellion contre leurs dispositions. Or, s'il n'y a point de lois écrites, c'est parceque le législateur n'a pas jugé important d'en établir, ou parcequ'il n'a pas voulu créer des justices exceptionnelles dérangeant l'ordre général ordinaire.

C'est précisément ce qui arrive pour celle du Conseil d'État; nos lois ne méritent en ce point aucun reproche ni aucune réforme; il s'en faut bien qu'elles lui aient donné la juridiction qu'il s'est attribuée par ses règlements, avis, décrets, arrêts et ordonnances. Les premiers ont servi de planche aux autres, sous l'un et sous l'autre régime. Malgré qu'on parle de la modération des membres qui composent aujourd'hui le Conseil; malgré la tendance qu'on lui suppose, de ne pas soustraire les parties à leurs juges naturels, nous ne voyons pas que dans sa jurisprudence il ait abandonné aucun des errements qui lui ont été livrés. Si quelquefois, souvent même, il renvoie aux tribunaux, dans des cas tout-à-fait insignifiants, et évidemment hors de toute compétence administrative, cela ne détruit pas le mal radical qui le laisse maître de garder ou de faire évoquer dans toutes les circonstances où des ministres, séduits ou blessés dans leur amour-propre, commanderont cette mesure. Trop d'exemples signalent encore ces envahissements et ces aberrations, pour qu'il ne soit pas du devoir de tous de faire effort pour ne pas les voir renouveler. L'opinion publique est trop alarmée, les pressentiments contre le Conseil d'État sont trop forts et trop prononcés pour qu'on ne dise pas qu'il y a là un mal auquel il est urgent de remédier.

Là où il y a du doute, où la matière est mixte, touchant tout à la fois au civil et à l'administratif, le Conseil d'État, qui, par cela qu'il s'est constitué juge souverain, eût dû user de cette souveraineté avec réserve; par cela qu'il ne s'appuie sur aucune loi précise, il eût dû, quelquefois au moins, interpréter contre lui; par cela que son établissement est aujourd'hui tout précaire et de fait, il eût dû ne pas se compromettre par des décisions hasardées et irritantes; par ces raisons, toutes les questions douteuses, tous les intérêts mixtes, il ne devait ni les examiner, ni en connaître. En les rejetant sans hésiter, il laissait subsister le droit commun, auquel il est toujours imprudent et dangereux de déroger, même par une loi, à plus forte raison par le fait, par la volonté, le caprice d'un préfet ou d'un ministre.

Comment croire à cette grande modération, quand on lui a fourni des exemples de ne pas attenter à la chose souverainement jugée, et qu'il les a mis de côté pour se livrer au brisement de ce qu'il y a de plus sacré chez tous les peuples de la terre, savoir les actes de la justice organisée dans le pays, pour y statuer en dernier ressort sur tous les procès existants?

Devant ces ébranlements de l'ordre judiciaire, que devient donc la disposition constitutionnelle qui, pour mettre le juge à l'abri de toutes les rancunes du pouvoir, et lui donner la force de rendre ses décisions, sans en avoir rien à redouter dans l'avenir, consacre pour lui seul, dans l'État, l'inamovibilité? Que devient cette inamovibilité dans son caractère, si les actes qui déplaisent peuvent, à volonté, être renversés et détruits? Le Conseil d'État impérial, sur les traces duquel s'est mis celui d'aujourd'hui, en a donné de trop nombreux et de trop scandaleux exemples; il s'est emparé de ce qu'on a bien voulu appeler *conflit négatif*, pour se concéder le droit d'indiquer juridiction. À la vérité, la Cour de cassation lui a fait elle-même ce renvoi; mais elle était, alors qu'elle dessaisissait les tribunaux, dans une position assez difficile; elle avait vu annuler ses propres arrêts; elle fléchissait peut-être sous ce qu'elle regardait comme une nécessité. Placée où elle était, elle eût pu peut-être donner d'autres exemples; elle eût pu, en manifestant à tous les yeux qu'elle ne suivait pas ce grand corps qui avait oublié le mandat qu'il avait reçu, veiller à la conservation

de nos lois et de nos droits, donner aux tribunaux le sentiment de
leur force et de leur dignité. Ceux-ci alors, par une attitude indépendante, eussent peut-être, en la privant d'une restauration qui lui
était nécessaire, préservé la France des maux qui l'ont précédée ou
en ont été la suite : ils y étaient d'autant mieux disposés, que deux
remaniements avaient déjà été faits pour leur composition; que plusieurs honorables épurations avaient été faites parmi leurs membres,
et que la Cour de cassation, qui n'avait donné aucun ombrage, en
avait été exempte.

Nous ne parlons de ce passé que dans l'intérêt de l'avenir; et pour que
désormais les corps judiciaires, libres de tout joug, sentent le danger
qu'il y aurait pour eux et pour l'État de suivre le torrent avec lequel
un ministre corrupteur et déconsidéré voudrait les entraîner.

(*Voyez*, au surplus, pour les attributions que le Conseil d'État
s'est données sur ce point, les décrets des 13 vendémiaire an XII et
24 avril 1808, augmentés et développés par les ordonnances des
6 mai, 23 octobre, 20 novembre 1816; 26 février, 9 avril, 7 juillet,
27 août, 22 octobre 1817; 13 mai, 18 novembre 1818; 3 février,
23 juin 1819; 17 avril 1822; 18 juin, 3 septembre 1823; 22 janvier 1824; 2 février, 22 juin 1825.)

<hr>

CHAPITRE II.

*Les conflits négatifs n'existent le plus souvent que par la crainte des conflits
positifs. — Inconvénient de les voir établis sur la simple déclaration d'incompétence d'un tribunal de première instance. — Exemples fournis des
abus qui s'ensuivent.*

Quoiqu'il soit admis que le conflit négatif ne résulte que d'une
double déclaration d'incompétence, et que si l'autorité judiciaire,

toujours trop prudente en cette matière, avait seule reconnu son in-compétence, il n'y aurait pas lieu à se pourvoir au Conseil d'État; il faudrait épuiser les degrés de la hiérarchie judiciaire, et chercher par cette voie à faire réformer le jugement ou l'arrêt; il n'en reste pas moins le très grave inconvénient qu'après avoir parcouru toute la ligne, le malheureux plaideur, peu avancé, cherche partout des juges, et ne peut en trouver. S'il s'adresse au Conseil d'État, ce ne peut être que pour lui soumettre sa réclamation, et non pour un rè-glement de juridiction : l'un et l'autre mode seraient vicieux. Indé-pendamment de la répugnance ou de la crainte qu'il pourrait avoir, il ne peut saisir directement le Conseil et franchir le premier degré : s'il demande une indication de juridiction, on lui répondra que l'au-torité administrative n'ayant pas décliné, le Conseil d'État ne peut statuer. Où ira-t-il donc ? Devant un Conseil de préfecture, à qui il soumettra son affaire. Si ce Conseil en connaît, il aura des juges d'exception, quand il désirait avoir ses juges naturels et de droit commun. Si le Conseil se déclare incompétent, il sera obligé, cette fois, de venir au Conseil d'État pour vider ce qu'on appelle le con-flit négatif; alors il recevra de l'autorité administrative l'indication de la justice devant laquelle il doit se retirer.

Ne sent-on pas combien est gravatoire et onéreuse une pareille manière de procéder? Ne voit-on pas que ces vices si graves résultent uniquement de l'invention des conflits; et qu'en les abattant tout-à-fait, on détruirait le mal que produit même le conflit négatif?

Ce mal est plus grand qu'il paraît au premier aspect : si on op-pose qu'il ne vient pas seulement des corps administratifs, puisque les corps judiciaires se sont eux-mêmes récusés, il est facile à voir que ceux-ci n'auraient jamais refusé de prononcer, s'ils n'eussent connu la tendance et la volonté des préfets pour revendiquer, et particu-lièrement s'ils n'eussent voulu parer à l'avance aux conflits positifs.

qui, élevés après jugement, deviennent encore plus onéreux aux parties, plus attentatoires à l'ordre judiciaire, et plus scandaleux dans l'État.

Sans entrer dans les décisions particulières, nous indiquons ici quelques unes de celles qui sont intervenues sur ce point; nous les prenons indifféremment sous le régime précédent comme sous celui-ci.

Par un premier décret du 16 mars 1807, décidé que lorsqu'il y a refus de juger de la part d'un tribunal et d'un Conseil de préfecture, il y avait lieu de se pourvoir au Conseil d'État en règlement de juges.

Cette disposition critiquable par les raisons ci-dessus, l'est encore par cette autre, que le Conseil, avant de s'emparer de l'affaire, devait, au lieu de se contenter d'un jugement de première instance, attendre une décision souveraine, au moins d'une Cour, s'il ne voulait pas forcer un pourvoi en cassation. La proposition de refus de prononcer par l'autorité judiciaire aurait alors été plus juste et mieux établie.

D'ailleurs, qui ne voit le vice d'une telle décision dans les éventualités suivantes?

Ou, ainsi qu'il paraît l'avoir fait dans l'espèce, il n'indique aucun tribunal, après avoir annulé le jugement d'incompétence, et alors devant lequel se pourvoir? Est-ce devant le même? Il n'a qu'à persister, ainsi qu'il en a évidemment la faculté, puisque le Conseil ne peut lui imposer sa juridiction, et qu'il est autorité tout-à-fait inconnue des tribunaux; que devient alors l'ordonnance? L'autorité qui l'a rendue, n'ayant aucun moyen de contrainte, est tout-à-fait compromise.

Ou il renvoie devant un autre : la mesure serait aussi illégale ; elle y ajouterait une indication de tribunaux qui ne lui appartient pas;

le vice ci - dessus serait le même ; ce nouveau tribunal pourrait bien
regarder sa compétence comme non obligée par une décision du Conseil
ou une ordonnance du roi , ces deux autorités n'étant point dans
la hiérarchie judiciaire: il y aurait beaucoup moins à redouter de la
Cour royale , sa supérieure immédiate.

Si la déclaration émanait d'une Cour royale , l'inconvénient, loin
d'être détruit , s'aggrave par la présomption que la Cour souveraine
ploiera moins facilement encore devant l'illégalité de la mesure du
Conseil d'État.

A plus forte raison , si le Conseil d'État est saisi après arrêt de la
Cour de cassation : qui fait penser qu'en cas de dissidence entre
cette Cour et le Conseil, les tribunaux ou Cours quitteront leur chef
de file habituel , pour se mettre à la suite du Conseil d'État, agissant
dans une sphère toute hors des lois écrites que les tribunaux appli-
quent. Voyez notamment ci-dessus, 1ᵉʳ vol., pag. 211, le décret du
24 juin 1808 , qui, sur quatre arrêts de la Cour de cassation que le
Conseil a déclarés non avenus , aurait pu faire naître toutes ces difficultés. Au lieu d'interposer une autorité aussi tranchante , ne valait-il
pas mieux, puisqu'il n'y avait point de loi violée, que le Conseil n'invoquait que sa propre autorité approuvée le 14 mars 1808 , que par
conséquent son interprétation pouvait être aussi fautive au moins
que celle de la Cour de cassation; ne valait-il pas mieux que , pour
éviter le scandale d'une pareille décision , et paraître respecter quelque chose, le Conseil exécutât les arrêts, au lieu de les renverser ? acte
par lequel, s'il n'avait rétabli l'ordre, il n'eût point entraîné de
désordre.

18 juillet 1807. Décret qui , sur une citation donnée au sieur De-
simple, en police correctionnelle, pour avoir arraché une partie de
la waerde d'une forêt domaniale , et sur l'exception du prévenu
que le terrain défriché faisait partie de sa propriété , décide sur l'in-

compétence déclarée par le Conseil de préfecture et par le tribunal d'Ypres, que les questions de propriété entre le gouvernement et les particuliers appartiennent par le droit commun à la juridiction des tribunaux, et que l'exception prononcée par la loi de pluviôse an VIII ne s'applique qu'aux contestations relatives aux ventes nationales.

27 septembre. Un arrêté du Conseil de préfecture de la Seine-Inférieure est annulé, parcequ'il s'était déclaré incompétent, ainsi que le tribunal de police, pour prononcer sur un acte administratif concernant la faculté de l'entrepôt en matière d'octroi.

2 février 1808. La répression des délits, en matière de grande voirie, n'appartient à l'autorité administrative qu'en ce qui concerne l'application des peines pécuniaires. C'est aux tribunaux à prononcer les peines corporelles.

En conséquence, si le même délit emporte des peines de l'une et l'autre espèce, il doit y avoir deux décisions distinctes, par l'une et l'autre autorité.

Le jugement de Gand, qui s'était déclaré incompétent, annulé.

24 avril suivant. Après, incompétence du préfet du Bas-Rhin et de la Cour de Colmar, décret qui prononce que l'administration n'est compétente, sur les contestations relatives aux entrepreneurs des services publics, qu'autant que le litige est entre les entrepreneurs et le gouvernement; s'il est entre les entrepreneurs et leurs sous-traitants, il faut recourir à l'autorité judiciaire.

Même décision les 5 août, 3 septembre, 25 novembre suivants.

27 octobre. Sur double incompétence du Conseil de préfecture et du tribunal de Mayence, décidé que c'est à l'administration à prononcer sur la servitude qu'un acquéreur de domaine national veut exercer sur un autre domaine national.

La preuve qu'il ne faudrait pas voir si vite un conflit négatif dans la déclaration d'incompétence d'un tribunal de première instance, se trouve :

1° Dans une ordonnance du 20 novembre 1815, statuant que les excès de pouvoir, les atteintes des tribunaux de première instance contre l'autorité administrative, doivent être dénoncés à l'autorité judiciaire supérieure, et non au Conseil d'État;

2° Dans une, du 18 avril 1816, entre Lauzière et Montillet, portant que lorsqu'un tribunal a rendu jugement sur une matière administrative, si le Conseil de préfecture refuse de connaître de la même affaire jusqu'à réformation du jugement, si d'ailleurs le préfet n'élève pas de conflit, le Conseil d'État n'a pas à statuer ; la partie doit être renvoyée à se pourvoir devant la Cour royale.

3° Dans une autre, du 11 juin 1817, entre Lastour Duligny et Belbeuf, qui a prononcé que lorsqu'une Cour d'appel a renvoyé au Conseil d'État à prononcer sur une contestation qu'elle croyait administrative tandis qu'elle était réellement judiciaire, le Conseil d'État, sur le recours porté devant lui, se borne à se déclarer incompétent ; il ne casse point l'arrêt qui a illégalement jugé l'attribution, c'est à la Cour de cassation qu'est réservé le pouvoir de casser.

Par décision du 14 septembre 1814, entre Chartron, Petit et Matile, jugé que, quand, sur une demande portée par un particulier devant l'autorité judiciaire, un tribunal se déclare incompétent, comme s'agissant de matière administrative, et que, d'autre part, le préfet se déclare incompétent, comme s'agissant de matière judiciaire, si la Cour d'appel voit là une question de règlement de juge, au lieu d'une simple question de compétence, et refuse de statuer comme y ayant un conflit négatif, le Conseil d'État prononce sur ce conflit négatif, encore qu'il s'agisse de renvoi à l'autorité judiciaire.

On voit que le Conseil d'État juge tour à tour comme il veut, et dans le sens qu'il lui plaît établir pour la décision qu'il veut rendre.

20 novembre 1815. La Cour de Toulouse et le Conseil de préfecture s'étant déclarés incompétents, renvoyé aux tribunaux, parcequ'il ne s'agit que d'une demande en restitution de fruits entre Villèle fils et Calvet.

Même jour. Sur refus de la Cour de Riom et du Conseil de préfecture du Puy-de-Dôme, pour décider si des enfants avaient recueilli de leur chef ou par représentation de leur père, renvoi devant les tribunaux.

27 décembre 1815. Cour de Bourges et arrêté du Conseil de préfecture de la Nièvre se sont reconnus incompétents, mais renvoyé aux tribunaux pour décider la question de propriété élevée sur des biens qui avaient été séquestrés.

Même jour. Cour de Lyon et Conseil de préfecture de la Loire ayant refusé de connaître d'une clause de contrat d'adjudication d'une prise d'eau, renvoyé aux tribunaux s'il faut avoir recours à des titres, à une possession ou aux règles du droit commun.

10 février 1816. L'autorisation donnée par le Conseil général de la commune de construire sur un terrain réputé communal, n'empêche pas les tiers de s'opposer à cette construction, comme lésant leurs droits de propriété ou de servitude, et de se pourvoir, à cette fin, devant les tribunaux.

Même jour. Décidé qu'une action en paiement dirigée contre une commune est administrative en ce qui touche l'action contre la commune, mais judiciaire en ce qui touche l'action contre les particuliers en nom personnel. Quelle singulière division!

6 mars 1816. Si au moment de l'envoi en possession des hospices pour des biens séquestrés, il existait un droit au profit d'un tiers, celui-ci peut le réclamer devant les tribunaux.

Le Conseil d'Etat s'adjuge compétence en matière de prises, lorsque les tribunaux ordinaires et le Conseil des prises ont refusé de prononcer sur les difficultés d'une liquidation.

En ce cas, ajoute-t-il, quoique le recours au Conseil n'ait eu lieu que pour indication de juges, il peut retenir pour statuer au fond.

4 juin 1816.

Voyez aussi une autre ordonnance du 20 novembre suivant.

26 février 1817. Un arrêté de préfet qui autorise un particulier à construire un pont, n'est censé autoriser cette construction qu'en ce qui concerne l'intérêt du domaine public et de la voirie : ne préjudiciant pas aux tiers, les tribunaux peuvent juger toutes les questions de propriété et de servitude, sans se croire liés par l'autorisation du préfet.

Un jugement du tribunal d'Avignon, qui se déclarait incompétent, annulé.

16 juillet 1817. De même, pour un jugement du tribunal d'Abbeville, qui s'était déclaré incompétent pour connaître de l'exécution d'un bail administratif concernant un droit de pêche.

Même jour. Le Conseil de préfecture et le tribunal de Rouen s'étant abstenus, ordonnance qui décide que la loi du 5 décembre 1814, sur les décomptes pour paiement de domaines nationaux, ne s'applique pas à la jouissance provisoire ; que les cohéritiers du réintégré doivent être assignés devant les tribunaux.

Cette ordonnance, attaquée par opposition, a été confirmée le 11 février 1818

Ledit jour, 11 février. Même décision pour une demande en paiement d'honoraires de géomètre.

25 dudit. Le roi en Conseil règle, en cas de conflit positif ou négatif entre les ministres, leurs attributions respectives.

Les réclamations d'un entrepreneur de travaux exécutés à la machine de Marly avant la restauration, doivent être soumises au ministre de la maison du roi, attendu la réunion de la machine à la liste civile, mais payées par le trésor.

Toutefois, c'est le ministre dans les attributions duquel se trouve la liste civile qui ordonnance et fait payer par le trésor cet arriéré.

Une autre ordonnance, du 10 septembre précédent, avait déjà reconnu que quand il y a doute sur les attributions respectives des ministres, comme quand il y a conflit positif, c'est le Conseil qui doit prononcer.

Nous ne voulons pas rapporter toutes les ordonnances rendues en cette matière : nous nous contentons d'indiquer seulement celles des 22 juillet, 9 septembre 1818;

3 février, 31 mars, 25 juin, 28 juillet 1819;

19 mars, 28 juillet, 1er novembre 1820;

19 décembre 1821;

17 avril, 8 mai, 10 et 31 juillet, 14 août, 13 novembre, 30 décembre 1822;

22 janvier, 26 février, 27 août, 3 septembre 1823;

22 janvier, 24 mars 1824;

2 février, 4 mai 1825;

11 et 18 janvier, 5 et 19 avril, 21 juin 1826.

Nous avons mentionné ces ordonnances, pour montrer combien peu les tribunaux sont disposés à l'empiètement. Dans le plus grand nombre de cas rapportés, ils s'étaient déclarés incompétents, ce qui indique suffisamment leur circonspection : la frayeur qu'ils ont des conflits est telle, qu'il préfèrent s'abstenir, plutôt que de courir les risques de voir leurs décisions foulées aux pieds, et les parties s'engager dans des frais qu'ils préfèrent leur éviter, s'ils doivent leur être inutiles.

CHAPITRE III.

La multiplicité des conflits, alors même que plusieurs sont rejetés, est une perturbation de l'ordre judiciaire. — La division des affaires, en donnant une partie à l'administration, une autre aux tribunaux, donne lieu à de graves inconvénients. — Discussion des doctrines du conseil.

Nous avons laissé les décrets, arrêts et ordonnances qui, statuant sur conflits, les ont rejetés. Plusieurs renferment bien des motifs qu'il serait curieux de rapprocher des décrets rendus en sens contraire : mais la masse de ces conflits eût été effrayante et peu instructive, parcequ'ils sont presque tous jetés dans le même moule. Ce tableau n'eût servi qu'à faire pressentir à chacun, s'il ne l'eût éprouvé par lui-même, combien de désastres ce nouveau mode de procéder a dû occasioner.

Un conflit, même rejeté, a arrêté et suspendu l'action et les droits des contendants ; il a fait naître les inquiétudes attachées nécessairement à son issue ; il a mis à la charge des parties les frais d'avocat et autres qu'il a fallu débourser, et qui ne leur seront jamais restitués, puisque le préfet plaide là toujours impunément, n'étant jamais condamné à les supporter ; qu'ils ne comprendraient pas d'ailleurs les honoraires d'avocats, toujours coûteux ; que, d'autre part, il est admis dans les usages si singuliers de cette justice administrative, que la matière est de droit public, et que les parties qui y ont cependant un si vif intérêt, ne figurent que facultativement et comme accessoires.

Aussi décide-t-on que quand elles n'y ont pas paru, elles ne peuvent les attaquer ;

Attendu qu'en matière de conflit, les décisions sont d'intérêt public ; qu'elles ne jugent que la compétence, sans préjudicier aux droits des parties; qu'ainsi l'opposition contre un décret rendu sur un conflit est non recevable.

Décret, 11 janvier 1808.

Même décret, le 24 avril suivant. *Voir surtout l'ordonnance du 12 décembre 1821, art. 6.*

La justice administrative se rend tantôt par voie contentieuse, tantôt par voie d'administration publique. Les mesures du gouvernement relatives aux canaux sont des actes d'administration publique qui ne sont pas susceptibles de réclamation contentieuse, alors même que le gouvernement frappe de résiliation un bail à ferme.

Décrets du 1ᵉʳ septembre 1807 et 10 septembre 1808.

Par suite de ces idées, on établit aussi une différence assez bizarre.

Les conflits négatifs, dit M. de Cormenin, qui sont de véritables règlements de juges, admettent, à la différence des conflits positifs, la défense contradictoire des parties et les formes de l'instruction commune à toutes les affaires contentieuses. Si donc un conflit négatif a été vidé par arrêt du Conseil d'État, sur la requête de l'une des parties et sans défense de l'autre partie, cet arrêt est susceptible d'opposition. (*Voyez ordonnance réglém. du 12 décembre 1821, article 8; et l'ordonnance du 9 avril 1817.*)

Nous faisons remarquer en passant que la différence annoncée n'est pas trop justifiée par les deux ordonnances citées. La première dit, dans son art. 8 : En ce qui concerne les règlements de juges entre l'administration et les tribunaux, qualifiés de conflits négatifs, il y sera prononcé comme par le passé, c'est-à-dire *ad libitum*, car il n'y avait rien de réglé.

Il y en a une autre du 9 avril, rendue entre la fabrique de Cambrai et la veuve Venture; il ne s'agit pas là d'opposition, mais bien de *tierce-opposition*, ce qui est bien différent, comme on le sait, puisque l'une n'est accordée qu'à la partie qui, ayant été citée, s'est laissé juger par défaut ; tandis que l'autre n'appartient jamais à la partie , mais seulement au tiers qui vient attaquer un jugement contradictoire duquel il n'a pas été appelé.

Aussi cette ordonnance, considérant que les héritiers Morval, ayant laissé expirer le délai de trois mois sans se pourvoir contre le décret du 17 juillet 1813, qui leur a été signifié par acte d'huissier le 26 octobre suivant, avec injonction de l'exécuter , sont, sous ce premier rapport, non recevables dans leur tierce-opposition audit décret ;

Que d'ailleurs ledit décret ayant été rendu avec et contre le sieur Morval leur auteur , est censé avoir été rendu avec et contre ses héritiers ; que, sous ce deuxième rapport, la tierce-opposition desdits héritiers n'est pas plus recevable ;

Rejette la requête desdits héritiers.

Cette décision est , comme on voit , sans aucune application à la distinction établie pour l'opposition à un conflit négatif, qui ne serait pas permise à un conflit positif. L'art. 6 de l'ordonnance du 12 décembre 1821 est plus positivement exclusif de l'opposition à cette dernière espèce de conflit. Celle du même jour , intervenue entre les héritiers Arragonès-Laval et le sieur Beau , l'admet formellement, dans un conflit négatif de la Cour de Riom et du Conseil de préfecture du Puy-de-Dôme.

M. de Cormenin, continuant son explication , ajoute que, dans la pratique du Conseil , les conflits négatifs sont presque tous réglés sur la requête d'une seule partie , et qu'il y a peu d'exemples que l'autre partie fasse opposition à ces arrêts de règlement.

Le Conseil décide encore que, si, à l'occasion d'une coupe d'arbres , il s'élève une question de propriété et une de dommages-intérêts , il faut diviser la compétence :

« Considérant qu'il y a réellement conflit négatif , dans l'espèce résultant du refus des autorités administrative et judiciaire, de prononcer sur la question de dommages-intérêts relative à une coupe d'arbres ;

« Que le Conseil de préfecture s'est tenu dans les bornes de sa compétence, en ne prononçant que sur la question de propriété ;

« Que le tribunal de Fontenay avait déclaré son incompétence sur l'ensemble de la cause, lorsqu'il n'aurait dû renvoyer devant l'administration que la question de propriété résultante de la vente administrative ; que la Cour royale de Poitiers a confirmé ce jugement par arrêt du 20 juin 1816.

« Le jugement de Fontenay et l'arrêt de la Cour de Poitiers sont déclarés nuls et non avenus. »

Ordonnance du 9 avril 1817.

Il faut convenir qu'à raison de la connexité des deux questions dans la même affaire, le Conseil d'État, en cette circonstance comme en toute autre semblable, eût bien pu laisser à prononcer sur le tout par l'autorité, dont il n'eût rien fallu détruire ; son respect pour l'autorité judiciaire, et la crainte de lui voir enlever ses attributions, n'étaient pas tels qu'il ne pût laisser subsister le jugement et l'arrêt, à raison de la connexité : il n'y aurait pas eu un grand bouleversement ; on n'eût du moins pu y découvrir le motif d'envahissement des tribunaux.

Le même auteur dit que le Conseil d'État, en statuant sur le conflit négatif, s'il s'agit d'un arrêté de Conseil de préfecture, statue comme juge d'appel *de plano*, si la question de compétence est seule présentée.

Si c'est un arrêté de préfet qui ne puisse être déféré qu'au ministère, comme si le Conseil pensait que la difficulté n'a pu être résolue que par le Conseil de préfecture, il ne doit pas statuer *de plano*.

Arrêt du 4 thermidor an XI, décret du 25 février 1811, art. 2.

S'il s'agit d'un décret ou acte souverain ou d'un arrêté contradic-

toire du Conseil de préfecture, le Conseil d'État, en annulant les
actes judiciaires, doit attendre que les parties aient régulièrement
instruit sur le fond devant lui. Ordonnance du 18 novembre 1818.

Enfin, pour avoir une idée de ce que pense le Conseil d'État de
lui-même, de l'importance de ses décisions, et de la facilité avec laquelle il sait les couvrir du manteau royal, il faut lire les considérations suivantes proclamées par tous les comités réunis et unanimes, à
l'occasion de la question de savoir si une ordonnance sur conflit était
ou non soumise au droit d'enregistrement imposé par la loi du 28
avril 1816.

Cette question tient à celle de savoir si les ordonnances rendues en
matière de conflits peuvent être considérées comme des jugements
et arrêts.

« Considérant que l'on ne peut comprendre sous cette dénomination que les décisions rendues sur des intérêts privés, avec des formes
judiciaires et par conséquent sur demande introduite par une partie
jugée contradictoirement avec une autre citée pour se défendre ;

» Que l'on reconnaît ce caractère dans toutes les ordonnances rendues sur l'avis du Conseil d'État, au sujet des recours exercés contre les
arrêtés des Conseils de préfecture et les décisions ministérielles, puisque ces ordonnances jugent réellement des procès, et les jugent suivant
les formes usitées pour l'instruction des procès ; mais qu'aucun de ces
caractères ne se rencontre dans les ordonnances relatives aux conflits ;

» Qu'en effet, 1° les conflits ne forment pas une contestation entre
particuliers, mais entre les deux autorités publiques, administrative
et judiciaire, qui, chacune, revendiquent la même affaire ou refusent
de la juger ;

» 2° Que dans ces sortes de débats, il ne s'agit ni d'intérêts privés
ni de l'application des lois civiles, mais du maintien de l'ordre public et de l'exécution des lois constitutionnelles ;

» 3° Qu'aussi ces affaires ne sont introduites ni par requête ni par citation, le Conseil d'État ne pouvant être saisi que par le gouvernement lui-même, qui seul a le droit de déférer à son examen l'arrêté de conflit;

» 4° Que ces affaires sortent tellement de la classe des procès, que jusqu'en 1806 elles ont été instruites et décidées sans le concours des parties, sans qu'elles aient pu prendre part à la discussion, et déterminer la décision à intervenir;

» Qu'il est donc évident que le droit de prononcer sur les conflits entre l'administration et les tribunaux est une des prérogatives de de la puissance royale, dont l'objet est de maintenir la division des pouvoirs établis par la charte, et de réprimer, dans l'intérêt du trône, toute invasion des autorités secondaires, et par conséquent que les ordonnances rendues sur cette matière, sont des actes de haute administration, qui, de leur nature, par leurs effets et dans l'ordre constitutionnel, ne peuvent être assimilés à des arrêts ni être passibles du droit d'enregistrement;

» Vainement la régie oppose que la Cour de cassation prononce comme le Conseil d'État sur le conflit; que les actes de la Cour de cassation relatifs aux conflits sont bien certainement des arrêts soumis à l'enregistrement; qu'il en doit par conséquent être de même des ordonnances que le roi rend en cette matière, de l'avis de son Conseil;

» Qu'à cette objection on répond que la Cour de cassation ne prononce que sur les conflits élevés entre les tribunaux et les juges d'instruction; que son pouvoir étant borné à maintenir la hiérarchie dans l'ordre judiciaire, ses actes, sans aucune influence sur l'administration de l'État, ne peuvent être considérés comme administratifs; que, de leur nature comme dans leur forme extérieure, ils ont un caractère purement judiciaire et ne sont que des arrêts;

« Mais que le roi, lorsqu'il prononce sur les conflits, exerce un pouvoir beaucoup plus étendu ; que, devant le roi, il ne s'agit pas, comme devant la Cour de cassation, d'un règlement de compétence entre un tribunal et un autre tribunal ; qu'il s'agit, ce qui est autrement important, d'une lutte entre deux autorités indépendantes l'une de l'autre, l'autorité judiciaire et l'autorité administrative ; que l'ordonnance qui termine le débat ayant toujours pour effet nécessaire d'ordonner ou de défendre à l'administration de juger, elle a nécessairement dans tous les cas un caractère administratif ;

» Que le roi, lorsqu'il rend cette ordonnance, ne fait pas, comme la Cour de cassation, un simple acte de juridiction, mais qu'il agit comme administrateur suprême élevé non seulement au-dessus des corps judiciaires, mais de tous les pouvoirs publics, dont il règle les mouvements, et qu'il ramène dans les limites qui leur sont respectivement fixées par la loi ;

« Considérant qu'il serait dès lors contre tous les principes, et qu'il y aurait une sorte d'inconvenance à ne considérer le roi dans l'exercice de cette haute prérogative que comme un juge assis sur son tribunal, et l'acte émané de son autorité comme un simple jugement soumis à une formalité bursale ;

» Sont d'avis que les ordonnances rendues en matière de conflit sont des actes de haute administration, etc. »

Voilà un grand étalage de doctrine et de puissance.

On ne peut comprendre, disent-ils, sous la dénomination de jugements ou d'arrêts, que les décisions rendues sur des intérêts privés avec des formes judiciaires. Mais, en 1814, toutes les décisions du Conseil n'étaient qualifiées que d'arrêts. Est-ce que ces actes n'étaient pas alors ce qu'ils sont aujourd'hui ?

Les conflits, ajoute-t-on, ne forment pas contestation entre par-

ticuliers, mais entre les deux autorités publiques, administrative et
judiciaire qui revendiquent, etc. ; quelle mensongère assertion !...
On se présente devant les tribunaux, le conflit s'élève souvent
avant qu'ils sachent qu'ils sont saisis ; ils ne revendiquent donc pas
l'affaire.

Quand elle est pendante, ou même qu'elle est jugée, le plus souvent on ne leur a proposé aucune incompétence ; toutes les parties
étaient venues librement devant eux leur demander jugement ; ils
prononçaient, ils ne revendiquaient donc rien. Mais ce qui montre
la fausseté de l'affirmation, que la contestation existe entre les deux
autorités, c'est que l'administration y a d'abord le préfet qui, après
avoir élevé son conflit, donne et développe les raisons qui peuvent
l'appuyer ; elles sont d'autant moins négligées et incomplètes, que
fréquemment elles lui sont communiquées par la partie menacée ou
condamnée par les tribunaux : le Conseil d'État, autorité purement
administrative, y est aussi comme défenseur des agents administratifs, comme protecteur et conservateur des actes des ministres
et de leurs subordonnés ; il y est par-dessus tout comme juge suprême
d'intérêts aussi contradictoirement défendus : les tribunaux avec
lesquels, dit-on, existe le débat, n'y paraissent pas, n'ont aucune
qualité pour intervenir ; la partie elle-même n'y est point nécessaire. N'est-il dès lors pas faux de dire que la contestation existe
entre les deux autorités, administrative et judiciaire ?

Que signifient ces mots, « qu'il ne s'agit d'intérêts privés ni des lois
civiles, mais du maintien de l'ordre public et de l'exécution des lois
constitutionnelles ; que le Conseil d'État ne peut être saisi que par le
gouvernement lui-même ? etc., etc. »

Quelle pompeuse flatuosité d'expressions ! Croit-on, en mettant
des mots à la place des choses, faire croire à une réalité qui n'existe
pas. De tous les conflits, presque sans exception, je pourrais citer ceux-

là qui ont obtenu une grande publicité : celui élevé pour les marais de Donge : ceux de Palmerini, du cœur de Grétry, du Vaudeville, des papiers Cambacérès, n'avaient-ils pas pour but direct d'attaquer les droits et les intérêts privés ; le premier même avait été rejeté d'abord au Conseil d'État, comme ne se rattachant pas à l'administration ; il a été admis ensuite contre l'arrêt de Rennes, bien que la demande fût la même, et qu'elle fût également connue du Conseil à l'une et à l'autre époque. *Voy.*, au surplus, ces conflits où ils sont rapportés, ainsi que les observations que nous avons présentées sur chacun d'eux.

Que signifie cette allégation, « que le Conseil ne peut être saisi que par le gouvernement? » Entend-on par gouvernement, le ministre de l'intérieur, auquel le préfet adresse presque toujours son arrêté, ou le garde des sceaux, à qui il est transmis? cela ne présente que *vacua verba.*

L'autre raison, « que ces affaires sortent tellement de la classe des procès, que jusqu'en 1806 elles ont été instruites et décidées sans le concours des parties, sans qu'elles aient, etc., » est aussi tranchante. Le Conseil tire argument du fait antérieur à 1806, c'est-à-dire du désordre où étaient les affaires avant cette époque ; désordre qui démontrait déjà l'irrégularité de la justice administrative, puisqu'il n'y avait rien d'établi sur les formes et les actions dont elle s'était emparée, et qu'il a fallu faire cesser ce désordre.

« Que le droit de prononcer, ajoute-t-on, sur les conflits entre l'administration et les tribunaux, est une des prérogatives de la puissance royale, dont l'objet est de maintenir la division, etc. »

La prérogative royale est-elle autre chose ici que la coopération des ministres et du Conseil d'État ?

Dans un gouvernement constitutionnel, nul n'ignore que tout se fait au nom du roi, mais par les ministres, et de plus ici par leur conseil ; la prérogative royale n'est donc ici placée que pour colorer l'intervention des ministres et du Conseil d'État, qui veulent se masquer sous ce déguisement.

Tous les autres considérants pivotent sur la même invocation et la même inapplication. Mais comment le Conseil n'a-t-il pas senti la contradiction où il se plaçait, en mettant une décision sur conflit dans la bouche du roi, agissant comme administrateur suprême, élevé non-seulement au-dessus des corps judiciaires, mais de tous les pouvoirs publics, dont il règle les mouvements, et en prononçant une condamnation de dépens contre le particulier qui présente quelques observations contre le conflit? (*Voyez* notamment les observations que nous avons présentées sur la condamnation Ladevèze, page 403 du 1ᵉʳ volume.) Il faut convenir que c'est faire un grand étalage de puissance et de hauteur de juridiction pour arriver à un bien petit résultat, celui de condamner aux dépens le particulier qui devait être imperçu dans de si grands intérêts, et qui, par cela qu'il ne s'agissait que d'une grande question d'ordre public, ne devait pas être appelé à en faire les frais.

Disons donc, avec toutes les raisons qui se trouvent répandues abondamment dans cet ouvrage, et que nous ne croyons pas devoir répéter ici, qu'il n'y a dans cette ordonnance qu'un grand étalage de doctrines inapplicables qui semblent être le refrain habituel du Conseil; que cet étalage montre la volonté ministérielle et celle de MM. du Conseil; qu'ils ne parlent ainsi que dans la vue de tromper le public, et de chercher à perpétuer dans leurs mains un pouvoir qu'ils ne peuvent conserver dans un ordre un peu régulier.

Voici une ordonnance qui a regardé toutes les déclarations d'incompétence comme valables, et cependant n'a indiqué la compétence d'aucune autre.

Le ministre engage les préfets, et à Paris le maréchal commandant

dant, à suspendre, jusqu'à décision des tribunaux correctionnels, l'exécution des jugements rendus par les Conseils de discipline de la Garde nationale.

Plusieurs gardes nationaux s'étant pourvus par appel des décisions rendues contre eux par leurs Conseils de discipline, le tribunal correctionnel de la Seine a déclaré les appelants non recevables, attendu qu'il ne se trouvait investi par aucune loi du droit de connaître de ces décisions.

Ils recourent au ministre, qui de son côté se déclare incompétent, parceque les lois et règlements n'autorisent l'intervention de l'autorité administrative que pour l'exécution de ces décisions.

D'autres gardes nationaux s'adressent au Conseil de préfecture, qui se déclare aussi incompétent, par la raison qu'aucune loi ne lui attribue l'appel.

En cet état, le ministre qui s'était, dit-il, mis en avant sur un avis émis par le comité de législation, regarde ces décisions comme un conflit négatif qu'il porte au Conseil d'Etat, dont voici l'opinion :

« Considérant qu'aux termes des lois et règlements ci-dessus visés (*loi du 14 octobre 1791, arrêté du 13 floréal an VII, sénatus-consulte du 2 vendémiaire an XIV, décrets des 12 novembre 1806 et 5 avril 1813, ordonnances des 17 juillet 1816 et 30 septembre 1818*), l'autorité administrative ne peut intervenir que pour faire au besoin exécuter les jugements rendus par les Conseils de discipline de la Garde nationale ; et qu'aucune disposition de ces lois n'autorise à recourir contre lesdits jugements, soit devant notre ministre de l'intérieur, soit devant les Conseils de préfecture ;

» Considérant que la disposition de ces lois et règlements n'a ouvert la voie de l'appel devant l'autorité judiciaire contre les jugements desdits Conseils, rendus dans les limites de leur compétence ; et que ces jugements ne seraient susceptibles d'être attaqués que pour incompétence ou violation de la loi, devant la Cour de cassation ;

» Que le tribunal, notre ministre de l'intérieur et le Conseil de préfecture se sont avec raison déclarés incompétents; et qu'il n'y a lieu de réformer aucune des déclarations d'incompétence. »

6 février 1822.

Ainsi a fini cette affaire, qui a été mise en mouvement par le ministre et une section du Conseil d'État, et qui a eu une tout autre issue que celle qu'ils annonçaient, sur de pareilles autorités: les parties se sont engagées devant les tribunaux et devant l'administration; elles ont fait les frais de pareilles instances; et, comme si l'autorité n'avait voulu leur tendre qu'un piége, ou comme si elle avait voulu donner la preuve de sa faiblesse et de sa mobilité, elles ont succombé partout, et sont revenues, moins les pertes de temps et d'argent, au point d'où elles étaient parties. Telle est en France la foi qu'il faut ajouter à de pareils avis.

Ce mal, quel qu'il soit, est encore moins grand que celui résultant de cette fameuse ordonnance du 29 avril 1827, qui, pour satisfaire le mécontentement particulier d'un ministre, ou les exigences d'un ennemi public qui redoutait de voir les citoyens armés, n'a pas craint de compromettre le roi, soit en le présentant comme instrument de vengeance, pour outrages qu'il n'a point reçus, soit comme ayant médité à l'avance le coup qu'on lui a fait porter, et qui tendrait à faire rejaillir sur le trône la dissimulation et la perfidie de ministres qui semblent agir pour faire naître de pareilles conjectures.

A la différence de tant d'autres organisations qui n'existent que par et pour les abus, ou pour servir de cortège et d'auxiliaires salariés pour l'honneur et l'appui de nos ministres, celle de la Garde nationale, moins l'imperceptible abus de l'état-major, n'en offrait aucun. L'élite des citoyens de la capitale se livrait, autant par dévoue-

ment que par raison, à un service que nul corps armé n'eût pu suppléer. Dans les moments de deuil et de dangers, les chefs de manu-
factures et d'ateliers quittaient la surveillance de leurs propres
affaires pour celle de la tranquillité publique, pour l'honneur de
garder leur roi, leurs députés, leurs municipaux. Le bien qu'ils avaient
fait, dans des temps qu'il faut oublier, donnait la sécurité pour l'avenir, et semblait faire croire que nous étions sauvés pour toujours.
Sous son bonnet à poil, le citoyen, formé depuis plusieurs années,
semblait dire à l'étranger, Tu ne reviendras plus... Si, il y a quelques
années, nous n'avons pas défendu avec ardeur la cause d'un seul,
nous sommes prêts maintenant à mourir pour le pays, pour la conservation de nos droits, et pour notre loi fondamentale, si on es-
sayait jamais de nous la ravir à force ouverte.

C'est ce langage, qui se traduisait par celui de, *A bas les ministres!*
que quelques personnes ont pu proférer, que des hommes en délire
ont voulu faire taire. Ce cri licite et constitutionnel était alors national et populaire; aussi n'a-t-on pas osé le blâmer publiquement.
Les tribunaux, s'ils eussent été appelés à l'apprécier, auraient-ils
pu le condamner? En portant la hache au milieu de la Garde nationale, des ministres insensés ont attaqué et meurtri une fibre trop
délicate, pour que cette faute, si elle était la seule, reste impunie.
Avec de pareilles mesures, que voulaient-ils? Où nous conduisaient-
ils? L'avenir a avancé sur eux, et ne les a point écrasés. (Ils se sont
retirés avec le titre de ministres d'État, 20,000 fr. de traitement, et
chacun une pairie.)

Nous ne voulons pas parler ici des questions de compétence qui
s'agitent fréquemment devant l'une et l'autre autorité, dans toutes
matières sans distinction: tels sont les cas où le Conseil d'État, sous
le prétexte de couvrir ses agents d'une protection nécessaire, ou
d'intérêts politiques menacés, annulait d'emblée, et sur le rapport

d'un ministre, soit des jugements émanés des tribunaux correctionnels et criminels, soit des jugements rendus par des tribunaux civils, en matière de domaines nationaux et d'émigration, encore
bien que les préfets n'eussent point élevé de conflit. *Voyez* notamment *les arrêts des 12 vendémiaire an* X, *22 fructidor an* XI, et
décrets des 15 mars et 15 juin 1807. Ces questions s'encadraient si
bien dans notre ouvrage, que nous aurions pu les y faire entrer ; mais
en multipliant les exemples, ce serait étendre le cercle dans lequel
roulent des empiètements de tous les genres ; nous ne serions toujours
arrivé qu'au même résultat, celui de rendre évidents les abus du système actuel, à raison des attributions si mal spécifiées des deux pouvoirs et de la supériorité donnée à l'autorité administrative, à qui la
victoire reste toujours s'il y a lutte, et si les ministres, leur amour-
propre ou leurs agents s'y engagent, ou seulement s'y interposent
officieusement.

D'ailleurs nous sortirions de notre texte de conflit, déjà assez
fécond pour que nous ne l'étendions pas encore.

Nous ne pouvons cependant nous dispenser d'examiner la prérogative encore réservée au Conseil d'État, sur les fonctionnaires
administratifs, lorsqu'ils se sont mis dans le cas d'être poursuivis
pour contravention, peine ou délit.

Ce point de contact ou de contradiction entre les deux autorités
établit une sorte de conflit : à raison des personnes : nous allons nous
en occuper dans les chapitres suivants.

LIVRE SEPTIÈME.

CHAPITRE I.

La constitution de 1791 avait bien fait la démarcation des pouvoirs, mais la Convention nationale ayant, par son premier acte, abattu la royauté, elle s'empara de la succession ; par là elle devint puissance législative ; elle y joignit la puissance exécutive, puisqu'elle ne mit rien à la place de celle qu'elle venait de renverser.

Centre unique de pouvoir, les petits tribunaux qu'elle organisa gravitaient autour d'elle ; ils ne pouvaient rien faire pour gêner l'action ni arrêter l'impulsion de ce colosse qui pesait sur le monde entier.

Mais par la constitution de l'an III, l'autorité exécutive étant reconstituée et placée dans les mains de cinq directeurs, ceux-ci crurent entrer dans l'esprit de leur organisation et dans les besoins du temps, en créant des lignes séparatives de la sphère dans laquelle se mouvaient leurs agents, et de celle dans laquelle devaient rester les tribunaux ; en divisant ainsi l'action, ils croyaient faire cesser la confusion qu'ils avaient trouvée établie, et qui avait produit de si désastreux effets. Ils n'eurent pas le temps de voir qu'en s'élevant contre les tribunaux, et en introduisant le système affreux des conflits, qui date de là, ils frappaient sur l'endroit où le mal n'avait point existé : au lieu de démarquer les pouvoirs, ils tendaient à les confondre ; ils arrivaient sur l'ordre judiciaire, en dehors duquel avait été placé le tribunal révolutionnaire, et qui faisait, avec les commissions temporaires qui avaient été créées, une exception tout-à-fait distincte et accidentelle.

Le directoire commit la grande faute de montrer de la défiance contre les tribunaux : il ne pouvait rétablir l'ordre que par eux et avec eux, il attaqua au contraire leur autorité ; il imagina les conflits, et immisça par là l'administration dans le pouvoir judiciaire. Nous n'avons rien à ajouter ici à tout ce qui a été dit sur cette matière en général. Il ne nous reste à en parler que pour ce qui touchait les poursuites dirigées contre les fonctionnaires, ou les jugements rendus pour ou contre eux.

Nous ne voulons pas examiner le motif politique qu'on appelait aussi alors comme aujourd'hui la raison d'État, qui a plusieurs fois déterminé le directoire à annuler :

1° Les jugements des commissions militaires, qui renvoyaient fréquemment les prévenus d'émigration traduits devant elles, absous et libres. *Voyez* ses arrêtés des 6 pluviôse et 16 ventôse an V ;

8 ventôse, 6, 28 fructidor an VI ;

16 brumaire ; 8, 12 nivôse ; 24 pluviôse ; 24 ventôse ; 2, 24, 28 floréal ; 2, 14 prairial ; 7, 27 messidor ; 21, 28 thermidor ; 1er, 8 fructidor an VII ;

21 vendémiaire an VIII ;

2° Les ordonnances des directeurs de jury qui prescrivaient la mise en liberté des déserteurs. *Voyez* les arrêtés des 26 germinal et 18 floréal an V ;

3° Celles qui absolvaient les prêtres déportés, par le motif, porte un arrêté du 28 fructidor an VI, que les prêtres déportés, rentrés ou déportables, ne sont pas justiciables des tribunaux, et que la dépor-

tation qu'ils ont encourue doit être ordonnée et exécutée par l'administration centrale, devant laquelle les directeurs de jury et les tribunaux doivent toujours les renvoyer lorsqu'ils sont conduits devant eux.

Voyez arrêté du 28 fructidor an VI.

Les gouvernements, même les constitutionnels chargés de l'administration, n'agissent ou n'exécutent que par des ministres placés au
faîte de l'administration; ceux-ci, tant par faiblesse humaine que par
erreur sur leurs pouvoirs, croient ne devoir laisser rien échapper de
celui que leurs devanciers ont exercé. Nous avons vu que, sous prétexte
que des affaires portées devant les tribunaux étaient administratives,
ils les revendiquaient ou les faisaient revendiquer par leurs agents;
et comme s'ils n'avaient point encore assez fait en soustrayant, à
raison de la matière, les contestations soumise à l'ordre judiciaire,
ne pouvant s'attribuer la connaissance des crimes ou de délits, ils
ont imaginé d'étendre les conflits à raison des personnes. Le prétexte
du bien public a, comme de raison, été mis en avant.

L'administration ne pouvait être entravée dans sa marche par l'enlèvement inopiné d'un fonctionnaire, qui, traduit devant la justice
criminelle sur une plainte téméraire, laisserait en souffrance le
rouage auquel il est appliqué.

Le roi, dit-on, régulateur suprême de toute justice, ne peut abandonner les agents aux coups qu'on veut leur porter; il leur doit garantie et protection contre toutes les attaques auxquelles ils sont
exposés, etc.; voilà entre autres les motifs allégués pour empêcher
non seulement condamnation, mais même poursuite contre les fonctionnaires, à raison de crimes, délits ou contravention.

Quoiqu'il fût facile de voir que ces raisons, et particulièrement
la dernière, n'eussent pu tout au plus s'appliquer qu'au cas où le délit
aurait été commis dans l'exercice, ou du moins, à l'occasion de l'exer-

cice des fonctions, elles n'ont pas moins fait admettre qu'en aucune circonstance le fonctionnaire ne pouvait être poursuivi sans qu'au préalable la partie poursuivante, qu'elle fût publique ou privée, n'en eût obtenu la permission du Conseil d'Etat.

Le directoire exécutif, cherchant à refaire un pouvoir absolument brisé, n'a pas été tout-à-fait étranger à l'empiètement. Dans un arrêté du 16 floréal an V il s'exprime ainsi :

« De ce que l'autorité judiciaire ne peut s'arroger le droit de s'immiscer dans les opérations administratives, il n'en résulte pas que des administrateurs qui ont commis des délits dans l'exercice de leurs fonctions, doivent rester sans punition ; mais que c'est au directoire exécutif qu'il appartient, d'après l'art. 196 de la constitution, de décider si les délits par eux commis comme administrateurs, donnent lieu à des réparations ou à des peines dont la poursuite doit être renvoyée devant les tribunaux ; qu'ils ne peuvent connaître des actes d'administration réputés délits, soit qu'ils aient été commis par des administrateurs seulement, soit même qu'ils l'aient été par des administrateurs conjointement avec d'autres citoyens, sans que le directoire exécutif ait renvoyé l'affaire et les prévenus devant les tribunaux, conformément à l'art. 196 de l'acte constitutionnel. »

On trouve aussi énoncé dans le long arrêté du 2 nivôse an VI : « En aucun cas, les administrateurs ne peuvent être traduits devant les tribunaux pour raison de leurs fonctions, sans l'autorisation spéciale du directoire. »

On en concluait que tous les mandats d'amener et d'arrêt, les actes d'accusation, citations en justice, procédures, ordonnances, jugements de condamnation contre les agents du gouvernement, sans autorisation préalable, étaient annulés par voie de conflit, sauf la mise en jugement postérieure.

Voyez arrêtés des 3, 12 floréal, 5 prairial, 16 thermidor, 16 fruc-

tidor an IV ; 13 vendémiaire ; 4 , 22 brumaire ; 16, 24 nivôse ; 6 , 7 ,
14 pluviôse ; 18 germinal ; 1ᵉʳ, 14 , 26 floréal ; 24 prairial an V ;

28 brumaire , 2 nivôse an VI ;

14 vendémiaire , 12 nivôse an VII.

Un arrêté du 1ᵉʳ floréal an V dit même qu'en admettant que le fait
argué ne constituât pas une opération administrative, les tribunaux
ne peuvent le réputer crime et le punir ; qu'il n'est pas même, en ce
cas , permis aux juges de décerner des mandats d'arrêt.

Un autre du 2 vendémiaire an VII maintient un conflit, élevé à
raison de ce que la partie qui poursuivait l'État n'avait pas remis son
mémoire à l'administration dans les formes prescrites par l'art. 15 de
la loi du 5 novembre 1790.

Enfin un du 18 vendémiaire an VI étend la garantie,

Aux gardes nationaux et aux particuliers qui leur prêtent main-
forte : « Parceque la force armée agissant d'après les ordres des administrateurs, n'est responsable de sa conduite qu'aux autorités administratives qui l'emploient, et que les particuliers qui se joignent à
elle, participent à la même garantie. »

Et aux officiers de l'état civil pour faux commis dans les registres ,
attendu que les actes de naissance , mariage et décès, font partie des
fonctions administratives. Voyez arrêtés des 12 pluviôse et 24 germinal an VII.

Le directoire se fondait sur la loi du 14 décembre 1789, qui porte
seulement que les officiers municipaux ne peuvent être mis en jugement pour des délits d'administration , sans une autorisation préalable du directoire du département ;

Et sur la loi du 24 août 1790, qui défend aux juges , sous peine de
forfaiture , de citer devant eux des administrateurs à raison de leurs
fonctions.

On voit que la première loi ne commande que l'autorisation du directoire du département, et seulement en faveur des officiers municipaux ;

Que la deuxième ne s'applique qu'aux administrateurs poursuivis à raison de leurs fonctions ;

Le directoire, envahisseur comme tout autre pouvoir contre lequel le citoyen, l'ordre judiciaire ou même l'ordre législatif, n'ont aucune garantie d'exécution, a évidemment dépassé les bornes. Il faisait déjà alors ce qui s'est constamment répété depuis : pour avoir deux il s'appuyait sur la loi qui lui concédait le droit de faire un ; ensuite pour trois, il joignait à la loi ce qu'il avait fait ; puis d'addition en addition, il arrivait avec une loi environnée d'un cortége de précédents auxquels il n'était presque plus possible de se soustraire.

L'art. 75 de la constitution de l'an VIII, devenu si fameux par toutes les discussions qu'il a suscitées, sur le point de savoir s'il était conservé par notre nouvelle Charte, s'il était conciliable avec elle, porte :

« Les agents du gouvernement, autres que les ministres, ne peuvent être poursuivis pour des faits relatifs à leurs fonctions, qu'en vertu d'une décision du Conseil d'État : en ce cas, la poursuite a lieu devant les tribunaux ordinaires. »

Il n'en fallait pas tant à un gouvernement comme celui de Bonaparte pour lui fournir un texte sous lequel il ferait entrer, sans aucune exception, toutes les poursuites actives ou passives, et tous les fonctionnaires et agents quels qu'ils fussent.

Dès le 19 germinal an VIII, il rend un arrêté ainsi conçu :

« Les consuls de la république, en vertu de la décision du Conseil d'État, prise conformément à l'art. 75 de la constitution ;

Arrêtent que (*l'agent désigné par ses nom, prénom et qualité*) prévenu de (*retracer le délit*) peut être, pour ledit fait ou lesdits faits, poursuivi devant les tribunaux ordinaires. »

Il y a de plus le *nota* suivant :

« S'il s'agit d'un délit pour lequel la république soit naturellement elle-même partie poursuivante, et à l'égard duquel il s'agisse, non d'une simple autorisation, mais d'une disposition, il faut substituer aux mots *peut-être* de la formule ci-dessus, celui-ci, *sera*, etc. »

Depuis, un arrêté du 9 pluviôse an X autorise le directeur de l'enregistrement et des domaines, comme l'ont été ensuite les autres directeurs généraux, à traduire devant les tribunaux, sans recourir au Conseil d'État, les agents inférieurs de son administration.

Un décret du 9 avril 1806 porte que « la nécessité de l'autorisation ne fait point obstacle à ce que les magistrats chargés de la poursuite des délits informent et recueillent tous les renseignements relatifs aux délits commis par les agents du gouvernement ; mais qu'il ne peut être, en ce cas, décerné aucun mandat ni subi aucun interrogatoire juridique, sans autorisation préalable du gouvernement. »

Enfin le gouvernement s'est donné une garantie d'exécution dans les articles 127, 128 et 129 du Code pénal.

Les mises en jugement, d'abord placées dans les attributions de la section de législation, même dans celles de la section de l'intérieur, passèrent, d'après une ordonnance du 29 juin 1814, au comité du contentieux.

Une autre, du 20 septembre 1815, veut que les rapports sur la mise en jugement des fonctionnaires publics soient faits au comité du contentieux, qui, sous notre approbation, statuera sur les affaires ainsi qu'il appartiendra, et dans les formes voulues par notre ordonnance du 23 août dernier. (*Voyez* cette ordonnance, page 289, 1er volume.) Du reste, nous n'y trouvons que des pratiques générales, et aucune de particulière à l'autorisation dont il s'agit.

Notre Charte ne dit pas un mot sur ce point ; ce qui autorise à conclure qu'elle n'a pas voulu introduire dans le nouveau système qu'elle

établissait, ce qu'elle avait trouvé dans l'ancien; que les chartes se
détruisant nécessairement l'une par l'autre, puisque chacune d'elles
forme corps entier et spécial de haute législation, il est absurde de
les faire chevaucher, comme les lois, l'une sur l'autre; on ne peut,
comme avec les lois, expliquer l'une par l'autre, ni prendre dans
l'une une partie abrogée pour supplémenter l'autre: par là on cour-
rait risque d'avoir une constitution pleine de bigarrures et de contradictions; elle deviendrait inévitablement incohérente et inexécutable.

CHAPITRE II.

*Énumération des fonctionnaires soustraits à l'action des lois. — Jurispru-
dence du Conseil sur cette partie. — Le ministère Peyronnet ne veut plus
le laisser publier.*

Si ces raisons, et plusieurs autres qu'on pourrait ajouter, détrui-
saient l'article 75 de la constitution de l'an VIII, nos ministres,
désarmés de l'arbitraire dont ils ont si amplement usé jusqu'à ce jour,
eussent laissé tous les citoyens sous le droit commun; ils n'auraient
pu que se rattacher aux deux lois ci-dessus, des 14 décembre 1789
et 24 août 1790; ce qui ne leur suffisait pas; ils ont donc pris l'article 75, les actes impériaux, et, chaque fois que l'occasion s'en est
présentée, le Conseil d'État a fait sentir la nécessité de son autorisation de poursuivre toute espèce d'agents, même temporaires; il a
suffi qu'un fil quelconque pût les rattacher à l'administration.

Ainsi, les conseillers d'État, les ecclésiastiques, les préfets, sous-
préfets, maires et adjoints, les militaires de tout grade en activité
de service, les intendants militaires, ceux de la marine, les consuls

et vice-consuls, le préfet et les commissaires de police, les membres
des Conseils de révision pour le recrutement de l'armée, les membres
des bureaux de bienfaisance et les administrateurs des hospices, les
employés des domaines, des octrois, des monnaies, les préposés à la
navigation, les vérificateurs des poids et mesures, les directeurs, percepteurs, receveurs particuliers et receveurs généraux des contributions directes, les inspecteurs et directeurs des postes, les gardes
forestiers des domaines de l'État, de la couronne et des princes
apanagés, les gardes-pêche, les gendarmes, ne peuvent être poursuivis en justice criminelle ou correctionnelle sans la permission expresse du Conseil d'État.

Cette permission même est exigée pour les agents destitués ou
démissionnaires, comme pour ceux en activité de service.

Le motif qu'on ne doit pas conserver à des agents infidèles destitués, révoqués, ou ayant abandonné, un privilége qui n'est établi
que dans l'intérêt du service; qu'il n'y a aucune raison de le prolonger au-delà de l'exercice des fonctions, a cédé à l'arbitraire que nos
ministres ont voulu se réserver, et qu'ils ont coloré de cette raison
générale et banale, que la garantie couvre les fonctions, et non le
fonctionnaire. Ordonnances des 24 octobre et 14 novembre 1821.

La poursuite *ad nutum*, et sans autorisation, n'appartient qu'aux ministres. C'est, dit M. de Cormenin, ce que le Conseil d'État, après
une délibération, a décidé par ordonnance du 14 décembre 1825,
d'où il résulte encore :

« Qu'une autorisation nouvelle est nécessaire, pour des faits ou nouveaux ou omis dans la première demande. » Ordonnance du 14 novembre 1821.

» Que la garantie couvre les héritiers des agents du gouvernement,
poursuivis par voie civile, à raison d'actes ou de faits commis par
leur auteur. » Ordonnance du 29 janvier 1823.

D'après un décret du 15 mars 1806, on admettait que les tribunaux ne devaient pas recevoir les plaintes des particuliers, ni y donner suite, avant qu'il n'eût été justifié de l'autorisation du Conseil d'État, alors même que la contestation serait du ressort des tribunaux.

Cette prétention était par trop abusive, la forme ici emportait le fond, et amenait ce résultat, que, sans s'arrêter au fond de l'affaire, il ne fallait qu'examiner l'autorisation du Conseil: que là où elle n'existait pas, quelque compétents que fussent les tribunaux auxquels le procès avait été soumis sur le fond, il fallait qu'ils s'abstinssent de prononcer; que s'ils le faisaient, leur décision devait disparaître, sauf à recommencer devant eux, puisqu'eux seuls peuvent statuer, lorsque l'on se sera humblement présenté au Conseil d'État pour avoir son consentement. Cette jurisprudence a été tout récemment modifiée par le Conseil d'État, qui a bien voulu reconnaître qu'on ne pourrait élever conflit que quand la question serait administrative.

Le Conseil par là n'a rien décidé, puisqu'il se réserve ainsi d'évoquer encore pour déclarer si la question est administrative ou judiciaire; de sorte que, malgré cette ordonnance, qui semble avoir repoussé les conflits, il y a moyen d'en élever encore.

La Cour de cassation, qui a eu à se prononcer sur ce dernier point, a malheureusement donné l'exemple d'une vacillation qui l'a mise en contradiction avec elle-même.

Par un premier arrêt du 23 mai 1822, elle a dit que c'était aux tribunaux à apprécier et à caractériser l'acte incriminé.

Par un deuxième arrêt, elle est revenue à une tradition impériale, en date du 13 novembre 1809, elle a déclaré, le 5 août 1823, que le Conseil d'État devait examiner préalablement la qualité dans

2.   28

laquelle l'agent inculpé a agi , et si le fait incriminé peut ou non donner lieu à poursuite.

Il est à regretter que cette Cour se soit ainsi démentie elle-même, dans une circonstance où il y avait si peu lieu de le faire. Dès que par l'arrêt de 1822 il y avait eu changement à celui de 1809, comment concevoir qu'un an après elle en opère encore un autre, quand on ne rencontre aucun texte de loi qui force cette rétrogradation ? Quel motif y a-t-il donc de donner la préférence à l'administration ? Tout au plus aurait-on pu dire que l'autorité devant laquelle les parties se trouvaient, à laquelle la question était soumise, devait la décider. Il n'est guère concevable ni régulier que quand les tribunaux seront saisis, ils s'arrêtent tout court, pour renvoyer à l'administration, pour savoir s'ils sont ou non compétents ; ils ne peuvent dépendre ainsi de MM. du Conseil ; c'est bien assez du fait, sans qu'ils le reconnaissent eux-mêmes comme droit, sans qu'ils se mettent à la merci d'un pouvoir dont ils ne peuvent en aucune façon dépendre.

A la suite des ministres, qui ne sont retenus par aucun frein, et peuvent d'emblée traduire en justice ou ordonner des poursuites, viennent les directeurs généraux : des arrêtés, dits réglémentaires, des 17 nivôse , 9 pluviôse an X , 28 pluviôse an XI , les autorisent à traduire devant les tribunaux les agents de leur administration , sans recourir à la décision du Conseil d'État. Voyez aussi ordonnance du 22 juin 1825.

Un, du 29 thermidor an XI, accompagné d'une circulaire du ministre de l'intérieur, du 2 vendémiaire an XII, vient faire participer les préfets à la faveur; il les autorise pour la mise en jugement des préposés de l'octroi municipal;

Un autre, du 10 floréal an X , suivi de deux ordonnances des 12 mai et 2 juin 1819, leur donne le droit de traduire également devant les tribunaux, les percepteurs des contributions pour faits relatifs à leurs fonctions.

Ce qu'il y a de singulier, ce sont les biais, les correctifs de toute sorte que le Conseil apporte, soit pour surseoir à la demande en autorisation, soit pour la rejeter.

Ainsi, il dit qu'il y a lieu à surseoir :

1° Quand le procureur général en transmettant les pièces n'a pas émis d'avis.

Quel avis le procureur général, qui n'est qu'un agent de l'administration, a-t-il à donner? Comment faire souffrir la partie poursuivante du silence de M. le procureur général, qu'il faut réprimander ou punir, si, devant transmettre son avis avec les pièces, il ne l'a pas fait.

2° Lorsque le réclamant ne justifie d'aucune plainte, ou qu'il ne s'est pas constitué partie civile.

Des ordonnances des 12 mai 1820, 5 juin 1822, n'exigeaient pas cette constitution civile; nous ne savons sur quoi est fondée cette exigence nouvelle de l'ordonnance du 12 février 1823; on ne trouvait sans doute aucun moyen de refuser l'autorisation, et l'on a imaginé celui-là; comme il n'est apprécié par aucune autre autorité, il suffit qu'il y en ait un quel qu'il soit; mais il ne tire souvent pas à conséquence, car le Conseil l'abandonne bientôt, s'il ne lui convient plus. Voyez encore ordonnance 21 février et 2 août 1821.

3° Lorsqu'il n'a pas été donné avis au ministre de l'agent inculpé. Ordonnance du 24 mai 1826.

Mais qui est-ce donc qui doit donner cet avis? Que le Conseil le donne s'il le croit nécessaire; la partie qui s'adresse au Conseil d'État fait tout ce qui est prescrit; il y a déjà assez de formes et d'arbitraire, sans que le Conseil en ajoute encore de la nature de ceux-ci.

28.

4° Quand l'instruction préalable voulue par l'art. 8 de la loi du 8 germinal an X, contre un ecclésiastique, pour abus dans ses fonctions, n'a pas été faite. Ordonnance du 19 mars 1817.

5° Lorsqu'il s'agit d'examiner le recours de l'agent inculpé contre la commune ou le gouvernement. Ordonnances 23 février 1820, 22 janvier 1824.

Les cas où le Conseil d'État a refusé l'autorisation de poursuivre sont innombrables. Il y a bien eu beaucoup d'ordonnances motivées qui ont été publiées; un grand nombre d'autres ne mentionnent que le refus, sans énoncer aucune raison.

Depuis nos ministres ont commandé un *incognito* absolu; ils ont fermé les archives du Conseil d'État sur ce point qu'ils veulent exploiter hors de tous regards et de toute discussion; on n'a pas même la ressource ordinaire des parties intéressées, pour avoir la communication, puisqu'il n'y en a point d'appelées, et que tout se passe dans les ténèbres et le mystère entre le Conseil d'État, les préfets et les procureurs généraux, défenseurs naturels et indépendants, comme on le sait, des citoyens contre les entreprises ou les attaques des ministres par leurs agents. Témoin la dernière plainte portée par MM. Noël à l'occasion des élections de Meaux, faites en juin 1827, contre le sieur Goyon, préfet de Seine-et-Marne. Les scandaleuses éliminations d'électeurs opérées par le préfet ne peuvent rester impunies; il est à croire que nos ministres se prêteront aux poursuites pour faire réprimer les écarts et les excès de zèle de leurs agents; s'il en était autrement, ils ne permettraient pas de douter qu'ils aient commandé les manœuvres et les suppressions, et qu'ils s'en soient rendus les instigateurs et les complices; il serait temps de faire justice de pareils attentats au seul droit civique qu'exercent aujourd'hui les Français; il serait temps de refouler les préfets, sous-préfets et autres salariés à la suite, dans le cercle de leurs attributions administratives, déjà assez étendues; cercle qu'ils ne peuvent jamais franchir, moins encore dans les élections qu'en tout autre cas, sans encourir les peines prononcées.

Depuis l'apparition du *Recueil des arrêts du Conseil*, M. Macarel avait publié, au moins énoncé les ordonnances rendues sur les autorisations demandées; bientôt la source lui fut fermée; depuis plusieurs années toute communication lui est refusée; il ne donne plus rien sur ce sujet; c'est une mine que nos ministres et leur Conseil d'État veulent exploiter pour eux seuls et en secret.

Sous prétexte que les ordonnances qui autorisaient les poursuites ne doivent point influencer la justice, elles n'ont jamais été motivées; mais il n'en pouvait être de même de celles qui refusent; c'est bien la moindre chose que le Conseil fasse connaître et ose avouer la raison pour laquelle il soustrait un fonctionnaire à l'action de la justice réglée et commune à tous. Néanmoins depuis quelque temps ces motifs ont été reconnus inutiles ou trop embarrassants; on n'emploie plus que cette forme: *Il n'y a pas de motifs suffisants pour accorder l'autorisation.*

Ordonnances 1ᵉʳ, 6 septembre; 19, 30 octobre; 30 novembre, 14 décembre 1825.

2, 11, 16 janvier; 22 février; 15 mars; 5, 19 avril 1826.

Nous ne pouvons que nous reporter au passé pour avoir une idée, non de ce que veut faire le Conseil d'État à l'avenir, mais de ce qu'il a fait jusqu'aux temps où l'on a pu pénétrer dans l'antre mystérieux de ses fabrications.

Ainsi le Conseil a refusé la poursuite:

1° Lorsque les maires, adjoints, préfets et sous-préfets ont préjudicié, dans l'exercice et les bornes de leurs fonctions, à des particuliers ou à des communes. Il suffit, dit-on, que l'abus de ces actes puisse être réparé par l'autorité administrative.

Voyez ordonnances 25 février , 23 avril , 18 novembre 1818;

4 mars , 12 mai , 17 novembre 1819;

9 juillet 1820;

2 , 22 février , 18 juillet 1821.

Nous sommes assez peu accoutumés à ces réparations administra-tives pour ne pas douter que tous les citoyens , peut-être sans aucune exception , ne préféreraient les demander aux tribunaux; mais l'ad-ministration , qui aime à être juge et partie , ordonne qu'il en soit autrement. Si elle peut ainsi le vouloir elle ne peut le faire trou-ver bon.

2° Lorsque la demande d'autorisation a lieu incidemment à une instance contentieuse. Ordonnances 22 février 1821 , 13 mars 1822.

3° Quand les maires , préfets , généraux , et autres agents du gouver-nement , sont recherchés pour des actes qu'ils ont commis par ordres supérieurs , ou qui ont été approuvés par les ministres.

Ordonnances 25 juin , 3 décembre 1817;

22 juillet 1818 ;

23 juin , 17 novembre 1819;

9 juillet 1820 ;

22 février 1821 ;

7 mai 1823 ; 22 juin 1825.

4° Lorsque l'employé a tué ou blessé le délinquant , et qu'il peut dire qu'il a mal entendu les ordres de son supérieur , celui-ci même n'est pas coupable.

Le sieur Marder, contrôleur des douanes , et Dugat , préposé à la résidence d'Engle-Fontaine (Nord), étaient prévenus d'avoir tué Longuet , étant en exercice de leurs fonctions. L'autorisation n'a été accordée qu'à l'égard du sieur Dugat.

Une ordonnance du 1er décembre 1824 a jugé aussi que quand l'acte produit par les agents de la force armée ne constituait pas un ordre de mettre en prison, mais une simple réquisition d'arrêter, l'exécuteur seul devait être mis en jugement.

Il suffit d'énoncer ces décisions pour en sentir l'illégalité; s'il fallait les envisager sous le rapport du droit public et constitutionnel, elles entraîneraient des discussions très étendues; restreintes dans les termes du droit positif, elles ne peuvent se tolérer; il ne suffit pas de la déclaration d'un coupable pour, à l'aide d'une simple application, soustraire un autre coupable. Comment, d'ailleurs, est-ce le Conseil d'État qui peut, à la volée, et sans débats contradictoires, apprécier ces moyens, et soustraire ainsi un coupable à l'action de la justice et à la vengeance des lois? Il ne faut pas oublier de voir que le refus d'autoriser opère, à l'égard du prévenu, plus d'effet qu'un jugement d'absolution ou d'acquittement; il lui évite non seulement les débats publics, mais les désagréments d'une arrestation préalable, qui n'est pas rare chez nous, et qui est toujours employée dans les matières criminelles. La société outragée peut d'autant moins adresser de reproches au malfaiteur, que, n'ayant pas même été mis en jugement, nul ne peut présumer la moindre culpabilité.

5° Lorsque les délinquants ont agi sans ordre du maître, par conséquent sans son intervention.

Ordonnances 8 septembre 1819;

5 septembre, 19 décembre 1821.

6° Lorsque les délits ont été commis par les gardes forestiers, ou des préposés des domaines ou des douanes, et que l'administration n'est pas d'avis de la poursuite, ou seulement n'y intervient pas.

Ordonnances 18 janvier, 13 février 1815;

14 janvier 1818;

8 septembre 1819, 19 février 1823.

7° Lorsqu'il n'y a pas de partie civile, qu'elle s'est désistée, ou

que le préfet, le procureur général ou les ministres ne sont d'avis
de poursuivre.

Ordonnances 14 septembre 1814;

1er mars 1815;

25 février 1818;

5 février, 4 mars, 12 mai, 8 septembre, 17 novembre 1819;

11, 23 février 1820;

2 février, 8 août, 5 septembre 1821;

15 mars, 17 avril 1822.

8° Lorsque le Conseil reconnaît qu'il résulte des plaintes ou des
déclarations testimoniales, ou des circonstances, ou des avis des procureurs ou directeurs généraux, des préfets ou des ministres, ou des
autorités locales :

Que les faits dénoncés sont faux, que l'agent a été de bonne foi,
qu'il n'y a eu que négligence ou inattention de sa part, et que le fait
ne peut donner lieu contre lui qu'à des mesures administratives.
Nous passons toutes les années antérieures, et n'indiquons que les
ordonnances :

4, 31 mars, 12 mai, 1er, 8 septembre, 30 octobre 1819.

23 février, 17 juin 1820;

2 février, 8 août, 5 septembre, 31 octobre 1821;

16 janvier, 6 février, 13 mars, 17 avril, 29 mai 1822;

29 janvier, 12, 26 février, 16 avril, 29 octobre, 5 novembre,
17 décembre 1823;

4, 18 février, 7, 28 avril, 12, 21, 26 mai, 9, 23 juin, 21 juillet,
4, 11 août, 4, 17 novembre, 1er décembre 1824;

12 janvier, 4 mai, 22 juin, 27 juillet 1825.

9° Lorsque les mesures incriminées ont été employées en vertu
des lois d'exception.

Ordonnances 12 juillet 1818;

8 septembre 1819;

12 février 1823;

4 novembre 1824.

10° Lorsqu'il n'existe pas quant à présent de charges suffisantes.

Ordonnance 23 octobre 1816.

11° Lorsqu'en matière de conscription, les maires, préfets et sous-préfets, ont été poursuivis en matière de conscription pour autres délits qu'escroquerie et concussion.

Ordonnance 23 août 1814.

12° Lorsque les douaniers, gardes forestiers ou autres agents n'ont pas été aggresseurs dans une rixe d'où sont résultés meurtre ou blessures, ou que le délit de contrebande à main armée résulte de la saisie des objets et des armes trouvées sur le terrain.

Ordonnances 30 janvier, 13 février 1815;

18 avril, 28 mai, 11 septembre 1816;

10, 11 décembre 1817;

17 juin, 12 décembre 1818;

5 février, 2 juin 1819;

20 février, 13 mars 1822;

19 novembre 1823.

13° Lorsque l'arme qui a frappé n'a fait explosion que par accident.

On voit combien sont futiles tous ces motifs d'ordonnance; si on les prenait plus en détail, on verrait que non seulement le Conseil d'État s'arroge le pouvoir judiciaire, mais qu'il en prend un beaucoup plus étendu. En effet, il juge sans débats, sans contradiction; il tranche même les questions intentionnelles qui n'appartiennent qu'au jury.

Il se constitue appréciateur des faits tels qu'ils lui sont transmis par des tiers, qui les tiennent eux-mêmes d'autres tiers; c'est une ligne d'agents administratifs qui veulent se couvrir réciproquement, afin de ne point être tourmentés dans leurs fonctions, et se préserver de toutes les réactions auxquelles ils pourraient être exposés.

14° Lorsque les maires, préfets et sous-préfets disent qu'en arrêtant les plaignants ils n'ont eu pour but que de rétablir l'ordre dans la commune, ou de soustraire les particuliers arrêtés à des mauvais traitements.

Ordonnances 1ᵉʳ mars 1815;

10 février, 28 septembre 1816;

10 septembre 1817;

17 juin, 24 septembre 1818;

31 janvier, 8 septembre 1819.

De même lorsque les douaniers ont arrêté des individus qui refusaient de montrer les paquets dont ils étaient porteurs.

Ordonnance 8 août 1821.

15° Le Conseil d'État, qui s'immisce dans tous les pouvoirs, avait bien voulu prendre celui de dire que, lorsqu'une plainte rendue contre un pair porte sur des faits relatifs aux fonctions de préfet, il n'y avait lieu à poursuivre; mais la Chambre des pairs, ainsi qu'on peut le voir page 339 du *Moniteur* de 1826, a pensé qu'il n'appartenait qu'à elle seule d'accorder où de refuser la mise en jugement.

16° Lorsque les dénonciateurs agissent par haine ou récrimination; quand les témoignages atténuent la dénonciation ou ne la confirment point, ou quand les témoins se contredisent, quand les torts ont été respectifs ou ont eu lieu à la suite de provocations mutuelles.

Ordonnances 20 novembre 1815;

13 janvier, 18 mars, 18 avril, 28 novembre 1816;

9 avril, 10 décembre 1817;

14 janvier, 25 février 1818;

4 mars 1819;

2 février 1821 ;

17 juillet 1822 ;

C'est le Conseil d'État qui se constitue juge de toutes ces circonstances.

Il va même jusqu'à s'arroger le droit d'autorisation pour des poursuites purement civiles.

Ordonnances, 9 septembre 1818 ;

22 février 1821 ;

13 mars 1822 ;

12 février 1823 ;

19 janvier 1825 ;

9 août 1826 ;

Suivant qu'il lui plaît, il dédouble la demande et n'autorise que l'action civile.

Ordonnances 30 septembre 1814.

6 mars 1815 ;

13 février, 6, 18 mars 1816 ;

11 février, 23 avril, 13 mai, 12 août, 9 septembre 1818 ;

24, 31 mars, 12 mai, 23 juin, 27 octobre 1819 ;

9 juillet 1820 ;

30 mai 1821 ;

30 décembre 1822 ;

19 mars 1823 ;

7 décembre 1825 ;

19 juillet, 9 août 1826 ;

Une fois que le Conseil d'État s'est attribué le droit de rendre ses agents impénétrables, quelle ressource reste-t-il aux citoyens pour demander vengeance ou réparation des torts et vexations que les ministres pourront leur faire éprouver ? N'implique-t-il pas contradiction d'appeler gouvernement représentatif et constitutionnel celui à l'ombre duquel on peut déverser de tels maux, sans aucun préservatif, ni pour les empêcher, ni pour les faire réparer?

Voici quelques exemples particuliers que nous nous contenterons d'énoncer.

Par ordonnance du 23 décembre 1815, décidé qu'un particulier qui se plaint de détention arbitraire peut ne pas obtenir la mise en jugement demandée contre l'administrateur qui l'a commise, si la détention arbitraire a été prise en considération pour la diminution de la peine que le détenu avait encourue. Voyez ordonnance du 18 avril 1816.

Il résulte de là que la détention arbitraire doit être encouragée ; il suffit qu'elle n'ait pas produit tout le mal qu'elle pouvait faire pour que celui qui l'a éprouvée n'ait plus le droit de s'en plaindre.

Le même jour, 23 décembre. Que l'adjoint d'un maire poursuivi en violation de domicile pendant la nuit peut n'être pas mis en jugement lorsqu'il ne paraît pas atteint par des charges suffisantes. Voyez aussi ordonnance du 13 février 1816.

Le procureur général de Paris avait cependant été d'avis que la recherche du sieur Nozan, à une heure indue, donnait lieu à la poursuite en violation de domicile, et que c'était aux tribunaux à apprécier les motifs d'excuse allégués en faveur des prévenus.

27 mai 1816. Le Conseil d'État refuse la mise en jugement pour prévention de concussion d'un maire de commune, qui, chargé d'un dépôt d'argent, allègue sans le prouver qu'il l'a remis à un commandant de troupes.

7 août suivant. De même s'il est accusé d'avoir fait percevoir, au moyen d'un rôle illégal, des contributions sur les habitants non compris au rôle de répartition.

21 août, et 28 septembre. Un garde forestier prévenu de concussion, ou de blessures avec armes à feu, peut ne pas être mis en jugement lorsqu'il jouit d'une bonne réputation, et qu'il paraît qu'il

n'a pas agi avec mauvaise intention. Voyez aussi ordonnance du 14 mai 1817, 3 février, 4 et 31 mars, 12 mai, 20 octobre 1819.

C'est le Conseil qui apprécie la culpabilité, par de pareils renseignements, tirés principalement des autorités locales. Quelle justice !....

23 octobre. Un percepteur de contributions qui a reçu d'un contribuable 120 francs en plus du montant de ses contributions, et qui est, de plus, à cause de ce, inculpé de concussion, peut n'être pas mis en jugement. Voyez aussi ordonnance 28 juillet 1819.

De même et le même jour, 23 octobre, pour un inspecteur des douanes accusé d'être cause de la mort du capitaine d'un bâtiment étranger. Voyez aussi ordonnances 12 décembre 1818, 20 octobre 1819, 3 juin, 2 juillet 1820.

Le 20 novembre. Pour un maire prévenu de concussion et d'actes arbitraires sur plusieurs habitants de la commune.

Pour un garde forestier prévenu d'avoir reçu 3 francs, à l'effet de supprimer son rapport. Voyez ordonnances du 26 février suivant, pour un faux dans le rapport; 9 juillet 1820, pour concussion et faux.

Pour un maire à raison de violences. Voyez aussi ordonnances des 11 décembre et 19 mars suivants; 11 juin 1817; 3 juin 1820.

Ou de concussion et de faux. 14 janvier 1818; 4 mars, 12 mai 1819; 9 juillet, 1er novembre 1820.

Ou d'arrestation arbitraire. 18 mars, 12 et 24 décembre 1818; 28 juillet, 8 septembre 1819; 2 juillet 1820; 2 février 1821.

De même pour un sous-préfet. 24 décembre 1818.

Ou quand il a suspendu de ses fonctions un adjoint, et qu'il l'a mis sous la surveillance immédiate du maire. 23 juin 1819.

Même refus de poursuite sur la demande du sieur Van Heyden, adjudant général, demeurant à Paris. Le sieur Lacoux de Marivaux, ancien commissaire général de police, était inculpé de détention arbitraire, de bris de scellé et de spoliation.

L'ordonnance est du 26 février 1817; la partie civile n'a pas été recevable à y former tierce-opposition, non plus qu'à compléter l'instruction du Conseil pour lui offrir de nouvelles preuves; le Conseil d'État se tenant pour aussi infaillible dans ses décisions que le pape dans ses Bulles, ne peut les faire descendre au rang des actes judiciaires, qui, fondés sur une absence de charges, cessent d'avoir effet, quand il y a charges nouvelles : alors même qu'il juge par défaut, il n'est pas possible de supposer d'autres lumières qui le feront rétracter.

Même jour, 26 février. Il prononce que des gardes champêtres qui ont transigé sur des délits susceptibles de procès-verbaux, ainsi que des maires et adjoints, peuvent ne pas être mis en jugement.

Le 19 mars suivant. Qu'un maire ayant attesté un faux dans un certificat qu'il délivrait en sa qualité, peut n'être pas mis en jugement, lorsque le délit paraît avoir été le résultat de l'erreur et de l'inadvertance.

10 décembre 1817. De même pour un préposé des douanes qui a tué un contrebandier.

17 juin 1818. Pour un adjoint de maire qui s'est introduit avec des gendarmes dans la maison d'un particulier pour faire une perquisition avant le lever du soleil, si l'acte a été commis par ignorance et sans mauvaise intention.

C'est, comme on le voit, le Conseil d'État, le préfet et le procureur général qui remplissent les fonctions de juges, et résolvent de plus la question intentionnelle, qui n'appartient qu'aux jurés.

8 juillet 1818. Le Conseil d'État, oubliant sa répugnance à livrer ses agents aux recherches toujours mesurées des tribunaux, autorise au contraire un particulier à prendre à partie d'anciens officiers municipaux d'une commune pour un achat de grains fait en 1795.

Ni la prescription acquise par vingt-cinq ans écoulés depuis l'achat, ni même un arrêt de la Cour de Montpellier, du 6 juin 1816, qui déclare qu'en l'état il n'y a pas lieu à accorder la garantie contre les officiers municipaux, ni les avis des autorités locales, ni le fait que depuis longues années ils n'étaient plus en place, n'ont pu préserver les fonctionnaires, qu'il fallait tourmenter, pour n'avoir pas désespéré de leur pays à une époque aussi malheureuse, et avoir rempli des fonctions plus difficiles alors qu'à aucun autre temps. L'autorisation demandée par le sieur Fort contre les sieurs Sarda, Pla, Tournier et Labarié a été accordée.

Mais le même jour, 8 juillet, elle est refusée pour la mise en jugement d'un conservateur des hypothèques prévenu de faux.

3 février 1819. Il n'y a pas lieu de poursuivre un adjoint prévenu d'avoir donné un certificat de non épizootie.

14 juillet. Ni des fonctionnaires administratifs accusés de faits graves sous l'empire de la loi du 29 octobre 1815, en ce qu'il y aurait de grands inconvénients à perpétuer les dissensions par des poursuites de cette nature.

Le Conseil d'État supprime même des injures consignées dans un mémoire, encore que ce mémoire n'ait pas été imprimé.

4 août 1819. L'autorisation n'est pas nécessaire pour la mise en jugement d'un garde champêtre et forestier, poursuivi pour faits relatifs à ses fonctions de garde champêtre.

Il en est autrement si la division entre les inculpations relatives aux fonctions de garde champêtre et à celles de garde forestier n'est pas clairement établie; en ce dernier cas l'autorisation du Conseil d'État est nécessaire.

Quelle distinction futile et fantastique! Ce qui est remarquable, c'est que dans tous les cas ci-dessus l'autorisation est refusée, et que dans le nombre prodigieux d'ordonnances rendues à ce sujet, il en est un très grand nombre qui s'accordent dans des cas en tout semblables, soit pour faux, pour concussion, pour arrestation arbitraire, pour voies de fait, violences, etc.; cela dépend des dispositions du Conseil, des renseignements qui lui arrivent, sans doute aussi des recommandations qui lui sont faites ou adressées par tel ou tel, etc.; en tout il est difficile d'y reconnaître autre chose qu'un arbitraire ministériel indéfini.

17 novembre. Les agents du gouvernement ne peuvent être poursuivis pour des faits approuvés par le ministre ou les ministres auxquels ils sont subordonnés.

L'autorisation n'est nécessaire que pour ceux des actes qui ont été improuvés.

Entre autres faits il s'agissait, de la part des sieurs Donnadieu et Montlivaut, d'avoir, l'un comme général, et l'autre comme préfet, déclaré la ville de Grenoble en état de siége, avec toutes les conséquences et les effets résultant d'une telle déclaration.

Les ministres, si cette ordonnance pouvait tirer à conséquence dans notre droit constitutionnel, se sont fait par là donner un brevet d'ample impunité; au lieu d'agir directement, ils en donneront l'ordre; quand les lésés voudront poursuivre les agents, avec l'ordonnance ci-dessus on leur répondra que les actes ont été approuvés par les ministres; si l'on veut remonter à ceux-ci, il n'y a point de loi qui détermine leur cas de responsabilité; il n'y aura dès lors aucun moyen de les atteindre. Est-il possible de vivre sous un pareil ordre de choses? Les lois sur les rentes, sur l'enchaînement de la liberté de la presse, sur le droit d'aînesse, sur le sacrilége, ont eu une bien autre urgence que celle qui devait régler leur responsabilité.

Sommes-nous donc condamnés à vivre éternellement dans un interstice de législation sur un point aussi vital de notre organisation?

7 mars 1821. Pas lieu de poursuivre un maire pour dommages causés par un procès-verbal qui a servi de base à un arrêté de Conseil de préfecture.

18 avril. On n'est pas recevable à demander au Conseil d'État l'autorisation de poursuivre un fonctionnaire public, alors qu'il n'existe pas encore de plainte formée devant l'autorité judiciaire, et qu'une instruction préliminaire n'a pas été commencée.

8 août. Madeleine Fosser avait porté plainte contre le sieur Muller, adjoint du maire, à raison de ce que, accompagné de deux gardes, il s'était transporté, sur les dix heures et demie du soir, au domicile de la plaignante, s'en était fait ouvrir la porte, et y avait trouvé un individu qu'il prétendait vivre avec elle, l'avait arrêté et conduit au corps de garde, où il avait passé le reste de la nuit.

Malgré la gravité des faits articulés, le Conseil d'État n'a pas cru devoir autoriser les poursuites.

Même jour. Même refus pour un garde forestier prévenu de prévarication dans l'exercice de ses fonctions.

De même et le même jour, pour un préposé des douanes accusé de voies de fait dans l'exercice de ses fonctions.

Et pour deux autres préposés accusés de violences et détention arbitraire.

29 août. Le sieur Barbier Dufay demandait l'autorisation de poursuivre le comte Anglès, préfet de police, parcequ'il avait ordonné l'insertion dans les journaux d'une note que le requérant prétendait diffamatoire et calomnieuse.

L'autorisation a été refusée.

Même jour. Même refus de poursuivre un maire prévenu de concussion, pour avoir ordonné la perception de différentes sommes à titre de salaire des gardes champêtres, de droits de corvée, de droits de pâturage sur les biens communaux, de droits d'entrée de bestiaux, pour avoir en outre exigé des amendes sans jugement préalable , et abusé de son autorité , en établissant des garnisaires chez les redevables , jusqu'à parfait paiement des condamnations arbitrairement prononcées.

5 septembre. Le Conseil, décide que les torts d'un garde forestier sont suffisamment punis par la destitution ; qu'il n'y a pas lieu , par conséquent, de le mettre en jugement. Voyez aussi ordonnance du 6 février suivant.

16 janvier 1822. Refus de mettre en jugement un percepteur prévenu de concussion dans l'exercice de ses fonctions.

20 février. La saisie d'objets introduits en fraude établit suffisamment le fait de contrebande .

L'existence de bâtons ferrés trouvés sur le terrain, constate suffisamment que la contrebande s'est faite à main armée.

Il suffit qu'il y ait eu lutte et agression pour que les préposés des douanes aient été placés en légitime défense, et qu'il n'y ait pas lieu de les mettre en jugement, à l'occasion d'un homicide qu'ils auraient commis.

On sent l'importance de toutes les questions résolues par le Conseil. Est-il possible d'usurper plus directement les fonctions des juges et des jurés? Il y a eu mort d'homme donnée par un agent de l'administration , et c'est elle qui prononce qu'il n'y a pas même lieu à exercer des poursuites contre l'auteur de cette mort !

Une autre ordonnance , du 13 mars suivant, statue encore de même , à l'égard d'autres préposés des douanes qui avaient tué deux hommes faisant la contrebande : voyez aussi autre ordonnance du 12 février suivant , qui ne permet pas de mettre en jugement trois employés des douanes qui avaient commis un meurtre dans l'exercice de leurs fonctions.

Le même jour, 13 mars. Refus de poursuivre un garde forestier à cheval prévenu de vol de bois.

Même jour. Le sieur Maynard , repoussé par une première ordonnance du 2 février 1821 , dans la demande qu'il faisait de poursuivre le maire de Joigny et son adjoint , afin d'obtenir le paiement de fournitures de vins prétendues faites aux alliés , par le motif qu'il ne justifiait ni de la pièce qu'il annonçait être retenue , ni des diligences nécessaires pour se la procurer , avait , après plusieurs sommations inutiles , assigné le maire de Joigny et le sieur d'Albizzy devant le tribunal de la même ville , afin de représentation de toutes pièces servant à constater que la réquisition avait eu lieu : ni l'un ni l'autre n'avaient répondu à la demande.

Le sieur Maynard , s'étant pourvu de nouveau, concluait à ce que , attendu que les formalités voulues par l'ordonnance du 2 février 1821 avaient été remplies, il fût autorisé à poursuivre devant les tribunaux le sieur d'Albizzy et le maire.

Sa demande a encore été rejetée, par le motif qu'elle remettrait en question ce qui a été décidé par la première ordonnance ; l'avocat même, signataire de la deuxième requête, a été condamné à une amende de 5 francs.

On voit combien ce motif est faux. La première demande avait été rejetée faute de justification et de diligences. Quand Maynard revenait, en disant qu'il avait fait l'une et l'autre, on pouvait les apprécier, et dire qu'elles n'étaient pas complètes ou satisfaisantes ; mais il était faux de dire qu'on remettait en question ce qui avait été décidé.

29 mai. Il y a lieu de surseoir à la mise en jugement d'un maire, jusqu'à ce que l'autorité compétente ait statué sur la propriété litigieuse du terrain sur lequel on l'accuse d'avoir commis des actes arbitraires.

La demande du sieur de Las Cases a en conséquence été rejetée.

Même jour. Sous prétexte que les faits imputés ne sont que l'effet de l'erreur et de la négligence, le Conseil n'autorise pas la mise en jugement d'un comptable accusé de faux et de concussion.

26 juin. Refus de mise en jugement d'un maire, parceque les faits de prévarication imputés ne présentent pas de motifs suffisants.

17 juillet. Lorsque, dans un cas de rébellion contre la gendarmerie et l'autorité municipale, le maire et l'adjoint ont fait agir la force publique, et ordonné l'incendie d'une maison où les rebelles étaient réfugiés, il n'y a pas lieu d'autoriser leur mise en jugement.

14 août. Lorsque le Conseil pense que les faits articulés contre un fonctionnaire public ne sont pas de nature à donner lieu à des poursuites judiciaires, il ne permet pas d'en exercer. Mêmes décisions les 6 et 13 novembre suivant.

Ainsi jugé à l'égard du sieur Laussat, gouverneur de la Guiane française, sur la demande du sieur Bidou, négociant dans cette colonie.

13 novembre. Refus de poursuivre un percepteur prévenu de concussion,

Ou un fonctionnaire prévenu d'actes arbitraires.

29 janvier 1823. Ou un lieutenant de douanes prévenu de voies de fait envers une femme.

12 février. Une demande en autorisation de poursuivre d'anciens fonctionnaires publics, pour des actes relatifs à leurs fonctions, ne peut être portée au Conseil d'Etat que par l'intermédiaire du procureur-général.

Un particulier n'a pas qualité pour intervenir devant le Conseil, et y prendre des conclusions sur la demande en autorisation d'une poursuite criminelle, lorsqu'il n'a point formé préalablement de plainte régulière, et qu'il ne s'est point constitué partie civile.

En conséquence, la demande de poursuivre le maréchal Soult, le général Desbureaux, les sieurs Prevost et Duhamel, anciens employés au ministère de la guerre, a été refusée.

Même jour, 12. Le sieur Lerebours, ex-pensionnaire du Théâtre-Français, avait demandé la permission de donner quelques représentations de tragédie sur le théâtre de Toulouse.

Le maire refuse; M. de Saint-Chamans, préfet, confirme ce refus.

L'artiste se pourvoit au Conseil d'État, pour être autorisé à poursuivre devant les tribunaux le préfet en paiement d'indemnité et dommages-intérêts, pour réparation du tort que lui a causé ce refus, sans cause ni motif.

Le Conseil répond avec brièveté « que la police des théâtres appartient aux maires, sous la surveillance des préfets. » De sorte que, sous prétexte de police des théâtres, ce dont il ne s'agit point dans l'espèce, puisqu'il n'est question que d'une autorisation sollicitée par un acteur, qui d'ailleurs s'était soumis à la loi, en demandant l'autorisation, les préfets ont un pouvoir illimité. Le Conseil d'État, si mesuré dans l'exercice de sa souveraineté, a pensé, a dit, au moins implicitement, « qu'il ne voulait en rien gêner l'action des satrapes de province. » Cette circonspection est très louable sans doute; pourquoi ne la rencontre-t-on que quand elle a pour but de respecter l'acte d'un préfet qui s'est contenté de dire : *Jubeo quia sic jubeo?*

Même jour, 12. Refus d'autoriser la mise en jugement d'un maire que deux particuliers accusaient de violences et d'abus d'autorité envers eux.

16 avril. Même décision pour un garde particulier des bois de la couronne, et pour trois autres gardes forestiers prévenus de faux.

Voyez aussi l'ordonnance du 7 mai suivant.

21 mai. Un maire et un adjoint étaient inculpés d'avoir commis un faux par supposition de personnes, pour soustraire à la loi de recru-

tement un jeune soldat de la classe de 1818; l'autorisation de les poursuivre a été refusée.

Même jour. Le garde général de la pêche de Meulan (Seine-et-Oise) était prévenu de faux dans la rédaction d'un procès-verbal; refus de le poursuivre.

Même jour. Même refus à l'égard d'un garde forestier, aussi inculpé de faux.

6 août. Un maire était accusé de prévarication dans ses fonctions; le procureur-général demandait la continuation des poursuites; le Conseil a déclaré qu'il n'existait pas de motifs suffisants.

Même jour. Semblable refus à l'égard d'un garde forestier prévenu de prévarication.

13 dudit. Même décision à l'égard d'un maire.

27 dudit. A l'égard du sieur Bourienne, poursuivi par le sieur Maupas.

29 octobre. Même décision que celle du 13, en faveur d'un maire.

5 novembre. Même décision envers un lieutenant de douanes prévenu de voies de fait graves.

19 dudit. Un homicide avait été commis sur la personne de Longuet, de Valenciennes, par Marder, contrôleur des douanes, et Dugat, préposé; l'autorisation de poursuivre n'a été accordée qu'à l'égard de ce dernier.

3 décembre. Un Conseil de préfecture ne peut refuser à une commune l'autorisation de plaider, sous prétexte qu'il a été statué définitivement par l'autorité administrative, lorsque le Conseil décide que l'action a un autre objet.

Le Conseil, en ce cas, accorde directement l'autorisation.

Ce corps souverain fait tout ce qu'il veut; il use du pouvoir qu'il se donne, tantôt d'une façon, tantôt de l'autre; c'est toujours bien, puisqu'aucun corps n'est placé au-dessus de lui pour examiner, critiquer et détruire ses décisions. On eût cru que la faculté d'autoriser une commune à plaider était impartie au Conseil de préfecture, et que le Conseil d'État, placé à une aussi grande distance, à une aussi grande hauteur, ne pouvait ni ne devait s'immiscer dans ces petits intérêts locaux; il en est autrement: le droit d'accorder ou de refuser l'autorisation de poursuivre les fonctionnaires publics en matière criminelle s'étend aux poursuites purement civiles, et aux communes qui sont par là mises sous la tutelle et la vigilance du Conseil d'État.

Même jour, même décision pour la commune d'Ambronay (Ain).

17 décembre. Un maire était inculpé d'avoir délivré un passe-port sous un faux nom. L'autorisation de le poursuivre n'a point été accordée.

Même jour. Décidé de même en faveur de gardes forestiers, accusés de prévarication dans l'exercice de leurs fonctions.

Depuis cette époque, nous ne rencontrons plus de décisions sur cette matière; les archives ont été irrévocablement fermées : nul ne peut plus être initié à ces actes ténébreux, qui, rendus à huis clos, ne doivent plus paraître au grand jour. Si le Conseil d'État est entouré d'autant de préventions, la marche qu'il adopte est peu propre à les faire disparaître; du reste, quoi qu'il fasse, il n'a rien à perdre; les amis de la justice et de nos institutions nouvelles n'ont qu'à nous prêter assistance pour combattre une organisation aussi vicieuse, qui ne tend rien moins qu'à détruire la démarcation des pouvoirs, et à dénaturer la justice, en la déplaçant, et la faisant administrer par des préposés révocables à volonté.

L'arbitraire avec lequel le Conseil procède en toutes matières n'a aucune borne.

Le 16 mai 1827, M. Peyronnet disait à la Chambre des députés, sur la pétition de la dame Fabry, que cette femme avait demandé une première fois l'autorisation de poursuivre les personnes qu'elle accu-

sait des malheurs de son mari ; qu'on avait dû la lui refuser, parcequ'elle n'avait pas rempli les formalités des lois et qu'elle ne s'était
pas portée partie civile ; que, quelques années après, il y eut un recours au Conseil d'Etat et bientôt après un rapport, qui n'a été le
sujet d'aucun blâme ; qu'on ordonna l'impression d'un second rapport
du comité du contentieux, ce qui occasiona, de la part de la partie
plaignante, une méprise qui amena encore des délais ; qu'enfin il
intervint une décision du Conseil d'État qui permettait les poursuites contre les personnes désignées dans la plainte, mais non celles
qu'on voulait diriger contre des militaires parvenus aux plus hauts
grades, parcequ'on n'avait pas eu soin d'adresser au ministère de la
guerre communication de la demande, ce qui est formellement exigé
en pareil cas.

Dans une multitude de cas, le citoyen blessé dans ses droits ne
peut-il pas dire au ministre : Vous étiez mon adversaire, vous vous
êtes fait mon juge ; ou laissez-moi vous attaquer devant un tribunal
indépendant, ou souffrez que je vous prenne à partie ? Le ministre
qu'aurait-il à répondre ?

Sans doute il peut être commode pour l'administration de juger
ses propres actes ; mais c'est la manière des gouvernements arbitraires
qui se jouent d'eux-mêmes, et qui tentent sans cesse d'échapper à la
foi de leurs contrats. On sait où mènent ces tristes maximes : le gouvernement perd autant que les citoyens à s'éloigner de la justice ; ses
supercheries comme ses violences sont bientôt connues ; la déconsidération, le manque de confiance deviennent son partage : quel bien
peut-il faire avec de tels lots ?

CHAPITRE III.

ANNÉE 1827.

Fin du règne Villèle, Corbière et Peyronnet.

24 janvier. Lorsqu'une contrainte a été décernée contre les cautions d'un comptable, les tribunaux sont compétents pour connaître de la validité de l'acte de cautionnement, et, par suite, de la contrainte.

Conflit du préfet de la Corse approuvé; jugement de Bastia non avenu.

Cette affaire se compliquait de plusieurs autres questions de fait et de droit, notamment que la procuration ne donnait pas pouvoir de souscrire l'acte de cautionnement; qu'il était nul à l'égard d'une femme mariée sous le régime dotal; que cet acte était sans objet au moment où il a été souscrit, etc.

Nonobstant ces raisons et ces faits, le Conseil a fait attribution à l'administration; elle a détruit le jugement qui avait annulé la contrainte.

Même jour. Une contestation entre une commune et l'université, sur la propriété de terrains et bâtiments, ne peut appartenir aux tribunaux, s'il y a des actes administratifs invoqués.

Conflit du préfet de la Drôme approuvé; jugement du tribunal de Valence non avenu.

Le Conseil d'État veut constituer l'administration juge de tous les procès dans lesquels on produirait un acte émané d'elle, alors même que cet acte ne donnerait lieu à aucun recours en garantie, à aucune responsabilité à son égard ; ce ne serait cependant plus qu'un acte ancien, que les tribunaux devraient apprécier comme tout autre.

S'il intéresse directement l'administration, elle devrait, par ce motif, s'abstenir de juger sa propre cause.

Même jour. Les tribunaux ne sont plus compétents pour connaître des empiètements sur les chemins vicinaux.

Conflit du préfet du Puy-de-Dôme maintenu ; jugement du tribunal de police correctionnelle de Thiers non avenu.

31 dudit. Il n'appartient pas aux tribunaux de régler l'indemnité due à des particuliers pour fouilles faites par un entrepreneur de travaux publics.

Conflit du préfet des Bouches-du-Rhône confirmé ; jugement de Marseille non avenu.

16 février. Le paiement des dettes des communes ne peut être poursuivi que contre l'État, par voie de liquidation administrative.

L'autorité judiciaire est dès lors incompétente pour prononcer sur l'action intentée par le créancier contre la commune.

Conflit du préfet du Haut-Rhin approuvé.

Même décision le 11 avril suivant.

Même jour. Un tribunal de commerce n'est pas compétent pour prononcer sur une contestation élevée entre un armateur et l'entrepreneur du lestage, pour ce qui concerne le service de l'entreprise.

La contestation est du ressort de l'administration, seule compétente pour constater de qui provient le retard.

Conflit du préfet de la Seine-Inférieure ; jugement du tribunal de commerce du Havre non avenu.

On voit que les entreprises du Conseil d'État se développent toujours. Vainement la contestation existe-t-elle uniquement entre l'entrepreneur et un tiers, ne porte-t-elle que sur de purs intérêts privés, sans toucher en rien à l'exécution du contrat passé entre l'administration et le sieur Nel; rien n'arrête l'invasion du Conseil.

28 dudit. Les tribunaux ne peuvent connaître d'une contestation en paiement d'une somme que des particuliers prétendent avoir avancée pour une commune lorsqu'ils en étaient maire et adjoint.

L'administration seule a qualité pour vérifier cette dépense, l'admettre ou la rejeter.

Conflit du préfet de l'Aube approuvé; jugement de Bar-sur-Aube non avenu.

Même jour. C'est à l'administration seule qu'il appartient de décider des questions qui tendent, soit à remettre en question la liquidation de la finance d'engagement arrêtée par des arrêts de l'ancien Conseil, soit à interpréter le sens et déterminer les effets d'une ordonnance.

Conflit du préfet de l'Eure maintenu.

Même jour. La réparation des dommages causés par un entrepreneur de travaux publics, pour l'entretien des routes, doit être demandée au Conseil de préfecture, et non aux tribunaux.

Conflit du préfet de l'Yonne confirmé; jugement du tribunal correctionnel d'Auxerre non avenu.

Cette affaire présentait la circonstance particulière, que les pierres avaient été prises dans une friche dépendant de la forêt domaniale des Chagnats; le tribunal d'Auxerre s'était déclaré compétent, par le motif que le fait relaté au procès-verbal du garde forestier constituait le délit prévu par l'article 12, titre 21 de l'ordonnance de 1669, expliqué par l'arrêt du Conseil de 1690; qu'aucune loi n'avait attribué la connaissance des délits forestiers aux Conseils de préfecture; qu'ils ne pouvaient par conséquent condamner aux peines que la loi prononce; que l'article 179 du Code d'instruction attribue au contraire la connaissance de tous les délits forestiers aux tribunaux correctionnels.

Même ordonnance les 22 mars et 2 mai suivants.

22 mars. L'estimation des terrains qui peuvent être enlevés par des travaux de canalisation et de dessèchement doit être faite par voie administrative.

Toutes les contestations à ce relatives doivent être portées devant la commission administrative.

Conflit du préfet de Maine-et-Loire confirmé.

C'est l'administration qui s'empare des terrains; c'est elle qui veut les estimer ; c'est encore elle, si les parties dépouillées ne sont pas contentes et veulent contester, qui décidera souverainement toutes les contestations.

5 avril 1827. Ce n'est point aux tribunaux à décider, 1° si l'autorisation donnée à la ville de *Paris* d'acquérir les terrains situés dans l'enceinte de cinquante toises des murs d'enceinte, lui impose l'obligation d'acquérir immédiatement;

2° Si, à défaut d'acquisition, les propriétaires peuvent bâtir.

Les sieurs Dubourg, Moreau et consorts, propriétaires de terres autour des murs d'enceinte de Paris, adressent au préfet divers actes, par lesquels ils le requièrent ou de leur acheter leurs terrains, ou de consentir qu'ils en jouissent librement.

D'après le refus de ce magistrat, ils saisissent le tribunal de Paris, qui, le 11 mars 1826, rend le jugement suivant :

« Attendu qu'aux termes de l'article 545 du Code civil, répété dans l'article 10 de la Charte constitutionnelle, nul ne peut être contraint de céder sa propriété, si ce n'est pour cause d'utilité publique et moyennant une juste et préalable indemnité; que précédemment, par une loi du 19 octobre 1790, le terrain pour l'isolement des murs de Paris a été limité à quinze toises; et par celle postérieure du 16 septembre 1791, il a été déclaré que le droit de clore et déclore son héritage résultait essentiellement du droit de propriété, abrogeant à cet effet toutes lois et coutumes contraires; que de ces lois il suit que les propriétaires de terrains environnant Paris sont, à partir de ce moment, rentrés dans le libre et entier exercice du droit commun; que si le décret rendu le 11 janvier 1808 autorise la municipalité à acquérir les constructions dans les cinquante toises, en faisant défense de désormais construire, ce décret cependant ne pouvant révoquer une loi, celles susdatées qui exigent une préalable indemnité n'ont pu être abrogées; que c'est même ainsi que l'article 3 dudit décret s'exprime; que si l'ordonnance du roi, du 1er mai 1822, étend cette autorisation d'acquérir aux constructions faites depuis ce décret aux terrains non bâtis, la servitude ne peut également s'établir qu'au moyen d'une acquisition préalable par la ville; que cette autorisation ne peut même être considérée comme une simple faculté d'en user pour la ville de Paris quand bon lui semblera, parcequ'autrement ce serait créer cette servitude avant la perception de l'indemnité, ce qui est contraire au droit commun; que la ville doit acheter toutes les constructions et terrains indiqués auxdits décret et ordonnance; qu'à cet égard elle a été formellement mise en demeure par acte extrajudiciaire du 6 février dernier, contre lequel M. le préfet a cru seulement devoir protester le 13 du même mois, sans manifester l'intention d'acquérir et de payer ladite indemnité préalable;

» Le tribunal, sans s'arrêter ni avoir égard à la protestation de M. le préfet, ordonne qu'il sera tenu, dans la huitaine, d'*exécuter, en ce qui concerne la ville de Paris, le décret du 11 janvier 1808, ensemble l'ordonnance du 1er mai 1822*; qu'en conséquence il acquerra et paiera de suite, aux termes de la loi du 8 mars 1810 et de l'article 10 de la Charte constitutionnelle, les portions de terrains appartenant à Moreau, et situées dans le rayon de cinquante toises des murs de Paris, aux offres que Moreau a faites et réitérées à l'audience de lui donner toutes les justifications et désignations nécessaires; sinon et faute par M. le préfet de ce faire dans ledit délai, le tribunal, par le présent jugement, sans qu'il en soit besoin d'autre, considère M. le préfet comme ayant renoncé aux droits d'acquérir les terrains aux charges de droit, et Moreau libre, comme avant, de construire sur son terrain, ainsi qu'en a le droit tout propriétaire, de jouir de l'exercice et disposition entière de sa propriété; condamne M. le préfet de la Seine aux dépens. »

Celui-ci, ainsi condamné, élève conflit; il se fonde,

« 1° Sur ce qu'aux termes de l'article 1er du décret du 11 janvier 1808, nul ne peut faire aucune construction autour de Paris, et hors des murs d'enceinte, qu'après en avoir obtenu la permission, et reçu un alignement *comme pour le cas de grande voirie*;

» 2° Que dès lors les contestations qui peuvent s'élever à ce sujet rentrent dans la compétence des Conseils de préfecture, que l'article 4, § 6, de la loi du 22 pluviôse an VIII, a appelés à prononcer sur toutes les difficultés *en matière de grande voirie*;

» 3° Que ces Conseils exercent à cet égard la juridiction qui appartenait autrefois au bureau des finances de Paris, lequel avait été investi, par les anciens règlements, de la connaissance des contestations relatives à la prohibition de bâtir dans un rayon déterminé au-delà du mur d'enceinte de cette ville;

» 4° Que cette opinion a été consacrée par plusieurs ordonnances royales rendues au Conseil d'État, notamment par celles des 24 décembre 1818 et 17 août 1825. »

Soit fait ainsi qu'il est requis, a répondu le Conseil d'État.

Voici son ordonnance :

« Considérant que l'action introduite devant le tribunal de première instance de la Seine, à la requête des sieurs Dubourg, Moreau et consorts, présente à juger les questions de savoir si l'ordonnance du 1er mai 1822, en autorisant notre bonne ville de Paris à acquérir, pour cause d'utilité publique, les terrains situés dans le rayon de cinquante toises des murs d'enceinte, impose à cette ville l'obligation d'acquérir immédiatement ces terrains; et si, à défaut de cette acquisition immédiate, les sieurs Dubourg, Moreau et consorts doivent être autorisés à bâtir sur ces terrains, nonobstant la servitude établie par l'ordonnance du bureau des finances, du 16 janvier 1789, et le décret du 11 janvier 1808, au profit de la ville de Paris;

» Que ces questions, relatives à l'interprétation d'un acte de l'administration, ne sont pas du nombre de celles que la loi du 8 mars 1810 attribue aux tribunaux :

» ART. 1er. L'arrêté de conflit pris par le préfet du département de la Seine, le 13 mars 1826, est confirmé; les exploits d'assignation ci-dessus visés, et les actes judiciaires qui ont suivi, sont considérés comme non avenus. »

Le Conseil d'État invoque l'ordonnance du bureau des finances de 1789, sans doute pour donner plus de poids à sa décision, et montrer qu'il ne se fait pas autorité à lui-même par le décret de 1808 et l'ordonnance de 1822.

Mais ne doit-on pas trouver singulier qu'il prenne pour point d'appui cette ordonnance, et qu'il mette de côté la loi du 19 octobre 1790, dans laquelle est évidemment fondue cette ordonnance, par laquelle elle est incontestablement modifiée ou abrogée? Cette loi, ainsi que celle de septembre 1791, ayant pour objet spécial les cas prévus par le bureau des finances, comment qualifier la subaudition de ces deux lois par le Conseil? *Si posteriora prioribus derogant*, a-t-il fait preuve de discernement ou de bonne foi, en exhumant l'ordonnance occulte et abrogée, et en ne daignant pas dire un mot des deux lois vivantes? Il a préféré les franchir. Le décret de 1808, son ordonnance de 1822, servent de cortége à l'avis du bureau des finances; c'est avec ces puissantes autorités que les propriétaires sont foudroyés ; les lois citées font obstacle ; il passe à côté, et, ainsi qu'il en use pour les jugements et arrêts qu'il ne peut plus renverser, il prononce sans s'en occuper et comme si elles n'existaient pas : il se met ainsi à l'aise. Parlant en dernier ressort, puisqu'il enduit ses actes du vernis d'autorité et d'approbation du roi, ses oracles ne permettent aucun recours : il faut obéir et se taire.

On le voit aussi, dans l'ordonnance ci-dessus, employer son moyen banal, que s'agissant d'interpréter des actes d'administration, cela ne peut appartenir aux tribunaux. Il ne niera pas sans doute qu'il soit ici saisi en *flagrant délit* : qu'est donc venu chercher l'administration dans le cas particulier ? Non seulement le décret et l'ordonnance étaient inutiles, puisqu'il y avait deux lois précises sur la matière ; mais ils sont un empiètement et un monstrueux abus de pouvoir, puisqu'ils tendraient à modifier et détruire ces deux lois.

Celle du 8 mars 1810, venant d'une autorité que le pouvoir ne peut récuser, mérite pour toute réponse qu'elle n'est pas applicable.

Voyons la vérité de l'assertion.

La rubrique porte : *Loi sur les expropriations pour cause d'utilité publique*. Toutes ses dispositions, elles sont nombreuses, puisqu'il y a vingt-sept articles, n'ont pour objet que de régler les cas, le mode et les formes de cette expropriation ; elle est la loi générale et spéciale : elle est incontestablement la seule à appliquer aux propriétaires des environs de Paris.

Le décret de 1808 dit, art. 3 :

« Il y a lieu à autoriser la ville de Paris à acquérir, comme pour cause d'utilité publique, et à la charge d'une juste et préalable indemnité, les maisons construites à moins de cinquante toises de distance de la clôture. »

L'ordonnance de 1822 porte, art. 2 :

« Les acquisitions seront faites de gré à gré, aux prix réglés par voie d'expertise contradictoire, *ou soumis*, en cas de difficultés, *aux dispositions de la loi du 8 mars 1810.* »

Le Conseil général du département de la Seine dit encore, dans un arrêté du 10 décembre 1826, qu'il est d'avis d'inviter M. le préfet à solliciter de S. M. une ordonnance qui autorisât la ville de Paris à acquérir, *comme pour cause d'utilité publique*, toutes les constructions et terrains non bâtis qui, etc.

Le propre dire de l'administration prouve clairement qu'il n'y a que la loi de 1810 à consulter, et que la locution banale, que les questions relatives à l'interprétation d'un acte d'administration ne sont pas du nombre de celles que la loi de 1810 attribue aux tribunaux, est démentie par les actes d'administration eux-mêmes, qui se réfèrent à cette loi.

Or, l'article 1ᵉʳ de cette loi dit :

« L'expropriation pour cause d'utilité publique s'opère par l'autorité de la justice.

» ART. 20. Tout propriétaire dépossédé sera indemnisé, conformément à l'article 545 du Code civil.

» Si des circonstances particulières empêchent le paiement actuel de tout ou partie de l'indemnité, les intérêts en seront dus, à compter du jour de la dépossession, d'après l'évaluation provisoire ou définitive de l'indemnité, et payés de six mois en six mois, sans que le paiement du capital puisse être retardé au-delà de trois ans, si les propriétaires n'y consentent.

» ART. 21. Si, durant les trente jours qui suivront, le paiement n'est pas effectué, les propriétaires, ou autres parties intéressées, pourront traduire l'administration des domaines devant le tribunal pour y être condamnée à leur payer les sommes à eux dues, à l'acquit de l'administration en retard...

» ART. 26. Toutes les fois qu'il y aura lieu de recourir au tribunal,

2.   52

soit pour faire ordonner la dépossession ou s'y opposer, soit pour le règlement des indemnités, soit pour en obtenir le paiement, soit pour reporter l'hypothèque sur des fonds autres que ceux cédés, la procédure s'instruira sommairement. »

Il est impossible de ne pas voir de la manière la plus évidente que le Conseil d'État s'est mis ici au-dessus des lois, pour attirer à lui des réclamations qu'il veut étouffer ou ensevelir dans sa juridiction.

Il faut aussi remarquer qu'il se contente d'admettre le conflit, de considérer *comme non avenus* (c'est le langage usité) les exploits et actes judiciaires qui ont suivi. Il ne dit rien sur le fond : quand viendra-t-il ? à quelle autorité faudra-t-il s'adresser pour le faire venir ? Les plaideurs le demanderont-ils ? Ce qu'ils ont à faire, c'est d'attendre qu'il plaise à l'autorité de s'en occuper, jusque là de porter les chaînes qui pèsent sur leurs propriétés et les empêchent d'en disposer.

La résignation pour des actes aussi vexatoires n'a cependant pas été adoptée par tous : plusieurs, ne pouvant supporter les privations que leur imposait l'administration, ont élevé des constructions en attendant l'issue de ces contestations et le paiement de l'indemnité, ou les intérêts compensatoires de la jouissance ou de l'indisponibilité de leur chose; des procès-verbaux, des résistances, le déploiement de la force armée, des recours au Conseil d'État, aux tribunaux, aux chambres, au roi, ont été les résultats des tentatives faites par l'administration pour exécuter ses volontés.

En entravant ainsi la libre jouissance des propriétaires, et suspendant pour eux l'article 544 du Code civil, qui définit la propriété, le droit de jouir et disposer des choses de la manière la plus absolue, toutes les opinions se réunissaient pour reconnaître qu'une indemnité était due aux propriétaires réclamants.

Dans la séance du 22 décembre 1821, M. Bourienne, champion de l'autorité, observait :

« L'administration est loin de mériter les reproches de violation de propriétés, d'injustice, de persécution, qui viennent de lui être adressés. Au contraire, messieurs, ce respect pour la propriété, cet amour de la justice qui caractérise essentiellement le gouvernement paternel du roi, a déterminé la mesure dont je vais vous donner connaissance. Vous verrez, messieurs, que tout est terminé, qu'il n'y a rien à faire de plus, et que nous devons passer à l'ordre du jour. La commission aurait pu se procurer facilement les renseignements que moi-même j'ai demandés dès que j'ai vu la pétition inscrite au feuilleton.

« Le Conseil général du département de la Seine, sur un rapport de M. le préfet, du 23 septembre dernier, a pris, le 10 décembre, un arrêté dont je vais vous donner lecture.

« Le Conseil général est d'avis d'inviter M. le préfet à solliciter » de sa majesté une ordonnance qui autorisât la ville de Paris à ac- » quérir, comme pour cause d'utilité publique, toutes les construc- » tions et terrains non bâtis qui se trouvent compris dans la distance » de cinquante toises du mur d'enceinte ;

» D'autoriser la ville de Paris à revendre les terrains qu'elle au- » rait acquis, à la charge de la servitude de ne pouvoir élever sur » ces terrains ni murs, ni clôtures, ni constructions, ni planter une » haie. »

» D'après tous ces motifs, je demande l'ordre du jour. »

Voix nombreuses. Appuyé, appuyé ! Cela est clair.

M. le président rappelle la conclusion de la commission, la proposition du renvoi à la commission du budget, celle du renvoi au ministère de l'intérieur, et celle de l'ordre du jour proposé par M. Bourienne.

M. de Bourienne. « Je ne m'oppose pas au renvoi ; la loi est exé-cutée, *la ville paie ; il n'y a pas de difficultés.* »

M. le président met aux voix le renvoi à la commission du budget. — Ce renvoi est rejeté.

M. le président met aux voix le renvoi au ministère de l'intérieur. — Ce renvoi est unanimement prononcé.

Dans une autre séance, du 12 mai 1827, les propriétaires, tou-jours tourmentés, revenant à la charge contre les actes arbitraires de l'administration, qui, au mépris de la Charte, prétend les con-traindre à démolir leurs maisons sans indemnité préalable, le rap-porteur, M. Lorimier, proposait de renvoyer la pétition au ministre de l'intérieur.

M. Leroy appuie fortement l'avis de la commission ; comme dé-puté de l'un des arrondissements de la Seine, l'honorable membre croit devoir faire entendre sa voix ; il insiste avec chaleur sur la jus-tice des réclamations élevées depuis long-temps par les pétition-naires ; il pense que la chambre ne peut se refuser au renvoi proposé.

M. Benjamin Constant. Le préopinant m'a complètement dispensé de plaider la cause des pétitionnaires. Je me bornerai à rappeler à la chambre que six années se sont écoulées depuis qu'elle a renvoyé au ministre de l'intérieur leurs premières réclamations. Elle devait s'attendre à une justice plus prompte. Mais il y a plus, ce renvoi ordonné par vous n'était pas le seul titre des pétitionnaires : une or-donnance avait été rendue en leur faveur ; enfin ils avaient obtenu un jugement positif. Eh bien ! lois, ordonnance, jugement, tout est demeuré en suspens, ou plutôt tout a été violé.

M. le ministre de l'intérieur est resté dans une inaction complète ; depuis 1821 jusqu'en 1827, il a paralysé la valeur des propriétés entre les mains des propriétaires. Une ordonnance est rendue ; que fait-il ? il ne l'exécute pas : une décision judiciaire est obtenue ; que fait-il ?

il force M. le préfet à élever un conflit. Une pareille manière de procéder est éminemment inconstitutionnelle. J'appuie le renvoi proposé par la commission; mais j'invite M. le ministre de l'intérieur à sortir enfin de son inertie, et à terminer une contestation qui a porté une si funeste atteinte aux propriétés des pétitionnaires.

M. de Chabrol (préfet de la Seine) ne s'oppose point au renvoi demandé, mais il pense qu'il n'y a pas lieu à accuser l'administration d'un déni de justice.

M. Benjamin Constant réplique à M. de Chabrol en citant les articles de l'ordonnance rendue le 3 mai 1822. « N'est-ce pas une dérision, dit-il, de supposer qu'un Conseil municipal demande l'autorisation d'acquérir pour faire cesser un état de choses fâcheux, et qu'il refuse d'acquérir après l'avoir obtenue? Le tribunal a décidé que M. le préfet serait tenu d'exécuter l'ordonnance. Si les inconvénients qu'il vient de signaler au sujet des constructions existent, comme je le crois, qu'en résulte-t-il, sinon qu'il faut acquérir? J'insiste donc sur le renvoi, espérant que M. le ministre de l'intérieur ne persévérera point dans son inertie. »

M. de Peyronnet, de sa place : Je ne conçois pas qu'on puisse accuser un ministre d'inertie dans une affaire où ce n'est pas à lui de prononcer.

M. Benjamin Constant. L'ordonnance est du 3 mai 1822; c'est donc depuis quatre ans que M. le ministre de l'intérieur persévère dans son inertie, ou, si M. le garde des sceaux l'aime mieux, qu'il exerce son activité. (Rire universel.)

M. de Peyronnet déclare que, sans avoir une connaissance personnelle des faits, il croit pouvoir démêler la vérité à travers les circonstances qui viennent d'être exposées par M. Benjamin Constant. Son Excellence fait un nouvel exposé des faits, appuyé sur l'ancienneté de la servitude, et termine en disant qu'un conflit s'est élevé pour savoir qui doit être juge dans la question, des tribunaux ou de l'autorité administrative. Il n'y a pas eu de décision rendue, et il convient d'attendre qu'il y en ait une.

M. de Chabrol donne de nouvelles explications pour justifier la conduite du conseil municipal, et déclare qu'il ne s'oppose point au renvoi.

M. le président fait observer que personne ne s'oppose à la seule proposition qui ait été faite.

M. Cornet d'Incourt demande l'ordre du jour, et le motive sur l'inconvenance qu'il y aurait à mettre un poids dans la balance, tandis que l'affaire est pendante au Conseil d'État.

La chambre passe à l'ordre du jour.

On voit la foi qu'il faut ajouter à l'assurance de M. Peyronnet; il affirmait le 12 mai, pour faire repousser les pétitionnaires, qu'il n'y avait pas de décision rendue sur le conflit, qu'il convenait d'attendre qu'il y en eût une; dès le 5 avril précédent, l'ordonnance avait passé au Conseil d'État, qu'il préside toujours, qu'il présidait ce jour-là, après une discussion à laquelle il a pris part; il affirmait, de plus, qu'il n'avait aucune connaissance des faits.

M. Cornet d'Incourt, conseiller d'état, participant à la délibération prise un mois auparavant, a fait admettre l'ordre du jour, parcequ'il y aurait de l'inconvenance à mettre un poids dans la balance tandis que l'instance était pendante au Conseil d'État.

La chambre a été égarée par les allégations mensongères du ministre de la justice et d'un conseiller d'état; qu'en doit-elle penser aujourd'hui?

Dans cette affaire, le ministre et le Conseil d'État n'en étaient pas réduits à des tâtonnements; ils avaient déjà nombre de précédents, dont trois d'un seul coup.

Le 6 mars 1816 :

La première ordonnance contre le sieur Salzet;

La deuxième contre le sieur Véron;

La troisième contre le sieur Hervé.

Les trois autres avaient décidé qu'il fallait démolir les édifices construits à une distance moindre de cinquante toises du mur d'enceinte de la ville de Paris.

Voyez encore trois autres ordonnances des 24 décembre 1818, 31 mars 1824 et 17 août 1825, contre Fayard, Lamblin et Lecocq, à l'occasion de ces mêmes terrains.

Le Conseil n'hésite jamais de se prononcer sur les plus grandes questions de propriété.

20 novembre 1815. Il défend de construire, reconstruire ou réparer aucun édifice, soit dans les villes, soit dans les campagnes, sous peine de démolition, sans avoir préalablement obtenu les alignements.

30 juillet 1817. Quand une maison est destinée à disparaître pour agrandissement d'une place, le propriétaire ne peut la réparer, bien qu'il n'ait reçu ni indemnité ni promesse d'indemnité.

Les 3 et 17 juin 1818. Il appartient aux maires de faire exécuter les alignements dans les rues des villes, bourgs et villages, qui ne sont pas même routes royales ou départementales.

Le particulier qui se permet une construction sur un chemin vicinal, sans avoir obtenu d'alignement, peut être obligé à la démolition, malgré qu'il prétende être propriétaire du terrain sur lequel il a construit, et que la question de propriété soit déjà soumise à un tribunal.

Il suffit, pour le cas où il serait déclaré propriétaire, que le préfet lui ait réservé le droit de réclamer une indemnité.

24 mars 1820. L'administration peut, pour cause d'intérêt général et de sûreté publique, faire démolir des édifices formant propriété

particulière, malgré que l'expert du propriétaire pense qu'avec de légères réparations il y a possibilité de le conserver.

Cette décision peut conduire fort loin, avec une administration aussi malveillante, inspirant aussi peu de confiance que celle que nous venons de voir tomber, malheureusement après six longues années d'existence. Restant maîtresse de l'application de ces grands mots, *intérêt général, sûreté publique, ordre public*, elle pourra faire abattre telle maison, telle construction qu'elle voudra choisir; elle pourra en tout cas vexer à volonté le propriétaire. C'est ainsi qu'il y a quelques années les actionnaires du théâtre Feydeau furent menacés de la désertion de leur propriété, sous prétexte que la salle menaçait ruine.

La véritable cause du danger et du déplacement était que les sociétaires, qui venaient de faire un bail moyennant 50,000 francs par an, outre plusieurs autres charges, travaillèrent pour en obtenir la réduction. Les bureaux du préfet de police d'alors, M. Dubois, furent accessibles à ces machinations. Sous prétexte du danger de la sûreté publique, les comédiens abandonnèrent la salle, et furent autorisés à se transporter à Favart.

Les actionnaires, ployant sous la nécessité, baissèrent considérablement le prix de location; aussitôt la salle fut hors de danger et rouverte au public.

Dernièrement, machinations à peu près pareilles se sont renouvelées : une salle s'élève à grands frais sur l'emplacement de l'ancien ministère des finances. En ouvrant des rues autour de la salle, le terrain, presque sans valeur sans cela, en acquerra beaucoup. La ville de Paris vote 500,000 francs pour cet objet; la liste civile fournit jusqu'à concurrence de 2,000,000 pour la construction, etc.; tout cela pour éviter 34,000 francs, prix de la location réduite.

Le bail a encore six ans de durée; voilà pourquoi on a commencé à se préparer à l'avance un moyen de retraite et d'affranchissement de dommages-intérêts envers les propriétaires, en renouvelant les cris de danger, de police, de sûreté publique : ceux-ci sont avisés. Aujourd'hui, il faut en convenir, la discussion est plus possible qu'elle était en 1811, époque du premier coup d'autorité : si on a les jésuites de plus, on a la crainte de moins; ils défendront leurs droits avec force et vigueur, et chercheront à se préserver des abus d'autorité auxquels l'administration est toujours trop disposée à s'abandonner.

9 mai. Lorsque des soumissions ont été annulées à défaut de procès-verbal d'estimation contradictoire, le règlement de compte des fruits récoltés depuis l'envoi en possession, entre les détenteurs et l'ancien propriétaire, ne peut être poursuivi que devant l'autorité administrative.

Conflit du préfet du Puy-de-Dôme confirmé; jugement d'Issoire non avenu.

Même jour. Un tribunal doit surseoir à l'instruction du délit jusqu'à ce qu'il ait été statué par l'administration sur la question préjudicielle de savoir si, en fait de travaux publics, l'exécution des arrêtés d'un préfet, approuvés par une décision ministérielle, a pu être suspendue par un arrêté de sous-préfet.

Conflit du préfet de la Dordogne confirmé; jugements du tribunal correctionnel de Sarlat non avenus.

16 dudit. L'autorité administrative seule est compétente pour statuer sur la question préjudicielle de savoir si un entrepreneur a excédé l'autorisation résultant de son marché et des actes de l'administration.

Les tribunaux doivent surseoir au jugement de la plainte jusqu'à ce qu'il ait été statué sur la question.

Conflit du préfet de la Haute-Saône approuvé; jugements du tribunal correctionnel de Lure non avenus.

25 juillet. Les contraventions aux lois et règlements sur les grandes routes doivent être jugées par les Conseils de préfecture.

Ainsi, lorsqu'un piqueur des ponts et chaussées a dressé procès-verbal de contravention pour la dimension et l'essence des arbres plantés sur une route royale, et qu'il est actionné en dommages-intérêts pour avoir, en marquant du marteau de l'administration, blessé des arbres plantés par un riverain, les tribunaux doivent surseoir, jusqu'à ce que l'administration ait prononcé sur la contravention.

M. le duc de Praslin avait fait planter, sur la grande route de Paris à Genève, plusieurs arbres.

Sous prétexte qu'ils n'avaient pas la dimension prescrite par les arrêtés administratifs, et qu'ils n'étaient pas d'ailleurs de l'essence indiquée par ces arrêtés, le sieur Sieule, piqueur des ponts et chaussées, les frappa du marteau pour être arrachés, comme ayant été plantés en contravention au décret du 16 décembre 1811.

Le duc de Praslin cite Sieule devant le tribunal de Melun, pour être condamné à des dommages-intérêts, à raison de ce qu'il avait blessé cent cinquante pieds d'arbres à lui appartenant.

Jugement du tribunal de Melun qui, par défaut, condamne Sieule.

Un conflit est aussitôt élevé par le préfet de Seine-et-Marne, sur lequel est intervenue l'ordonnance suivante :

« Vu la loi du 17 février 1800 (28 pluviôse an VIII);

» Vu la loi du 28 février 1805 (9 ventôse an XIII);

» Vu le décret réglémentaire du 16 décembre 1811;

» Considérant que le sieur Sieule, agissant en qualité d'agent des ponts et chaussées, commissionné et assermenté, avait dressé procès-verbal de contravention aux dispositions des lois et règlements sur les grandes routes; qu'aux termes de l'article 114 du décret du 16 décembre 1811, la connaissance de cette contravention appartient aux Conseils de préfecture;

« Considérant que la demande intentée par le sieur duc de Praslin, contre le sieur Sieule, avait pour objet de faire condamner le sieur Sieule à la réparation du dommage qu'il lui avait causé, en frappant du marteau des ponts et chaussées les arbres à l'occasion desquels le procès-verbal avait été dressé;

« Considérant que, lors de la comparution devant le juge de paix, le sieur Sieule avait fait connaître qu'il avait qualité des agents des ponts et chaussées, et que le procès-verbal de non-conciliation a été produit devant le tribunal; qu'en cet état, le tribunal aurait dû surseoir à statuer sur la demande en dommages-intérêts réclamés par le sieur duc de Praslin, jusqu'à ce que le Conseil de préfecture eût prononcé sur la contravention énoncée dans le procès-verbal.

» L'arrêté de conflit est confirmé; le jugement du tribunal de Melun est considéré comme non avenu. »

On voit l'étalage de lois que fait le Conseil d'Etat, en tête de son ordonnance; nous avouons que nous n'avons trouvé, dans l'une ni dans l'autre, aucun texte qui pût un peu s'appliquer au cas présent; aussi, dans les motifs, n'y trouve-t-on que l'article 114 du décret de 1811 : c'est donc à celui-là qu'il faut se référer; en voici les termes :

« Il sera statué sans délai par les Conseils de préfecture, tant sur les oppositions qui auraient été formées par les délinquants, que sur les amendes encourues par eux, nonobstant la réparation du dommage.

» Seront en outre renvoyés à la connaissance des tribunaux, les violences, vols de matériaux, voies de fait, ou réparation de dommages réclamés par des particuliers. »

Il est assez singulier que ce soit l'article invoqué, sur lequel l'ordonnance est fondée, qui repousse directement le système du Conseil d'Etat.

33.

La première partie donne bien compétence aux Conseils de préfecture, tant sur les oppositions des délinquants, que sur les amendes encourues, malgré la réparation des dommages.

Mais la deuxième renvoie aux tribunaux la réparation des dommages, qu'elle regarde comme tout-à-fait distincte et indépendante des oppositions et de l'amende. Ces dommages peuvent exister, soit qu'il y ait ou qu'il n'y ait pas contravention, qu'il y ait ou qu'il n'y ait pas amende prononcée.

M. de Praslin se plaint précisément dans ce dernier cas; pourquoi donc le Conseil a-t-il voulu le priver de la dernière disposition, pour lui appliquer uniquement la première, et surtout pour faire entraîner l'une par l'autre, comme étant connexes, et en rendant la première dominante?

Cette interprétation, cette application, tout montre l'arbitraire qu'on emploie, et la facilité avec laquelle ce corps si souverain prend dans les lois ce qu'il veut, et laisse de côté ce qui ne lui est pas convenable.

La preuve qu'il voit dans le décret tout ce qu'il lui plaît, c'est que, dans une ordonnance du 22 juin 1845, des ouvriers avaient coupé des branches sur un des hêtres bordant la route royale de Paris à Sarrebruck, et que, dans ce cas bien constaté, le Conseil a considéré :

« Que le fait rapporté dans le procès-verbal ne constitue ni un délit ni une contravention, mais un simple dommage envers l'État, dont la connaissance, aux termes du § 1er de l'article 114 du décret du 16 décembre 1811, doit être portée devant les Conseils de préfecture. »

C'est-à-dire qu'ici ils n'ont voulu voir ni un délit ni une contravention, ce qui seul eût pu donner attribution au Conseil de préfecture; et que, déclarant qu'il n'y avait qu'un simple dommage, ils ont encore voulu l'apprécier dans leur intérêt, malgré que le dernier paragraphe l'attribue uniquement aux tribunaux.

Quel renversement d'idées! quelle justice!

8 août. Les dommages causés aux particuliers, par les entrepreneurs, ne peuvent être reconnus et appréciés que par l'administration elle-même.

Conflit du préfet de l'Isère. Jugement du tribunal de paix de Corps non avenu.

Le même jour, malgré qu'il y avait eu une convention avouée de la part de l'entrepreneur, par laquelle celui-ci s'était obligé à payer au propriétaire tout le dommage que lui occasionerait le placement d'une grande quantité de terres sur la propriété voisine, le préfet de la Charente avait élevé un conflit; ce qui prouve l'étonnante facilité avec laquelle ces fonctionnaires font usage d'une arme qu'ils emploient à volonté et toujours impunément.

28 août. C'est à l'autorité administrative qu'il appartient de décider si la propriété d'un bac établi sur une rivière non navigable appartient encore à la personne qui la réclame, ou si c'est l'administration qui en est devenue propriétaire.

Depuis un temps immémorial, et en vertu de titres qui remontent à 1461, la famille Laboissière jouissait des bacs et bateaux établis pour le passage de Brest à Recouvrance et retour. Ne jouissant plus depuis long-temps, les sieur et dame Laboissière assignent l'État, en la personne du préfet du Finistère, à comparaître devant le tribunal de Brest, pour voir juger qu'ils sont propriétaires des bacs et bateaux, et se voir condamner à leur restituer vingt-neuf années de fermages échus le 31 décembre 1826, et les fermages à courir jusqu'à restitution de leur propriété, avec intérêts et dépens.

Le préfet élève aussitôt un conflit, qui est approuvé dans les termes suivants:

« Considérant que la loi du 6 frimaire an VII (26 novembre 1798), en supprimant au profit du trésor public les bacs et bateaux établis pour la traverse des fleuves et rivières navigables, a attribué à l'autorité administrative l'examen des titres et la liquidation des indemnités qui pourraient être dues aux détenteurs et propriétaires desdits bacs et bateaux;

» L'arrêté de conflit est confirmé. »

Le préfet a revendiqué l'affaire, parceque s'agissant, disait-il, de la loi du 6 frimaire an VII, qui a supprimé les bacs au profit de l'État, c'est l'administration seule qui doit faire l'application de cette loi, c'est-à-dire que parceque l'affaire intéresse l'État ou l'administration, c'est l'administration qui doit prononcer. Ce motif n'est pas particulier à l'espèce ci-dessus; il est général et toujours appliqué dans tous les cas. Les conflits sont tous approuvés quand les affaires sur lesquelles ils sont élevés intéressent l'administration; ils ne sont rejetés qu'alors qu'ils sont étrangers à l'administration; ce qui revient à cette idée ou peut être rendu ainsi :

Toutes les fois que les affaires nous touchent directement ou même indirectement, nous les gardons pour les juger. Nous ne nous en dessaisissons que quand elles ne nous concernent en rien; c'est-à-dire que dans tous les procès où nous avons un intérêt quelconque, nous prononçons : autrement dit, nous apprécions nos droits, et jugeons nos procès.

Nous concevons bien son intérêt dans le cas de l'ordonnance ci-dessus : mais nous, qui ne pensons pas qu'il suffise de cet intérêt, qui croyons au contraire que quand il existe, l'administration devrait se déclarer incompétente, afin que, contre le particulier qui plaide avec elle, elle ne soit pas juge dans sa propre cause, nous cherchons dans la loi le texte sur lequel s'est fondé le préfet, et par suite le Conseil d'État. Quelque effort que nous ayons fait pour le rencontrer, nous ne l'avons trouvé nulle part. La grande autorité a ici suivi l'habitude qu'elle s'est donnée d'invoquer une loi, afin de pouvoir la mettre en avant de ses décisions : Vu telle ou telle loi, bien que celle indiquée n'ait aucun trait à la solution, ou n'en ait qu'un fort éloigné.

Cette loi, d'ailleurs, tant d'après sa rubrique, que d'après les dispositions qu'elle renferme, ne mentionne partout que les bacs et bateaux sur les fleuves, rivières et canaux *navigables*; en l'étendant aux rivières non navigables, on la fait sortir des limites dans lesquelles elle a été circonscrite; on attente aux propriétés particulières que la loi n'a point eu en vue de régler.

Déjà, dans une ordonnance du 28 décembre 1825, le Conseil avait fait main-mise sur ces sortes d'affaires. Vainement la dame de La Rochejaquelin invoquait-elle l'avis du comité de législation du 30 juillet 1818, qui établit « que le droit de tout passage d'eau établi, à l'aide de bacs et bateaux, sur les fleuves, rivières et canaux navigables, appartient exclusivement à l'État;

» Que pour les passages sur des rivières non navigables ni flottables, ou sur des points non reconnus tels, le droit de les établir appartient à ceux qui sont maîtres des deux rives, à la charge seulement par eux de s'adresser à l'administration pour la fixation d'un tarif, et sauf la surveillance administrative;

» Que si le passage d'eau établi fait continuation d'un chemin, le droit appartient à l'État, au département ou à la commune, suivant la classe à laquelle appartient le chemin;

» Que l'État ne pourrait intervenir que dans le cas où la rivière deviendrait navigable ou flottable; que jusque là il n'y avait, d'après les termes précis de la loi du 6 frimaire an VII, aucune application à en faire. »

Nonobstant ces raisons, le Conseil a, dans ce cas, comme dans

le précédent, voulu retenir l'affaire; il s'est ici, comme coutumier
du fait, constitué juge dans sa propre cause et dans son propre
intérêt.

CHAPITRE IV.

*Matières électorales. — Conflits en cette partie. — Questions diverses. —
Discussion.*

L'abus des conflits avait été poussé bien loin; les derniers signes
de vie d'une administration expirante en ont peut-être encore reculé
les limites : l'audace qu'elle a montrée n'a peut-être pas peu contribué à hâter le moment de sa chute. Il est vrai qu'elle tombait de dé-
crépitude; qu'elle était en butte à la haine et au mépris public. Venir,
en cet état, braver les citoyens à l'occasion de l'exercice du seul droit
politique qui leur soit conféré; venir même les insulter dans cet
exercice; leur parler de la nécessité d'élire le candidat présenté par
des ministres odieux; imposer ce choix presque de force, et sous des
peines comminatoires; le commander aux fonctionnaires, ou à tout
électeur qui, de près ou de loin, se rattachait par quelque fil aux
intérêts matériels de l'administration; titiller ainsi le caractère français par tout ce qui peut le moins le dominer, c'est le paroxisme de
la démence.

Les faits suivants démontrent la vérité de ces observations.

27 septembre. Quand des difficultés s'élèvent en matière électorale, il suffit que l'on rencontre un arrêté de préfet pour que la
partie lésée ne puisse se pourvoir que devant l'autorité administrative, jamais devant les tribunaux.

La première ordonnance du Conseil d'État est ainsi conçue :

« Considérant qu'il résulte de la requête, de l'exploit, et des conclusions ci-dessus visés, que le sieur Noël a saisi notre Cour royale de Paris de l'appel et de la demande en annulation d'un arrêté rendu par le préfet de Seine-et-Marne statuant en Conseil de préfecture; que cet appel et cette demande d'annulation ne peuvent être portés que devant nous, en notre Conseil d'État.

» ART. 1ᵉʳ. L'arrêté de conflit ci-dessus visé, pris par le préfet du département de Seine-et-Marne, est confirmé. En conséquence, la requête, l'exploit et les conclusions ci-dessus visés sont considérés comme non avenus. »

Voilà pour le conflit dans la forme.

Le 8 novembre, le Conseil d'État, statuant au fond, attendu qu'il ne s'agissait que du domicile réel et de fait, et d'une déclaration à la mairie, dont l'appréciation appartient aux tribunaux, et non pas de domicile *politique* résultant d'une déclaration faite à la préfecture, dit qu'il n'y a pas lieu à statuer, et renvoie devant qui de droit.

L'absence du roi ayant retardé la signature de l'ordonnance royale portant approbation de cet arrêté, M. Noël n'a pas attendu qu'il en eût une expédition authentique; il a signifié une nouvelle demande, au fond, au préfet de Seine-et-Marne.

L'avocat général donne lecture du *visa* donné par le préfet sur l'original de l'assignation, lequel porte que l'affaire est identiquement la même que celle du 23 août 1827, et qu'il va être élevé un nouveau conflit.

Noël prétend qu'il n'a pas cessé d'avoir son domicile dans le département de Seine-et-Marne; pour établir la compétence de la Cour, il rappelle l'article 6 de la loi du 5 février 1817, ainsi conçu : « Les difficultés relatives à la jouissance des droits civils ou politiques des réclamants seront *définitivement* jugées par les Cours royales. Celles qui concerneraient les contributions ou son domicile politique, le seront par le Conseil d'État.

M. le premier président observe que le mot *définitivement* pourrait signifier *en dernier ressort*, ce qui n'exclurait pas *le premier ressort*. Voilà l'objection qu'on pourrait vous faire. Je n'entends pas la préjuger. Je ne peux pas non plus dicter les moyens de défense, mais il faut aller au-devant des objections.

M⁰ Barthe, avocat plaidant pour Noël, invoque contre cette interprétation toute nouvelle les arrêts rendus par plusieurs Cours du royaume l'arrêt rendu par la Cour elle-même dans l'affaire Fradelizzi, et enfin l'arrêt si remarquable que vient de rendre la Cour royale de Rouen.

L'avocat général, après avoir discuté dans le sens de l'interprétation annoncée par M. le premier président, conclut à ce que la Cour se déclare incompétente.

L'avocat fait passer sous les yeux de la Cour l'ordonnance royale approbative de l'arrêté du Conseil d'État, qui vient d'être expédiée à l'instant même, et qui déclare que c'est aux tribunaux à connaître de ce genre de difficultés.

Après une heure et demie de délibération dans la chambre du Conseil, la Cour rentre en séance. L'avocat général annonce qu'il vient de recevoir du parquet de M. le procureur général un second arrêté de conflit élevé par M. le préfet de Seine-et-Marne ; mais il déclare que dans la circonstance particulière, et lorsque l'ordonnance royale qui rejette le premier conflit est produite, il ne pense pas que la Cour doive s'y arrêter.

M. le premier président prononce l'arrêt suivant, en présence d'un nombreux auditoire qui avait suivi ces débats avec le plus vif intérêt :

« Considérant que l'article 5 de la loi du 2 mai 1827 porte que nul ne pourra cesser de faire partie des listes prescrites par l'article 2, qu'en vertu d'une décision motivée ou d'un jugement, contre lequel le recours ou l'appel auront un effet suspensif;

» Que d'après ce texte, qui fixe le sens de l'article 6 de la loi du 5 février 1817, les difficultés sur les questions de domicile réel en matière électorale doivent être soumises aux *deux degrés* de juridiction;

» Que, s'il est à regretter que des formes dilatoires puissent priver un citoyen de son droit électoral, il ne s'ensuit pas qu'à cause de l'urgence la Cour puisse se dispenser de faire l'application de la loi.

» Sur la demande de Noël, renvoie ledit Noël devant le tribunal de Meaux, dépens réservés, sur lesquels les premiers juges statueront. » (12 novembre 1827.)

Cette interprétation, toute juste qu'elle puisse être, est d'autant plus malheureuse que, rendue à une époque rapprochée des élections, M. Noël n'a pas pu faire juger avant qu'elles soient consommées. Par là, il se trouve définitivement exclu par le fait, et sans aucun recours ouvert contre le préfet, qui, de cette manière, reste maître souverain de toute exclusion qu'il jugera à propos de prononcer.

Ne sent-on pas que pour complément de la loi, et pour garantir son exécution, il faut de toute nécessité organiser la responsabilité des agents du pouvoir? Sans cela, toute loi livrée à la libre exécution qu'ils en pourront faire n'est plus qu'un vain auxiliaire pour le citoyen.

Il est à notre connaissance que le sieur Noël avait, depuis cet arrêt, qui ne permettait pas de douter de la réussite au fond, demandé au sieur Goyon, préfet, de le comprendre dans la liste, et que l'instance n'aurait plus de suite : cet agent s'y est impitoyablement refusé. L'élection de Meaux, malgré ces entraves et ces éliminations, a produit le général Lafayette.

M. Noël, exclu par cet arrêt des élections qui se préparaient, crut qu'il renfermait une fausse interprétation de l'article 6 de la loi du 5 février 1817; il s'est pourvu en cassation dans l'espoir d'en obtenir une autre.

Le rapporteur a présenté des observations très étendues, dans lesquelles il a passé successivement en revue la législation ancienne et nouvelle sur l'attribution des questions électorales. Avant la révolution, les Parlements seuls en jugeaient; l'Assemblée constituante se garda bien de les confier à l'administration; la Convention elle-même ne s'en attribua pas la juridiction, et pour la première fois, sous l'empire de la Charte, on vit le Conseil d'État, c'est-à-dire l'organe du pouvoir exécutif, revêtu de fonctions jusque-là jugées incompatibles avec sa position dans la hiérarchie des pouvoirs.

Cependant la loi existe; elle doit être exécutée; elle a partagé les questions électorales entre le Conseil d'État et les Cours royales; au premier, elle attribue exclusivement la connaissance du domicile politique; aux secondes, celle des droits civils. Dans l'espèce, il s'agissait de fixer le domicile réel; la question que le procès faisait naître devait-elle appartenir au Conseil d'État ou aux Cours royales? Si elle était dévolue aux Cours royales, elles devaient juger de suite sans le préalable d'un premier ressort; sinon la question n'était dévolue aux tribunaux que comme question préjudicielle ordinaire, pour être définitivement jugée par le Conseil d'État; dans le premier cas, il y avait lieu d'admettre le pourvoi; mais dans le second, la Cour n'avait fait qu'une juste application de la loi qui soumet aux deux degrés de juridiction toutes les affaires qui ne sont pas frappées d'une attribution spéciale.

« Le but de la loi de 1827 a été méconnu, disait M⁰ Isambert; ce but était d'abroger la disposition de celle de 1817, qui rendait provisoirement exécutoires les décisions d'un préfet, et pouvait ainsi priver un électeur du droit précieux de participer au choix des représentants.

» Le nombre déjà si faible des électeurs en France était ainsi exposé à être diminué; on a voulu qu'il fût complet; l'ordre public y était intéressé; de là ces dispositions qui permettent, ou plutôt qui prescrivent, de juger les questions électorales avec la plus grande rapidité.

» Les questions qui s'élèvent sur la situation du domicile réel seraient-elles donc les seules qui ne participassent pas au bénéfice de la prompte expédition, et qui dussent parcourir les lenteurs des deux degrés de juridiction?

» On avait pensé d'abord que le domicile réel rentrait dans les attributions du Conseil d'État; mais on a bientôt reconnu que cette autorité n'avait reçu compétence en matière électorale que pour empêcher les empiètements du pouvoir judiciaire; en effet, le domicile politique résulte des déclarations faites devant les préfets et reçues par eux; on ne pouvait donc confier aux tribunaux le jugement de ces questions, sans en même temps les rendre juges d'un acte administratif. Mais tout ce qui n'a pas été dévolu nécessairement au Conseil d'État est resté dans le droit commun; cependant il ne s'ensuit pas que la question du domicile réel soit restée dans le droit commun et doive subir les deux degrés de juridiction; la loi attribue la connaissance des droits civils aux Cours royales; or, le domicile réel fait partie des droits civils; le Code en traite au livre des personnes; il est en effet inhérent à la personne; il la constitue en quelque sorte; la connaissance en a donc été déférée aux Cours royales sous les expressions générales de *droits civils*, et dès lors, en vertu de cette délégation spéciale, la Cour avait le droit de juger directement, et ne pouvait, sans violer la loi, renvoyer devant un tribunal de première instance, sous prétexte de la nécessité des deux degrés. »

L'avocat général a conclu à l'admission de la requête. Mais après un long délibéré en la chambre du Conseil, la Cour:

« Attendu que dans le nombre des difficultés qui peuvent s'élever en matière électorale, la loi n'attribue spécialement aux Cours royales que la connaissance de celles qui naissent à l'occasion des droits civils ou politiques; que, dans l'espèce, il s'agissait seulement du domicile réel du demandeur, ce qui constituait uniquement une question de fait, laquelle ne rentrait point dans la classe des questions attribuées aux Cours royales;

» Rejette le pourvoi. » (*Du 21 février 1828.*)

Cette interprétation, qui tend à restreindre la spécialité des Cours royales dans les difficultés relatives aux droits civils ou politiques est un peu rigoureuse. Dans ce cas là même, n'eût-on pas pu regarder que la question qui s'élevait sur le domicile réel se rattachait directement aux droits civils ou politiques; qu'elle était, par conséquent, dans les attributions judiciaires? La Cour royale de Paris, celle de cassation en ont pensé autrement : tout en se soumettant à leurs décisions, il faut reconnaître que ce n'est qu'un seul arrêt qui ne forme point encore jurisprudence, auquel, par conséquent, on ne peut appliquer cette antique règle du droit romain : *In ambiguitatibus verò que ex lege proficiscuntur, rerum perpetuò similiter judicatarum, vim legis obtinet auctoritas.*

A la suite d'une décision de cette nature, il est satisfaisant d'en rapporter une autre de cette Cour, dans laquelle se trouvent des motifs qui, s'ils étaient mis en pratique, seraient non seulement la critique des conflits, mais tendraient directement à les extirper, ou à les regarder comme non avenus, dans les cas où ils sont un empiètement évident sur l'ordre judiciaire.

Voici l'espèce :

« Deschamps et Renault avaient été cités devant le tribunal de police, pour se voir condamner à l'amende prononcée par l'article 471 du Code pénal, pour n'avoir pas, suivant les arrêtés du préfet, élagué différents arbres qui leur appartiennent sur le chemin vicinal qui conduit à la grande route de Rennes à Saint-Malo.

Le tribunal de police se déclare incompétent, par le motif que les arrêtés du préfet prescrivent de porter ces contraventions devant le juge de paix. »

Sur le recours en cassation, ce jugement a été cassé par les motifs suivants :

« Attendu qu'il est du devoir des tribunaux de police de réprimer, par l'application des peines légales, les contraventions aux arrêtés pris par les autorités administratives dans la sphère de leurs attributions ;

» Attendu que l'arrêté du préfet d'Ille-et-Vilaine, contenant des mesures pour l'élagage des arbres le long des chemins vicinaux, rentrait pleinement dans l'ordre des devoirs et des attributions de cet administrateur ; que les chemins de cette nature font partie de la petite voirie, confiée aux soins et à la surveillance de l'administration, spécialement chargée par la loi d'entretenir le bon état et la viabilité de ces communications ;

» Attendu que la contravention était régulièrement établie et non contestée par les prévenus ; d'où il suit que le tribunal de police ne pouvait se refuser à prononcer les peines déterminées par la loi ;

» Attendu néanmoins que le tribunal de police de Rennes s'est déclaré incompétent, sous prétexte qu'une disposition de l'arrêté du préfet disposait que les contraventions devaient être portées devant le juge de paix ;

» Attendu que, quand même il ne serait pas naturel de penser que le préfet, dans son arrêté, en indiquant le juge de paix, l'a indiqué en la qualité qu'il devait procéder, les juridictions sont d'ordre public; *qu'il n'appartient aux administrateurs ni de troubler ni d'intervenir cet ordre ; que les tribunaux tiennent leur pouvoir de la loi, et qu'ils ne doivent consulter qu'elle seule pour assurer leur compétence, d'après la nature des contestations qui leur sont soumises;*

» Casse, etc. » (*Du 26 juillet 1827.*)

Le même jour, il y a eu encore deux autres arrêts conformes. Ces raisons, entendues comme elles doivent l'être, donnent aux tribunaux les moyens de ne point s'arrêter aux conflits, toutes les fois qu'ils tendent à leur enlever des affaires qui leur sont attribuées par la loi.

L'attribution peut leur être faite par les lois générales ou par des lois spéciales; ils sont aussi bien saisis d'une manière que de l'autre: dans les deux cas, l'article 4 du Code civil, qui dit que le juge qui refusera de juger, sous prétexte du silence, de l'obscurité ou de l'insuffisance de la loi, pourra être poursuivi comme coupable de déni de justice, leur est également applicable : par conséquent, on ne peut admettre que le pouvoir judiciaire, qui a des droits et des devoirs aussi étendus que ceux qui dérivent de sa propre organisation, et des lois de l'État et des constitutions anciennes et nouvelles du royaume, puisse être subordonné au caprice des agents administratifs, qui à volonté viendraient les paralyser et arrêter le cours de la justice.

Vainement objectera-t-on que le déni de justice ne résulte que du refus de juger, sous prétexte du silence, de l'obscurité, ou de l'insuffisance de la loi, et non du refus quand il y a conflit, puisque les tribunaux ne peuvent passer outre sans se rendre coupables des peines déterminées dans les articles 127, 128 et 129 du Code pénal.

N'est-ce pas ici que se placeront naturellement les raisons données par la Cour de cassation dans l'arrêt ci-dessus : qu'il n'appartient aux administrations ni de troubler ni d'intervertir l'ordre public; que

les tribunaux tiennent leur pouvoir de la loi, et qu'ils ne doivent consulter qu'elle seule pour assurer leur compétence, d'après la nature
des contestations qui leur sont soumises?

Qu'un conflit mal à propos élevé ne peut arrêter le cours de la
justice réglée, ni fournir à des tribunaux légalement saisis un prétexte de s'abstenir de l'accomplissement de leurs devoirs; que le
Code ne parle et ne peut parler que des cas légaux où ils em-
piéteraient sur l'autorité administrative, et rejetteraient injustement
une revendication faite par celle-ci; que de même quand la loi commande obéissance à l'autorité, il faut entendre une autorité régulière,
agissant dans l'intérêt ou dans l'exécution des lois; qu'autrement l'a-
gent ou le fonctionnaire qui se soumet à une autorité illégale, ou
à un ordre arbitraire, ou qui le donne de propre mouvement, agit
sous sa responsabilité personnelle; que s'il plie devant cet arbitraire
ou le commande, il est coupable de ne pas le repousser avec les
lois, et de s'être détaché des devoirs qu'elles lui imposent, etc., etc.

Qu'en appliquant ces raisonnements aux conflits, les juges n'ont pas
dû les reconnaître en fait, sans les apprécier en droit; qu'ils n'ont dû
s'y soumettre qu'alors qu'ils étaient réguliers, et élevés *secundum jus*,
et non quand ils étaient eux-mêmes un empiètement répréhensible
qui les plaçait dans l'illégalité prévue par les articles 130 et 131 du
Code pénal ainsi conçus:

« Les préfets... qui se seront ingérés à prendre des arrêtés généraux,
tendant à intimer des ordres ou des défenses quelconques à des Cours
ou des tribunaux, seront punis de la dégradation civique. »

« Lorsque ces administrateurs entreprendront sur les fonctions
judiciaires en s'ingérant à connaître de droits et intérêts privés du
ressort des tribunaux, et qu'après... ils seront punis d'une amende
de 16 francs au moins, et de 150 francs au plus. »

Qu'il faut entendre ces articles les uns par les autres: qu'au lieu de se soumettre aux art. 127, 128, 129, les Cours et tribunaux devaient, indépendamment de toutes les lois générales, invoquer les articles 130 et 131, les opposer aux agents administratifs, pour refouler les transgresseurs de la loi dans la ligne qu'ils ne pouvaient franchir impunément?

A quoi bon, par exemple, en matière d'élections, qui sont le point vital de notre organisation, dire que les Cours royales prononceront sur les difficultés, si les préfets, avec leurs conflits, peuvent à volonté leur enlever cette spéciale et importante attribution.

La Cour de Rennes, remontant à la source du mal, a examiné les lois dont on a fait résulter le droit de conflit: elle vient, avec raison, de décider que ce droit était sans application aux élections, pour lesquelles il y avait, dans les lois nouvelles, des dispositions spécialement attributives, et par conséquent prohibitives des conflits.

Voici l'espèce particulière dans laquelle un arrêt de cette importance, destiné à faire la base de la jurisprudence électorale, est intervenu.

M. Joseph Tiret, marchand à Rennes, a demandé à être inscrit sur la liste des jurés, formée en vertu de la loi du 2 mai 1827. Sa demande a été repoussée par décision du préfet d'Ille-et-Vilaine, attendu qu'il payait depuis moins d'un an l'augmentation de patente sans laquelle il n'atteignait pas le cens électoral.

M. Tiret s'est pourvu contre cette décision devant la Cour royale ; sur la requête de son avoué, M. le premier président a fixé la cause au 14 février. A l'ouverture de l'audience, M. l'avocat général a donné lecture de l'arrêté du 13 février, par lequel M. le préfet élevait le conflit de juridiction, et a requis qu'il fût sursis à prononcer jusqu'à la décision du Conseil d'État. M° Jolivet, avocat plaidant pour M. Tiret, a soutenu que le préfet était sans droit pour élever le conflit, et qu'en matière d'élection, la Cour était seule juge de sa compétence.

L'avocat a commencé ainsi :

« La France, a dit un honorable député, M. Casimir Perrier, a soif de justice administrative. »

Ce député voulait dire qu'il était temps que l'administration rentrât enfin dans les voies de justice. L'administration n'a pas compris ces paroles ; elle a cru que la France avait soif d'être jugée par elle, et sans doute pour lui complaire, elle vient, armée de conflits, offrir, ou plutôt imposer sa juridiction aux lieu et place de la juridiction des Cours.

Pour justifier que le conflit avait été élevé sans droit, l'avocat a cité les articles 5 et 6 de la loi du 5 février 1817, et l'article 4 de la loi du 2 mai 1827. Ces lois lui ont paru spéciales, incompatibles avec la législation sur les conflits. Dans les matières ordinaires, l'administration et la justice sont deux pouvoirs indépendants ; les préfets ne sont point subordonnés aux Cours royales ; les Cours royales ne sont point subordonnées aux préfets. Mais les lois sur les élections ont subordonné l'autorité des préfets à l'autorité des Cours.

L'article 5 de la loi du 5 février 1817 porte que les préfets jugent provisoirement ; l'article 6, que les Cours jugent définitivement.

Les préfets sont donc juges inférieurs, les Cours juges supérieurs ; or, comment admettre qu'un juge inférieur enlève au juge supérieur le pouvoir de juger ?

« Il faut, a ajouté l'avocat, opter entre les lois sur les conflits et les lois électorales ; elles sont inconciliables, antipathiques. Si les conflits sont admis, si le Conseil d'État devient grand-juge dans les questions d'élections, il n'y a plus de garantie.

» Le Conseil d'État, corps amovible et dépendant, appartient à l'administration, ne fait qu'un avec elle. L'administration serait donc juge et partie. Telle est d'ailleurs la constitution du Conseil d'État, son éloignement des justiciables, la lenteur de ses formes, que tout recours devant lui est illusoire. En effet, jusqu'ici le Conseil d'État n'a statué sur les réclamations des électeurs qu'après l'élection. Les conflits qui dessaisiraient la Cour au profit du Conseil d'État aboutiraient donc à un déni de justice.

» Si les lois électorales sont incompatibles avec les lois sur les conflits, elles sont en parfaite harmonie avec la Charte, qui veut que nul ne soit distrait de ses juges naturels (article 62), que la justice soit administrée par des juges inamovibles (articles 57 et 58).

» Avec les conflits, il n'y a plus que les juges d'exception, les juges amovibles, le Conseil d'État; sans les conflits, nos juges naturels, nos juges inamovibles, nos Cours royales; avec les conflits..., des lois contraires à la Charte; sans les conflits..., *des lois en harmonie avec la Charte*, des lois telles que nous les voulons, telles que nous les promet le discours du trône.

» ... Ah! laissez-nous, a dit l'avocat en terminant, laissez-nous des magistrats que nous connaissons, que nous respectons, qui jugent, non suivant les instructions ministérielles, mais suivant la loi; qui jugent le droit et non les opinions politiques; des magistrats qui chaque jour pratiquent religieusement ce précepte de l'Écriture : *qu'il ne faut pas faire acception des personnes dans les jugements.* »

Après la plaidoirie, M. l'avocat général a déclaré se référer à la prudence de la Cour, qui, audience tenante, a rendu l'arrêt suivant :

« Attendu que le droit commun établi par les lois des 21 fructidor an III et 13 brumaire an X, est sans application aux élections, pour lesquelles une règle particulière et exceptionnelle a été consacrée par l'article 6 de la loi du 5 février 1817,

» Ordonne à M⁰ Jolivet, avocat du sieur Tiret, d'entrer dans les explications nécessaires pour qu'elle puisse juger si la difficulté dont il s'agit tombe sous l'application de la première ou de la deuxième disposition de l'article 6 de la loi du 5 février 1817. » (Du 20 février 1828.)

14 octobre. Un fils, au profit de qui son père a fait d'avance le partage de ses biens, avec abandon de l'usufruit, n'a pas droit d'être porté sur les listes électorales.

Les sieurs Aimé-François et Jules-Olivier Leclerc se pourvoient au Conseil d'État contre un arrêté du préfet de la Mayenne, pris en Conseil de préfecture, qui avait rejeté leur demande afin d'être portés sur la liste générale du jury de ce département.

Voici l'ordonnance intervenue sur cette réclamation :

« Considérant, d'une part, que la possession à titre successif dépend de la nature des biens et de celle du droit en vertu duquel on possède ; que la nature des biens doit être telle, qu'ils puissent faire partie de la succession du donateur ; que le droit du possesseur doit être de telle nature, qu'il résulte nécessairement de sa qualité d'héritier ; que, dans l'espèce, la nue-propriété des immeubles dont il s'agit est évidemment possédée à titre successif, puisqu'elle représente le lot que les copartageants doivent recueillir dans la succession du donateur ; que l'usufruit, au contraire, n'a pas été transmis aux mêmes conditions ; que les fruits perçus et consommés avant la mort de l'homme n'entrent pas dans sa succession ; qu'ils ne sont pas sujets à rapport, aux termes de l'article 856 du Code civil ; que par conséquent les héritiers n'en peuvent exiger ni retenir une partie, en vertu de leurs droits héréditaires ; que, selon l'opinion commune des jurisconsultes, on recueille en avancement d'hoirie, et par conséquent à titre successif, ce qu'on est obligé de rapporter à la succession ; qu'on reçoit au contraire à titre de donation simple les choses dont on profite, sans être tenu de les rapporter à la succession. (*Répertoire*, v° *Avancement d'hoirie.*)

» Considérant, d'autre part, qu'aux termes de l'article 608 du Code civil, les contributions publiques sont une charge de l'usufruit; que l'usufruit qu'invoquent les réclamants n'ayant pas été acquis par eux à titre successif, l'exception établie par l'article 4 de la loi du 29 juin 1820 ne saurait leur être applicable;

» Notre Conseil d'État entendu, nous avons ordonné et ordonnons ce qui suit:

» ART. 1er. La requête des sieurs Leclerc est rejetée. »

Est-il possible d'admettre une distinction plus futile que celle que consacre cette ordonnance? Est-il possible surtout d'en faire résulter un effet aussi absurde que celui qu'on lui fait produire? Par acte public, le sieur Leclerc père fait, entre ses enfants, le partage de ses biens; il leur en abandonne immédiatement l'usufruit par le même acte: comment donc dire que la nue-propriété est bien transmise à titre successif; mais qu'il n'en est pas de même de l'usufruit, parceque les fruits perçus et consommés avant la mort n'entrent pas dans la succession, et ne sont pas sujets à rapport.

N'en est-il pas de même de la propriété? Ce qui se dit de l'un n'est-il pas également commun à l'autre? N'est-ce pas le même acte qui a transmis l'un comme l'autre? N'est-ce pas le même acte qui, du vivant du père, a donné au même titre, dans la même forme, la propriété comme l'usufruit? Quelle différence y a-t-il dans la stipulation ou dans la loi, qui puisse appliquer à l'un ce qu'il ne faudrait pas appliquer à l'autre? On dispose de la propriété du vivant du père, comme on dispose des fruits. Pareil raisonnement paraît inconcevable: ce qu'il y a de singulier, c'est qu'après avoir cité, soit la loi, soit divers articles du Code civil, tout-à-fait étrangers à la question, qui lui seraient plutôt contraires qu'applicables, on a cru encore devoir s'appuyer sur l'opinion de M. Merlin.

Dans l'exil où est placé ce grand jurisconsulte, il ne devait pas s'attendre à un pareil honneur de la part de messieurs du Conseil d'État, qui, d'habitude, ne puisent pas leurs motifs de décision dans les doctrines de cet auteur, tout à la fois si profond et si judicieux. Que dirait-il, s'il voyait comment on le torture pour lui faire justifier la distinction établie dans l'ordonnance entre la donation en avancement d'hoirie et la donation pure et simple?

Le Répertoire, comme on le sait, refait par M. Merlin, rapporte l'ancienne jurisprudence qui se trouvait établie dans la première édition; il a soin d'énoncer ensuite le changement qu'y a apporté la nouvelle.

MM. du Conseil croyant trouver dans la première quelque chose pour appuyer leur opinion, s'en sont emparés, et ont laissé de côté le nouveau droit indiqué par M. Merlin.

En effet, après avoir dit qu'une donation en avancement d'hoirie diffère d'une donation ordinaire, en ce que l'on est obligé de rapporter à la succession ce que l'on a reçu par anticipation, au lieu que lorsque la donation a été pure et simple, on profite de l'objet donné, et on ne laisse pas de prendre dans la succession la portion qu'on doit y avoir, il ajoute presque immédiatement, et à la fin de l'article : « *Il n'y a plus aujourd'hui de différence entre les donations en avancement d'hoirie et les donations pures et simples.* (*Voyez* Rapport.)

Quoi de plus formel? quoi de plus faux, par conséquent, que la citation qui se trouve dans l'ordonnance? Elle ne serait au surplus pas plus applicable à l'espèce, puisqu'il n'y a pas eu deux titres; que c'est le même acte qui a conféré la nue-propriété et l'usufruit aux enfants Leclerc; que l'un comme l'autre sont transmis au même titre; que la distinction imaginée au Conseil entre les fruits et la nue-propriété, n'est qu'un rêve fantastique pour arriver, il faut le dire, à une véritable absurdité.

Cette aberration prouve la témérité du Conseil, de se hasarder dans des discussions de droit qui devaient lui être absolument étrangères, surtout quand il n'y a pas eu de discussions contradictoires propres à éclairer la solution de questions de cette nature.

Ce qu'il faut remarquer, c'est l'habitude que se sont faite MM. du Conseil, de se regarder comme autorité souveraine, et de la présenter comme telle aux préfets.

M. Martignac, coupable et coutumier du fait, a eu la naïveté d'en convenir à la Chambre des députés, dans la séance du 8 février 1828.

Il s'agissait de l'admission de M. Gellibert, nommé député par le premier arrondissement de la Charente.

Le rapporteur fait observer que pendant la séance de nomination le préfet écrivit au président du collége la lettre suivante :

« J'ai appris qu'un assez grand nombre de voix devait se réunir pour porter à la députation M. Gellibert, dans le collége électoral que vous présidez. Je crois devoir vous informer qu'une ordonnance du roi, en date du 14 octobre dernier, réduisant la cote de ses contributions au-dessous du cens déterminé par la loi, le rend non éligible, et que par conséquent s'il était proclamé par la majorité des électeurs, ce choix donnerait lieu nécessairement à une réélection. J'ai cru qu'il pouvait être utile de donner connaissance de ce fait à MM. les électeurs, qui se verraient forcés, s'ils l'ignoraient, de se réunir de nouveau en assemblée électorale. »

Cette lettre produisit l'effet naturel que tout homme sensé devait en attendre ; les opérations, suspendues pour la lecture que le président en fit publiquement, furent aussitôt reprises : sur 406 votants, M. Gellibert obtint au premier tour 310 suffrages.

Le préfet, blessé sans doute du démenti qu'il venait de recevoir de la part d'un collége d'électeurs qui avait refusé de le croire sur parole, poussa de toutes ses forces à la nullité de l'élection. Il déclare qu'après la réduction des contributions de M. Gellibert, déduction faite de celles qui lui avaient été imputées, par suite d'une donation de son père, il ne payait plus que 791 fr. : cette déclaration est faite, ajoute-t-il, en vertu d'un arrêté du Conseil d'Etat du 7 novembre 1827.

Le rapporteur observe que d'après un précédent établi sur M. Agier, qui avait décidé que la donation d'un père équivalait à un titre successif, était un véritable avancement d'hoirie, le bureau ne faisait aucune difficulté ; il avait chargé seulement le rapporteur d'exprimer un sentiment *d'improbation* de la conduite du préfet de la Charente.

A ce mot, M. de Martignac monte rapidement à la tribune pour déclarer qu'il n'approuvait pas la lettre du préfet, ni qu'il ne venait point justifier sa conduite. Mais comme le mot improbation a été prononcé, qu'il est peut-être un peu sévère, que le préfet n'a point cessé d'être en fonctions, il a cru devoir présenter les motifs qui pouvaient rendre sa conduite excusable.

« C'est une question fort grave de savoir si l'on est dispensé de la possession annale par suite de la donation d'un père. Cette question s'est présentée plusieurs fois, elle n'a pas toujours été résolue dans le même sens. Ainsi l'on a cité l'élection de M. Agier, validée en 1824, quoiqu'il se trouvât dans le même cas que M. Gellibert, ce qui établit un précédent en faveur de l'opinion, que la donation d'un père équivaut à un titre successif. Mais la même question a été soumise en 1827 au Conseil d'Etat, qui l'a décidée tout autrement que la Chambre des députés en 1824.

« En énonçant cette disposition comme existante, j'ai voulu vous dire que le préfet en étant instruit, avait pu croire de son devoir de la faire connaître aux électeurs, et qu'il a pu commettre par erreur ce que votre deuxième bureau a blâmé. »

M. Agier observe qu'alors que la question s'est présentée pour lui, tous les jurisconsultes de l'assemblée, parmi lesquels se trouvait M. de Martignac lui-même, avaient considéré la donation du père comme un avancement d'hoirie : que la question qui s'était présentée au Conseil d'État n'était pas du tout la même, puisque la difficulté roulait principalement sur une réserve d'usufruit, cas différent de celui où se trouve M. Gellibert.

N'est-il pas singulier de voir M. de Martignac venir s'opposer à l'improbation manifestée par la Chambre, pour la conduite du préfet?

« C'est une question fort grave, dit-il, de savoir, » etc.

En admettant qu'elle le fût, de quel droit le préfet à qui elle n'est point soumise vient-il la trancher? quelle qualité avait-il pour le faire? de quel droit surtout vient-il s'interposer dans un collége électoral dont il ne fait point partie, apporter non seulement son opinion, mais une assertion de fait qui était de nature, si l'administration n'eût pas inspiré autant de défiance, à faire tomber aussitôt l'élection du candidat?

Comment donc un préfet ose-t-il dans un cas aussi imminent, au moment où des électeurs votent, prendre sur lui de déclarer que le candidat n'est pas éligible, quand ce fait d'inéligibilité dépend d'une très importante question de droit? Il est à remarquer que dans sa lettre, non seulement il n'énonce pas la raison de douter, mais il la tait de la manière la plus absolue. Il annonce clairement que M. Gellibert, ayant ses contributions réduites en vertu d'ordonnance du 14 octobre dernier, c'est-à-dire ordonnance rendue en vue des élections qui se faisaient, et sûrement dans l'unique vue de l'écarter, était inéligible, et que son choix donnerait nécessairement lieu à réélection.

Est-il possible d'être plus téméraire, de montrer plus nettement les illégales entreprises de l'administration : et que pour arriver à écarter un candidat qui lui déplaisait elle était déterminée à employer tous les moyens?

On veut l'excuser avec la décision du Conseil d'État : mais cette décision n'était pas rendue dans le même cas, puisqu'il y avait une réserve d'usufruit qui en changeait tout-à-fait l'espèce; y eût-elle été conforme, quelle influence peut avoir une décision du Conseil d'État sur un collége d'électeurs? pourquoi surtout énoncer comme fait certain ce qui, même en ce cas, n'eût été que l'argument tiré d'une opinion du Conseil d'État? Les électeurs vont-ils donc désormais se trouver dominés par les avis du Conseil d'État, annoncés par les préfets, avis intervenus dans des affaires qui ont avec le cas qu'ils prennent sur eux de jeter au milieu d'une assemblée délibérante, une analogie plus ou moins grande?

Qui a donc pu motiver cette intervention officieuse du préfet? S'il a obéi à un ordre supérieur, qu'il produise cet ordre, le signataire en sera responsable.

S'il a agi de propre mouvement, il a dépassé la ligne de ses devoirs; il a fait une entreprise blâmable; il a cherché à pénétrer dans un collége qui ne le consultait point, et auquel il devait rester étranger; les électeurs délibérants exerçaient un droit de souveraineté auquel il a cherché à porter atteinte, et dont il voulait, par abus de pouvoir, en s'interposant entre eux et le candidat qu'ils voulaient élire, paralyser la volonté : sous tous les rapports, sa conduite est blâmable; elle doit non seulement être improuvée, ainsi qu'y concluait le rapporteur, mais punie de la manière la plus exemplaire. Il y a trop d'inconvénients de ne pas sévir contre de pareils écarts, qui sont les abus de pouvoir les mieux caractérisés. L'habitude prise par ces fonctionnaires est d'ailleurs trop dangereuse pour ne pas la changer; en faisant des exemples sur ceux qui, comme celui-ci ont fourni la preuve écrite de leur empiètement, on serait assuré de ne plus la voir se perpétuer.

14 octobre. S'il appartient à l'autorité judiciaire de statuer sur les difficultés relatives à la jouissance des droits civils et politiques, elle doit s'abstenir, lorsqu'il s'agit de réformer un acte administratif et d'ordonner l'inscription sur la liste du jury.

Le sieur Fradelizzi, exclu de la liste des électeurs par le préfet de la Seine, s'est pourvu devant la Cour royale de Paris, qui a observé à l'avocat qu'il n'était pas nécessaire qu'il justifiât la compétence de la Cour.

En fait, Fradelizzi, né en Italie, s'est établi en France en 1782.

En 1792, il fut compris dans la réquisition, et porta les armes comme citoyen français.

La constitution de 1793 permet à un étranger d'acquérir la qualité de Français, pourvu qu'il ait résidé un an sur le territoire de la république, qu'il y ait formé un établissement.

Fradelizzi a donc acquis, par l'effet de cette loi, les droits de citoyen français; et bien que les lois postérieures aient exigé d'autres formalités, et notamment des lettres de naturalisation, ces lois n'ont pu avoir d'effet rétroactif, et porter atteinte à des droits dès lors irrévocables.

Il a continuellement, depuis cette époque, exercé tous les droits attachés à sa nouvelle qualité; deux fois, en 1822, il a pris une part active aux opérations des colléges électoraux. C'est donc une prétention toute nouvelle que celle élevée aujourd'hui par le préfet de la Seine.

M. Tarbé, substitut, sans élever aucun doute sur la compétence, a pensé que la Constitution de 1793 avait donné à Fradelizzi une qualité que rien désormais ne pouvait lui enlever.

Après trois quarts d'heure de délibération, la Cour a rendu l'arrêt suivant, en date du 26 septembre :

« Considérant que, s'agissant d'une question d'état, la Cour royale est compétente, et que par la force des choses la Chambre des vacations doit nécessairement en connaître ;

» Considérant que, d'après l'article 4 de la Constitution de 1793, l'étranger âgé de vingt-un ans, domicilié en France, qui vivait de son travail, était admis aux droits de citoyen français ;

» Considérant que Fradelizzi était domicilié en France depuis 1791, qu'il y avait formé un établissement, et que par conséquent les droits de citoyen lui étaient irrévocablement acquis ;

» Considérant qu'on n'allègue aucune circonstance qui ait fait perdre au sieur Fradelizzi la qualité de citoyen français ;

» Considérant que si les constitutions postérieures ont exigé une déclaration expresse, elles ne pouvaient avoir d'effet contre Fradelizzi, et n'étaient applicables qu'aux étrangers qui n'avaient pas acquis la qualité de citoyen ;

» La Cour, statuant sur l'appel interjeté par Fradelizzi de l'arrêté du préfet du 19 février 1824, annulle ledit arrêté ; ordonne que Fradelizzi sera inscrit sur la liste des électeurs compris dans la première partie de la liste du jury pour 1828. »

Le préfet élève conflit contre cet arrêt.

Voici l'ordonnance qui est intervenue :

« Vu le renvoi fait à notre Conseil d'État, comité du contentieux, par notre garde des sceaux, ministre de la justice, d'un arrêté de conflit pris par le préfet du département de la Seine relativement à un arrêt rendu le 26 septembre 1827, par la Cour royale de Paris, au profit du sieur Fradelizzi, et signifié audit préfet le 28 du même mois ;

» Vu ledit arrêté, en date du 29 septembre 1827, par lequel le

préfet de la Seine élève le conflit d'attribution contre ledit arrêt,
en tant seulement qu'il a annulé l'arrêté pris par ledit préfet, en
Conseil de préfecture, le 21 août 1827, et ordonné l'inscription du
sieur Fradelizzi sur la liste du jury;

» Vu la requête présentée par le sieur Fradelizzi à notre Cour
royale de Paris le 22 septembre 1827, et tendant à obtenir l'autorisation d'assigner le préfet du département de la Seine devant la
Chambre des vacations, pour voir dire que le sieur Fradelizzi sera
inscrit sur la liste du jury du département de la Seine;

» Vu l'exploit, en date du 24 septembre 1827, par lequel, en vertu
de l'ordonnance étant ensuite de la requête ci-dessus visée, le préfet
de la Seine a été assigné par le sieur Fradelizzi à comparaître, le
26 septembre 1827, devant la Chambre des vacations pour défendre
sur l'appel de la cause;

» Vu l'arrêt rendu par la Chambre des vacations de notre Cour
royale de Paris le 26 septembre 1827, par lequel la Cour, sans s'arrêter aux dispositions des arrêtés du préfet du département de la
Seine des 19 février 1824 et 21 août 1827, annulle lesdits arrêtés, et
ordonne que le sieur Fradelizzi sera inscrit sur la liste du jury pour
l'année 1828;

» Vu la lettre de l'avoué du sieur Fradelizzi, constatant qu'il lui a
été donné connaissance de l'arrêté de conflit sus-visé;

» Ensemble toutes les pièces jointes au dossier;

» Considérant 1° que, par l'arrêt ci-dessus visé de la Chambre des
vacations de notre Cour royale de Paris, notredite Cour a jugé que
le sieur Fradelizzi jouissait de la qualité et des droits de citoyen
français;

» 2° Que notredite Cour a reçu l'appel qui avait été interjeté devant elle, des arrêtés pris les 19 février 1824 et 21 août 1827, par le
préfet de la Seine, en Conseil de préfecture, et annulé lesdits arrêtés;

» 3° Que notre Cour a ordonné l'inscription du sieur Fradelizzi sur les listes du jury du département de la Seine;

» Considérant que s'il appartient à l'autorité judiciaire de statuer sur les difficultés relatives à la jouissance des droits civils et politiques, conformément à l'article 6 de la loi du 5 février 1817, il ne lui appartient pas de réformer un acte administratif, ni d'ordonner l'inscription sur la liste du jury;

» Considérant que l'arrêté de conflit n'a été pris que sous ce dernier rapport seulement;

» Notre Conseil d'État entendu,

» Nous avons ordonné et ordonnons ce qui suit:

« ART. 1ᵉʳ. L'arrêté de conflit pris par le préfet du département de la Seine, le 29 septembre 1827, est confirmé.

» En conséquence, l'arrêt rendu le 26 septembre 1827 par la Chambre des vacations de notre Cour royale de Paris sera considéré comme non avenu dans la disposition par laquelle ladite Cour a annulé les arrêtés du préfet du département de la Seine des 19 février 1824 et 9 août 1827, et ordonné l'inscription du sieur Fradelizzi sur la liste du jury du département.

» ART. 2. Notre garde des sceaux, etc. »

Dans cette ordonnance, la marche du Conseil n'était pas fixée; elle ne l'a pas même été depuis.

On remarque le renvoi fait au comité du contentieux par le garde des sceaux, tandis que depuis il a été fréquemment adressé au comité de l'intérieur. Comment expliquer cette incertitude? Sur quelle règle se fonde-t-on pour saisir tantôt l'un tantôt l'autre comité? L'esprit qui domine l'un et l'autre est bien le même, mais il y a cette différence que la présence d'un avocat aux Conseils non seulement n'est pas nécessaire au comité de l'intérieur, mais qu'elle n'y est pas admise. On a voulu s'affranchir de la gêne, toute faible qu'elle soit, de la pré-

sence de ce Conseil. de cette manière, point de communication obligée ; c'est la partie elle-même qui doit se présenter en personne,
puisqu'elle n'a point de mandataire *ad lites*, et qu'on ne veut même
en reconnaître aucun. MM. les conseillers attachés à ce comité secret
opèrent à huis clos, comme et ainsi qu'il leur plaît. Nous avons sous
les yeux un mémoire rédigé par M. Colin, contre les écarts et la
conduite arbitraire du préfet du Jura dans la confection des listes
électorales ; tous les actes qu'il signale, les malfaçons géminées que
s'est permises ce préfet ; son éloignement de la préfecture pendant
les derniers jours de la clôture ; le refus de recevoir les titres des
électeurs propres à établir leur qualité ; les persécutions éprouvées
par M. Colin, qui pendant long-temps a exercé de la manière la plus
distinguée et la plus impartiale les fonctions de procureur du roi à
Lons-le-Saulnier, et qui ne faisait, en cette circonstance, que prêter
son assistance et ses lumières à ceux des électeurs qui avaient sans
cesse à combattre des obstacles qui s'élevaient successivement devant
eux ; tout a été porté devant le comité de l'intérieur, où, au moment
que nous écrivons, il n'a pu encore obtenir, non seulement justice,
mais une décision quelconque. Que peut-on attendre d'une autorité
qui a une marche si peu assurée, que tantôt elle procède d'une façon,
tantôt de l'autre ? Ici, dans les mêmes matières d'élection, il faut aller
à un comité ; là, on est renvoyé à un autre : rencontra-t-on jamais,
dans aucun corps de l'État, pareille vacillation, ou une inégalité de
cette sorte ?

Lorsqu'on arrive au fond, l'ordonnance est au moins aussi critiquable.

Que signifie ce motif, que l'autorité judiciaire peut bien statuer
sur la jouissance des droits civils et politiques, conformément à l'article 6 de la loi du 5 février 1817, mais qu'elle ne peut plus réformer
un acte administratif qui n'a eu pour objet que de priver de la jouis-

sance de ces droits et d'exclure un électeur de la liste, uniquement parcequ'il ne jouissait pas de ces droits?

On cite bien là loi qui fait attribution aux tribunaux dans tel cas donné, pourquoi ne cite-t-on pas celle qui saisit l'administration, et qui, lorsque les tribunaux, prononçant dans leurs attributions, avisent aux moyens d'exécution de leurs décisions, doivent s'arrêter devant un acte administratif illégal qu'ils rencontrent, lorsque l'acte paralyse directement leurs pouvoirs, ou les place tout-à-fait sous l'autorité administrative, qui fera exécuter la décision judiciaire, si elle veut, quand elle voudra, et ainsi qu'elle le voudra?

Dès qu'il est reconnu que l'administration ne doit pas prononcer sur la jouissance des droits civils et politiques, pourquoi donc s'y est-elle immiscée de fait? Pourquoi prend-elle un arrêté qui écarte Fradelizzi de la liste électorale, parcequ'il est étranger? Dès que cette difficulté se présentait, ne devait-elle pas s'abstenir de la résoudre? Ne devait-elle pas la renvoyer devant les tribunaux, seuls compétents pour en connaître? En ne se conduisant pas ainsi, elle a indubitablement commis un acte d'empiètement sur les tribunaux : parcequ'elle a exercé celui-là, il faut qu'elle se livre à un autre; il faut qu'elle détruise un arrêt de Cour souveraine. Est-il possible de trouver une plus imprudente justice? Le mal fait en commande un autre. Parcequ'il y a cumulation de maux, au détriment des contendants et de l'ordre judiciaire lui-même, il faut laisser subsister tout ce qui vient de l'administration, et anéantir tout ce qu'ont fait les tribunaux, bien qu'ils aient procédé dans l'ordre naturel de leur juridiction.

Que voulait-on donc qu'ils fissent dans le cas qui leur était soumis? Fradelizzi avait été rejeté de la liste électorale comme étranger; il saisit la Cour royale du point de savoir si on avait pu l'en exclure par ce motif; la Cour, en décidant affirmativement, et en déclarant

qu'il avait qualité pour y être porté, a donc dû, en reconnaissant
cette qualité, ajouter qu'il devait être rétabli sur les listes dont à
tort il avait été rejeté; elle a même dû, pour assurer l'exécution de
son arrêt, faire cesser l'obstacle; autrement, et sans cette disposition, l'arrêt eût pu être ou n'être pas exécuté, au caprice de l'administration : comme c'était elle qui était la véritable partie contradictoire et intéressée de Fradelizzi, elle n'a pu abandonner celui-ci,
le dénuer de tout moyen coactif, et le laisser ainsi à la merci de son
adversaire. La loi citée de 1817 fait la part des tribunaux : supposer
qu'un simple acte administratif peut leur enlever cette part ou la
leur laisser, sans que Fradelizzi ait dans l'arrêt qui déclare son droit
aucune disposition pour se le faire adjuger et s'en faire mettre en
possession, contre le gré même du préfet, c'est rendre la loi insignifiante et absurde.

Le droit de l'administration ne découlait pas de l'acte qu'elle a
fait, mais bien de la loi. Or la loi lui refuse le droit qu'elle s'est
arrogé; son acte est donc nul et irrégulier; l'ordonnance qui a détruit la disposition judiciaire qui levait l'obstacle mal à propos
apporté, ne doit donc pas être suivie : elle est la suite de ce système
affreux qui tend à paralyser l'action des tribunaux toutes les fois
qu'il y a un acte administratif, quelque irrégulier qu'il soit. Cet acte
ne peut avoir la puissance de les faire reculer, aussitôt qu'ils le rencontrent; autrement il suffira que l'administration gagne de vitesse,
pour que la partie contendante soit soustraite à ses juges naturels.
Pareil système ne peut se soutenir.

14 octobre. C'est à l'autorité administrative seule, et non à l'autorité judiciaire, qu'il appartient de décider comment doit être entendue la disposition qui autorise la belle-mère à faire porter ses
contributions sur son gendre, à défaut de fils ou petit-fils, aux fins
de lui conférer la qualité d'électeur.

Cette arrogance du Conseil d'État est tellement notoire aujour-
d'hui, elle a reçu devant les Cours où elle s'est présentée de tels développements, qu'il suffirait de les réunir pour démontrer l'abus que
le Conseil d'État vient de faire de son pouvoir, sur un point vital de
notre organisation actuelle.

Nous n'en présenterons pas même une collection complète, les
dernières ne seraient que la répétition des autres.

« 1° Vu le rapport par lequel notre ministre nous défère l'arrêté
pris en Conseil de préfecture par le préfet du Loiret, le 25 septembre dernier, qui, sur la délégation de contributions faite conformément à la loi du 29 juin 1820 en faveur du sieur Desforges,
pharmacien à Pithiviers, par la dame veuve Orillard, sa belle-mère;
et attendu que le sieur Stanislas Orillard, seul fils vivant de cette
dame, n'a pas la capacité pour exercer les droits électoraux, admet
le sieur Desforges à être inscrit sur la première partie de la liste
du jury;

» Vu l'arrêté attaqué;

» Vu l'art. 5 de la loi du 29 juin 1820, ainsi conçu : « Les con-
» tributions foncières payées par une veuve sont comptées à
» celui de ses fils, à défaut de fils, à celui de ses petits-fils, et à
» défaut de fils et de petit-fils, à celui de ses gendres qu'elle
» désigne; »

» Vu la loi du 2 mai 1827, art. 2;

» Vu les ordonnances rendues sur des questions semblables, sous
les dates des 22 et 27 octobre 1820, 6 avril et 15 juillet 1821;

» Considérant que l'art. 5 de la loi du 29 juin 1820 n'admet les
veuves à déléguer les contributions directes à un de leurs gendres,
qu'à défaut de fils et de petit-fils; que le sens littéral de ces mots est
que les gendres sont exclus par les fils et petits-fils; que pour qu'il
en fût autrement, il faudrait que la loi se fût exprimée en ces termes:

37.

A défaut de fils et de petit-fils remplissant les autres conditions requises pour exercer le droit électoral ;

» Considérant que la dame veuve Orillard a un fils vivant ; que dès lors elle n'a pas pu déléguer ses contributions à son gendre ;

» Notre Conseil d'État entendu, nous avons ordonné et ordonnons ce qui suit :

» Art. 1er. L'arrêté pris par le préfet du département du Loiret, en Conseil de préfecture, le 25 septembre 1827, et qui admet le sieur Desforges (Cysille Isidore) sur la première partie de la liste du jury, est annulé.

» Art. 2. Les contributions payées par la dame veuve Orillard ne pourront être comptées au sieur Desforges, son gendre. »

Il est à remarquer que le préfet et le Conseil de préfecture, entraînés par la force de la loi, avaient admis le sieur Desforges ; on voit bien la mention du *Vu l'arrêté attaqué*, mais on ne dit pas par qui, ce qui laisse la difficulté de savoir qui a pu le faire. Serait-ce le préfet qui, après avoir concouru à une décision, l'attaquerait lui-même ? Si elle est rendue de son avis, il est trop dur de le forcer à attaquer son propre acte. L'inconvénient reste le même, si elle n'est pas de son avis ; il y aurait encore de plus celui d'annihiler les Conseils de préfecture, en leur disant, que s'ils ne prononcent pas comme il l'entend, il attaquera ce qu'ils feront.

Serait-ce le ministre ? il n'a ni droit ni qualité pour cela. Le Conseil d'État n'aurait donc pas été régulièrement saisi ; il n'est pas habitué à se donner ces scrupules ; il a suffi qu'on vînt à lui pour que, sans examiner autre chose, il se hâtât de faire ce qui convenait alors à MM. Villèle, Peyronnet et Corbière.

On a vu du reste les autorités imposantes sur lesquelles il s'appuie ; ce sont ses propres décisions de 1820 et 1821. Quelque respectables qu'elles puissent être, nous qui ne sommes pas habitué à leur accorder un respect aveugle , nous avouons que nous aurions aimé à y trouver une discussion un peu plus rationnelle , et surtout des autorités pour le Conseil prises ailleurs que dans le Conseil.

14 novembre. Même décision dans les termes suivants :

« Considérant que l'exploit ci-dessus visé, du 29 septembre 1827, avait pour objet :

» 1° De faire juger par notre Cour royale de Dijon que les contributions qui ont été déléguées au sieur Perrot par sa belle-mère, doivent lui être comptées pour son inscription sur la liste des électeurs du département de la Côte-d'Or;

» 2° De faire mettre au néant, par notredite Cour, l'arrêté pris le 25 septembre 1827 par le préfet de la Côte-d'Or, en Conseil de préfecture;

» 3° De faire ordonner par notredite Cour royale l'inscription dudit sieur Dupont sur la liste électorale du département de la Côte-d'Or;

» Considérant, sur le premier chef des conclusions dudit exploit, qu'il ne s'agit pas, dans l'espèce, de difficultés relatives à la jouissance des droits civils et politiques du sieur Perrot, lesquels ne sont pas contestés, mais qu'il s'agit de l'admissibilité d'une délégation de contributions par une belle-mère à son gendre, ce qui constitue une difficulté concernant les contributions en matière électorale ; d'où il suit qu'aux termes de l'article 6 ci-dessus visé de la loi du 5 février 1817, c'est à nous, en notre Conseil d'État, qu'il appartient d'y statuer;

» Considérant, sur les deuxième et troisième chefs, que , dans le cas même où les tribunaux sont appelés à prononcer conformément à l'article 6 ci-dessus visé de la loi du 5 février 1817, il ne leur appartient pas de mettre au néant un acte administratif, ni d'ordonner l'inscription sur une liste électorale;

« Art. 1er. L'arrêté de conflit ci-dessus visé, du 1er octobre 1827, pris par le préfet du département de la Côte-d'Or, est confirmé.

« En conséquence, l'exploit ci-dessus visé, du 29 septembre 1827, est considéré comme non avenu. »

Même jour. Même décision sur le conflit élevé par le préfet de la Somme contre l'arrêt de la Cour d'Amiens du 27 septembre, ainsi conçu:

« Considérant que la cause ne présente aucune difficulté, soit quant à la nature ou à l'assiette des contributions déléguées, soit quant à leur quotité, ni aucune question administrative; mais qu'il s'agit de l'exercice d'un droit politique et de la faculté d'en opérer et recevoir la transmission; que c'est dès lors à la Cour royale qu'il appartient d'en connaître, aux termes de l'article 6 de la loi du 5 février 1817, et de l'article 4 de la loi du 2 mai 1827;

« Au fond, considérant que le législateur, voulant que la propriété fût, autant que possible, toujours représentée, a eu en vue de régler l'exercice actuel des droits électoraux, et que c'est dans cette intention qu'il a admis les fils, petits-fils et gendres, à défaut les uns des autres, à faire valoir les droits dont les femmes se trouveraient privées par leur veuvage; mais que, par les termes dont il s'est servi, il n'a entendu régler que l'ordre des préférences entre personnes capables, en plaçant le fils avant le petit-fils, et celui-ci avant les gendres, et non pas prononcer l'exclusion de ces derniers par le seul fait de l'existence d'un fils, d'ailleurs incapable d'exercer les fonctions électorales; que, dans le système contraire, le but du législateur ne serait pas atteint;

« Attendu, en fait, que la veuve Demailly n'a ni fils, ni petit-fils apte à exercer les droits électoraux; qu'ainsi elle se trouve dans le cas prévu par l'article 5 de la loi du 29 juin 1820, qui autorise la délégation qu'elle a faite ;

« Sans s'arrêter ni avoir égard à l'incompétence proposée, non plus qu'aux dispositions de l'arrêté du préfet de la Somme, reçoit l'appel interjeté par Fevez et la veuve Demailly, et, y statuant, déclare bonne et valable la délégation faite par ladite dame veuve Demailly audit Fevez son gendre ; ordonne en conséquence qu'il sera inscrit sur la première partie de la liste du jury, pour l'année 1828, laquelle doit paraître le 1ᵉʳ octobre prochain, pour autant que les contributions à lui déléguées et réunies aux siennes compléteront le cens électoral voulu par la loi. »

Un conflit est élevé contre cet arrêt.

L'article 6 de la loi du 5 février 1817 porte : « Les difficultés relatives à la jouissance des droits civils ou politiques seront définitivement jugés par les Cours royales ; et celles qui concerneraient les contributions ou le domicile politique le seront par le Conseil d'État. » Dans ce dernier cas seulement, le Conseil d'État doit en connaître. Mais s'agit-il de la capacité des citoyens, de leurs droits civils ou politiques, les Cours royales seules peuvent prononcer.

Comment s'est opérée la transmission des contributions de la veuve à son gendre ? Quels actes trouve-t-on dans cette opération ? un seul : c'est un acte purement civil passé devant un notaire, officier de l'ordre civil, qui exerce les fonctions civiles, et ne ressort jamais que de l'autorité judiciaire. Tout est consommé, sans que l'administration soit intervenue par aucun agent, par aucun acte, ni directement ou indirectement.

Dira-t-on qu'il ne s'agit pas de la délégation en elle-même ni de sa validité intrinsèque, mais bien du droit qu'avait la veuve de Mailly de faire cet acte civil, et de celui qu'avait le sieur Fevez, son gendre, de profiter de la délégation ?

Le droit de faire un acte civil, voilà ce qui est mis en question ; c'est une capacité qu'il s'agit d'apprécier. Maintenant, demander à quels juges il appartient de prononcer sur de semblables questions, c'est demander, en d'autres termes, à quels juges la loi confère la haute et importante attribution de fixer l'état des personnes et leur capacité.

Le Conseil d'État persévère dans ses précédents raisonnements. Voici le texte de son ordonnance :

« Considérant, sur le premier chef de l'arrêt de la Cour d'Amiens, qu'il ne s'agit pas, dans l'espèce, de difficultés relatives à la jouissance des droits civils et politiques du sieur Fevez, lesquels ne sont pas contestés ; mais qu'il s'agit de l'admissibilité d'une délégation de contributions par une belle-mère à son gendre, ce qui constitue une difficulté concernant les contributions en matière électorale ; d'où il suit qu'aux termes de l'article 6 de la loi du 5 février 1817, c'est à nous, en notre Conseil d'État, qu'il appartient d'y statuer ;

» Considérant, sur les deuxième et troisième chefs du dispositif, que, dans le cas même où les Cours royales sont appelées à prononcer conformément à l'article 6 de la loi du 5 février 1817, il ne leur appartient pas de recevoir l'appel d'un acte administratif, ni d'ordonner l'inscription sur une liste électorale, etc., etc. »

Elle est, comme la précédente, du 14 novembre.

La Cour de Limoges avait déjà à cette époque rendu une décision fortement motivée, qui renferme presque toutes les raisons qu'il y a à faire valoir contre la thèse que n'a pas craint de soutenir le Conseil d'État, envers et contre presque toutes les Cours du royaume.

En voici le texte :

« Attendu que la matière requiert célérité ; qu'il y a péril en la demeure et lieu à statuer en vacations ;

» Attendu que l'article 6 de la loi du 5 février 1817 porte, que les

Cours royales connaîtront de toutes les contestations qui s'élèvent
sur les droits civils et politiques des citoyens relativement aux élections; le Conseil d'État, de celles qui auraient pour objet les contributions des réclamants et leur domicile politique; qu'il établit ainsi
une ligne de démarcation claire et précise entre les deux autorités;

» Qu'il ne s'agit, dans la cause, ni des contributions personnelles
de Gadon, ni de son domicile politique, mais de l'application de
l'article 5 de la loi du 29 juin 1820, dès lors du droit politique que
Gadon prétend lui être attribué par cette loi, de l'interprétation de
celle-ci, si elle a besoin d'être interprétée; que la juridiction du
Conseil d'État, alors même qu'elle ne pourrait être considérée comme
exceptionnelle, est littéralement interdite en pareil cas, et que celle
de la Cour est aussi clairement établie.

» Attendu, au fond, que l'art. 5 de la loi du 29 juin 1820 est ainsi
conçu :

« Les contributions d'une veuve sont comptées à celui de ses fils
» ou de ses petits-fils, et à défaut de fils ou de petit-fils, au gendre
» qu'elle désigne. »

» Qu'il est reconnu constant dans la cause que la dame Boucheron
de Laprugne n'a point de fils; qu'elle n'a d'autre petit-fils que Fran-
çois-Sylvain Gadon, actuellement âgé de quatre ans; que, par acte
authentique, elle a fait à son gendre, et en vertu de l'article ci-dessus
cité, la transmission des contributions directes assises sur les biens
qu'elle possède; qu'ainsi, en ne consultant que la lettre même de
cette loi, ladite veuve Boucheron se trouverait rigoureusement dans
le cas que cette loi a prévu :

» Qu'en effet les termes *à défaut de fils ou de petit-fils* ne sont pas
l'équivalent de ceux-ci, *s'il n'existe pas de fils ou de petit-fils*; qu'il
y a manifestement défaut de ces derniers lorsqu'ils ne sont pas aptes
à recevoir la transmission que leur mère ou aïeule est autorisée à

faire ; que s'il en était autrement le droit que le législateur a voulu
assurer aux veuves deviendrait, dans beaucoup de cas, illusoire ; que
dès lors la veuve Boucheron n'a fait qu'user, dans la circonstance
dont il s'agit, de la faculté qui lui était acquise ; que cette manière
d'entendre la loi résulte clairement de son sens littéral ; qu'elle est
encore plus manifestement dans son esprit ; qu'en effet dans un gouvernement représentatif tel que celui établi par la Charte, les droits
politiques sont essentiellement attachés à la propriété ; qu'il est dès
lors de l'essence de ce gouvernement que celle-ci soit représentée
autant que possible, et que c'est par ce motif que la loi a autorisé la
veuve à transmettre le droit qu'elle ne pouvait exercer par elle-
même, à un mandataire qui ne serait pas frappé de la même incapacité ; qu'elle n'a pu vouloir lui conférer ainsi un droit dérisoire ;
que loin que la disposition qu'elle a adoptée dans cette intention
soit une exception au principe fondamental que la Charte a établi,
elle n'en est au contraire que la confirmation et la conséquence ; qu'il
n'y a pas lieu conséquemment d'appliquer ici les règles générales
qui s'élèvent contre les lois exceptionnelles, qui doivent être restreintes dans leur sens littéral ; qu'il faut entendre sainement et
loyalement le véritable sens de celle dont il s'agit ; que c'est ainsi
qu'on peut se conformer aux intentions de l'auguste auteur de la
Charte, de ce pacte si solennel, si justement cher à la nation, et
que le premier devoir des magistrats est de justifier de toute atteinte par suite de leur dévouement éclairé au roi et à son auguste
dynastie,

« Sans s'arrêter à l'incompétence proposée, non plus qu'aux dispositions de l'arrêté pris le 30 août dernier en Conseil de préfecture,
par le préfet du département de la Creuse, et faisant application
de l'art. 5 de la loi du 19 juin 1820, ordonne que les contributions
assises sur les biens de la veuve Boucheron de Laprugne, et par elle

transmises au sieur Gadon, son gendre, seront comptées audit Gadon, pour, réunies à celles qu'il paie personnellement, composer son cens électoral; qu'en conséquence il sera réintégré comme électeur sur la première partie de la liste du jury du même département. »

Du 15 septembre 1827.

Cet arrêt fut attaqué par voie de conflit; même ordonnance que ci-dessus.

Le *Moniteur*, en annonçant les conflits élevés par le préfet de la Creuse contre l'arrêt de la Cour royale de Limoges, et par le préfet de la Somme contre l'arrêt de la Cour royale d'Amiens, dit :

« Il s'agissait dans les deux cas de contributions déléguées par des veuves à leurs gendres, et l'art. 6 de la loi du 5 février 1817 attribue au seul Conseil d'État la connaissance des difficultés relatives à l'admission des contributions dans le cens électoral. »

Remontons, pour nous éclairer, aux discussions qui ont eu lieu dans les Chambres.

Dans la séance du 29 janvier, M. le duc Decazes prononça un discours sur la loi du jury et proposa quelques amendements au projet. L'article 3 lui parut surtout susceptible de modification.

« Cet article, disait-il, porte que les réclamations seront jugées conformément à l'article 5 de la loi du 5 février 1817; mais ce dernier article ne fait qu'attribuer aux préfets le jugement en première instance, et c'est l'article 6 qui règle comment l'appel sera dévolu aux Cours royales quand il s'agit des droits civils et politiques, et au Conseil d'État quand il s'agit de difficultés sur les contributions et sur le domicile politique. Il faudrait donc rappeler l'article 6 en même temps que l'article 3. Sans revenir d'ailleurs sur la division que la loi de 1817 a établie entre les Cours royales et le Conseil d'État, le noble pair fera une seule observation : c'est que les questions relatives au domicile politique, qui ne dépend que du fait de l'électeur et non d'un acte de l'administration, devraient être attribuées aux Cours royales, ainsi que l'ont été les questions relatives aux droits politiques, dont la connexion avec le domicile est quelquefois trop grande pour pouvoir être séparée. Mais une difficulté plus sérieuse se présente relativement aux questions qui s'élèvent sur les contributions. Le véritable sens de l'article 6 paraît avoir été de restreindre la juridiction du Conseil d'État au matériel des contributions, à leur assiette et à leur quotité; mais il est évident que toutes les questions relatives à la propriété de l'immeuble imposé, ou à la jouissance des droits électoraux qui en résultent, dans certains cas, pour le mari, pour le tuteur, pour le possesseur par indivis, ne peuvent être distraites du domaine des Cours royales. Cette vérité devient plus frappante encore, lorsqu'il s'agit de prononcer sur la capacité des jurés, et par suite sur la validité des arrêts. Comment et à quel titre le Conseil d'État pourrait-il s'immiscer dans de pareilles questions? C'est aux Cours royales seules qu'il appartient de les résoudre; et s'il n'en est pas tout-à-fait ainsi aujourd'hui, c'est par une fausse interprétation de l'article 6, interprétation contraire au texte comme à l'esprit de la loi, et qui tendrait à rendre toute réclamation illusoire, à raison de l'impossibilité physique de faire juger en temps utile, à Paris, le pourvoi contre une décision prise à la veille des élections, sur un point éloigné de la capitale. Pour éviter toute équivoque à cet égard, il serait nécessaire de modifier l'article 3 du projet, ou plutôt d'y ajouter une disposition qui, en rappelant l'article 6 de la loi de 1817, fixât d'une manière précise les limites de la juridiction du Conseil d'État. »

Dans la séance suivante, M. le comte Siméon, rapporteur de la commission, répondit en ces termes aux objections de M. le duc Decazes :

L'article 3 porte qu'il sera statué sur les réclamations suivant le

mode établi par l'article 5 de la loi du 5 février 1817. Un noble duc
(M. Decazes) a remarqué que l'article 5 déclare seulement la compétence du préfet en Conseil de préfecture pour une décision provisoire,
mais que l'article 6 ensuite divise entre le Conseil d'État et les tribunaux le jugement des recours, selon qu'il s'agit seulement de la
qualité des contributions ou du domicile politique, ou qu'il s'élève
des difficultés relatives à la jouissance des droits civils ou politiques.
Le noble duc conclut qu'il faut mentionner l'article 6 comme l'art. 5 :
nous nous rendons à son observation.

« Il aurait voulu aussi que l'on exprimât que les difficultés concernant l'assiette et la quotité de la contribution seront jugées définitivement par le Conseil d'État, et celles relatives à la jouissance des
droits civils et politiques, par les Cours royales; mais cela nous paraît superflu. C'est la répétition de l'article 6 de la loi de 1817, à laquelle, selon son désir, nous renvoyons. »

Toutefois M. Decazes ne crut pas ses objections suffisamment ré-
futées par les courtes observations de M. le rapporteur, et il revint
de la manière suivante sur les propositions qu'il avait déjà soumises
à la Chambre :

« Déjà dans la dernière séance, dit-il, j'ai fait sentir qu'il était indispensable de rétablir dans l'article en discussion, à côté de la mention de l'article 5 de la loi de 1817, qui règle la manière dont les
réclamations seront jugées en première instance par les préfets,
celle de l'article 6, qui, par dérogation à la règle de la juridiction
administrative, attribue la connaissance de l'appel contre les décisions des préfets aux Cours royales, pour les questions relatives aux
droits civils et aux droits politiques, afin qu'il ne pût entrer dans la
pensée de personne que ce recours serait interdit par la loi nouvelle.
La commission a reconnu cette nécessité; elle a fait droit dans sa rédaction à ma demande; mais j'avais pensé de plus qu'il était néces-

saire d'ajouter un paragraphe explicatif des attributions du Conseil d'État, afin de ne laisser subsister aucune équivoque. La commission n'a pas cru devoir admettre cette proposition, et c'est pour cela que je me vois obligé de la reproduire devant la Chambre. Je ne me dissimule pas que la rédaction d'une pareille disposition présente des difficultés graves; mais si celle que je propose ne paraît pas entièrement satisfaisante, la discussion pourra y suppléer et résoudre les doutes qui subsisteraient encore.

« La loi de 1817 établit deux juridictions distinctes, celle des Cours royales et celle du Conseil d'État pour le jugement en appel des réclamations contre la formation des listes, réclamations qui sont soumises en première instance au préfet en Conseil de préfecture. La division qu'elle établit entre ces deux juridictions d'appel consiste à soumettre aux Cours royales les questions relatives à la jouissance des droits civils ou politiques, et à déférer au Conseil d'État les questions relatives au domicile politique et aux contributions. Je crois que c'est à tort que la loi a attribué au Conseil d'État les questions de domicile politique. Le domicile politique, en effet, résulte non pas d'actes administratifs dont l'interprétation appartient au Conseil d'État; mais d'actes de la volonté libre du citoyen, actes dans lesquels l'administration n'intervient que comme elle intervient aux actes de l'État civil. Les résultats des uns et des autres devraient donc être soumis à la même juridiction, c'est-à-dire à celle des Cours royales. Si donc il y avait lieu pour la Chambre de s'expliquer à cet égard, elle devrait rendre aux Cours royales les questions de domicile politique. Mais la disposition qui attribue au Conseil d'État le jugement des questions de contribution donne lieu à des observations bien plus graves.

« Le véritable sens de la loi de 1817 était évidemment de n'attribuer au Conseil d'État que les questions relatives au *matériel* des contributions, celle de savoir, par exemple, si tel immeuble payait réellement telle ou telle cote d'impôt; mais elle n'avait pas entendu lui conférer le droit de prononcer, à l'occasion des contributions, sur des questions de succession, de partage, d'indivision, et autres qui appartiennent nécessairement à la juridiction ordinaire chargée de prononcer sur les intérêts civils des citoyens. C'est cependant ce qui est arrivé : le Conseil d'État, constitué juge des questions de contribution, a attiré à lui comme accessoires des questions qui étaient réellement les questions principales, et qui appartenaient à une autre juridiction. C'est pour remédier à cet abus que j'ai cru devoir proposer un paragraphe explicatif, que j'ai soumis à la commission, qui a pensé qu'on ne faisait pas des lois pour expliquer des lois. Cela peut être juste en matière ordinaire; mais ici, aux arrêts de quel tribunal faudra-t-il donc s'en remettre pour rectifier cette interprétation, si le Conseil d'État n'a pas adopté celle que la loi devait sainement recevoir? Le Conseil d'État s'attribue d'une manière souveraine toutes les questions qu'il juge être de sa compétence, ou plutôt l'administration l'en saisit au moyen des conflits, sans qu'il soit possible à aucune autorité de s'opposer à l'évocation, qui en définitive est prononcée par une ordonnance du roi, c'est-à-dire par un acte qui rentre dans la responsabilité ministérielle. C'est la loi seule qui peut tracer d'une manière invariable le cercle dans lequel cette juridiction doit se renfermer; et si les limites n'ont pas été assez bien déterminées par la loi existante, il faut qu'une disposition nouvelle y supplée: c'est dans cette vue que j'avais proposé le paragraphe additionnel dont je demande l'adoption. »

M. le garde des sceaux demanda alors à être entendu, et répondit en ces termes au préopinant :

« Comment a-t-on pu supposer aux rédacteurs du projet le dessein d'enlever aux intéressés leur droit de recours? Le ministre accordera

que, si ce droit n'avait pas été législativement reconnu, il pourrait y
avoir matière à quelque doute; mais l'omission dont on se plaint
n'existe pas. Que dit en effet l'article 3? Il renvoie à l'article 5 de la
loi du 5 février 1817 : qu'on se reporte à ce dernier article, on y verra
que le préfet statue provisoirement en Conseil de préfecture, « sauf,
est-il dit, le recours de droit. » Pouvait-on reconnaître d'une manière
plus formelle le droit dont le noble auteur de l'amendement craignait
de voir les intéressés déchus par la loi nouvelle? Au surplus, la rédaction originaire étant suffisante, l'addition proposée par le noble pair,
et admise par la commission, est sans aucun inconvénient. Le ministre
ne s'oppose donc pas à ce qu'elle soit adoptée. Reste la proposition
tendante à modifier l'article 6 de la loi de 1817 : le ministre s'arrête
d'abord à la forme sous laquelle cette proposition est présentée. Serait-ce donc par voie d'amendement qu'on pourrait abroger ou modifier une loi qui se trouve en dehors de la discussion, et à l'égard
de laquelle l'initiative royale ne s'est point exercée? Mais il suffit
d'avoir indiqué cette considération à la Chambre. Le ministre s'empresse d'aborder l'objection telle qu'elle est présentée. L'article 6 de
la loi de 1817 renfermait, suivant le noble pair, des expressions
incertaines et louches, dont on aurait abusé pour étendre les attributions d'un pouvoir, qui, soumis à la direction du gouvernement, serait par cela même sujet à blesser les intérêts des parties. Le ministre
espère démontrer à la Chambre que le noble pair a été induit en
erreur, soit sur le droit, soit sur le fait.

« En droit, le sens de la loi de 1817 n'a jamais paru douteux à
personne. Qu'on consulte les recueils où se trouvent consignées les
décisions du Conseil d'État, on verra qu'il ne s'est jamais mépris au
point de confondre des matières essentiellement distinctes entre elles,
et de dépouiller les tribunaux d'une juridiction qu'il se serait attribuée
à lui-même. La ligne de démarcation établie par la loi de 1817 est

claire et précise ; elle a distingué entre les actes qui, étant purement administratifs de leur nature, ne pouvaient être jugés que par l'autorité administrative, et les droits qui, se rapportant aux intérêts privés des personnes, rentraient dans le domaine de l'autorité judiciaire. S'agit-il de savoir si un individu a la puissance des droits civils ou politiques, ou bien encore de savoir quel est le lieu de son domicile réel ? les tribunaux ordinaires doivent en connaître. S'agit-il, au contraire, de savoir si un individu qui a son domicile réel dans un département a acquis son domicile politique dans un autre par l'accomplissement des formalités prescrites par l'article 3 de la loi précitée, ou bien s'élève-t-il une question relative à l'assiette ou à la quotité de ses contributions ? la connaissance en est attribuée au Conseil d'État, et en cela la loi de 1817 n'a pas, comme on le dit, créé un pouvoir nouveau, établi une juridiction privilégiée ; elle n'a fait qu'appliquer les principes antérieurement consacrés, relativement aux limites des diverses juridictions. Il n'a été douteux ni avant cette loi ni depuis, que les questions qui tiennent réellement à la propriété, dans le sens littéral de ce mot, doivent être renvoyées devant les tribunaux. La méprise que redoutait le noble pair n'est donc pas à craindre. Mais est-il vrai, au fait, que, depuis la loi de 1817, le Conseil d'État se soit saisi lui-même, ou ait été saisi par les parties, de quelqu'un de ces cas particuliers qui rentrerait dans le domaine des tribunaux ; que des conflits aient été élevés par l'administration, et que la juridiction ordinaire ait été dépouillée ? Le ministre ne craint pas d'affirmer que depuis 1831 il n'en a point vu d'exemple : on lui pardonnera de mieux connaître cette période de l'histoire du Conseil d'État que celle qui l'a précédée. Enfin on a parlé de l'irrévocabilité des décisions rendues par le Conseil d'État ; on a fait envisager les fâcheuses conséquences d'une erreur consacrée par un tel arrêt : l'inconvénient est grave sans doute,

mais il est inévitable et commun à toutes les juridictions supérieu-
res. »

Ces décisions et discussions disent tout ce que nous aurions pu dire
nous-même sur la jurisprudence si illégale du Conseil d'État: par
cette raison, nous nous abstenons de toutes autres observations. Elles
ont d'ailleurs bien plus de force dans la bouche des Cours souveraines que dans la nôtre; nous n'y ajouterons par conséquent rien.
Nous allons dire un mot d'une autre difficulté qui s'est présentée encore en matière d'élection.

Les sieurs Martin de Saint-Béat et Vacquerie avaient notifié, par
exploit d'huissier, leurs titres d'électeurs à M. le préfet de la Haute-
Garonne. Ce magistrat n'avait pas cru voir dans l'huissier un porteur
de procuration, et avait refusé de porter le nom des réclamants sur les
listes électorales. La Cour royale de Toulouse a décidé qu'un huissier,
instrumentant à la requête de ses parties, était porteur de pouvoirs
légaux; et réformant la décision administrative, elle a ordonné que
les sieurs Martin et Vacquerie seraient portés sur la liste électorale.

Plusieurs individus au nombre de dix, parmi lesquels on voyait
figurer notamment le sieur Duffé, négociant, et le sieur Pont cadet,
restaurateur, avaient présenté leurs réclamations pour être électeurs,
et avaient succombé dans leurs prétentions, devant le Conseil de préfecture: ils ont recouru à l'autorité de la Cour royale. La cause appelée, M. le premier avocat général Chalret a donné lecture des divers
arrêtés de M. le préfet, relatifs à chacun des réclamants, et par lesquels le conflit était élevé; en conséquence, il a requis la Cour de
s'abstenir de statuer.

M⁺ Romiguières a demandé qu'il fût passé outre, malgré les conflits
élevés, et a justifié son système par la discussion la plus lumineuse.
Après une longue délibération, la Cour a décidé que la législation des
conflits n'était point applicable aux matières électorales; que si on

admettait une telle doctrine, il serait trop facile d'entraver les réclamations relatives aux élections, qui toujours commandaient la plus grande urgence, et se rattachaient aux considérations politiques les plus élevées. Elle a décidé que, dans cette matière, le seul point qu'elle avait à examiner était sa compétence. En conséquence, elle a ordonné qu'il serait passé outre à l'instruction de la cause et aux plaidoiries.

Cet arrêt a produit la plus vive sensation.

Aussitôt l'avocat a cherché à établir la compétence de la Cour, et a démontré les droits de ses clients à la qualité d'électeur. La parole ayant été accordée à M. l'avocat général, celui-ci a refusé de parler, vu l'existence des conflits.

La Cour, après deux heures de délibération, a prononcé l'arrêt par lequel elle a déclaré sa compétence sur tous les points; et statuant sur les réclamations qui lui étaient présentées, a ordonné, en réformant la décision administrative, que les sieurs Pont, Duffé et quatre autres réclamants seraient portés sur la liste électorale; quant aux quatre autres, qui n'avaient pas suffisamment justifié de leurs titres de capacité, elle les a admis à en justifier dans le plus bref délai. La Cour a ordonné l'exécution de ses arrêts nonobstant toute opposition.

Parmi les réclamants, quelques uns avaient été portés d'office sur la première liste dressée par M. le préfet; se fiant à cette inscription, ils n'avaient point justifié, et leurs noms avaient été plus tard radiés. La Cour, en les admettant à justifier de leurs titres, a donc décidé en thèse générale, que lorsqu'il ne s'élevait pas de réclamations de la part de qui que ce fût contre l'inscription d'office, on ne pouvait être rayé du tableau sans qu'on en donnât à la partie intéressée une connaissance légale.

Dans ces derniers temps, plusieurs autres plaintes ont été portées, non seulement à raison de la manière envahissante et abusive des préfets, mais aussi sur leur abstention, sur leur absence, sur le refus de leurs agents ou préposés de recevoir les pièces qui leur étaient apportées les derniers jours de la clôture des listes, sur les actes qu'ils exercent en fait, sans les revêtir de la forme d'arrêtés, ou même sans leur donner aucune forme extérieure.

Plusieurs questions sont nées de ces aberrations; nous rencontrons les suivantes dans une consultation délibérée par plusieurs avocats de Paris, sur un mémoire présenté et signé par plusieurs électeurs de l'arrondissement de Tournon (Ardèche).

1° Peut-on faire annuler l'élection par le fait que des électeurs n'avaient pas le droit de voter? Que faire dans ce cas?

2° Convient-il d'attaquer le préfet? convient-il d'attaquer les faux électeurs? convient-il de les joindre dans une seule cause, ou de séparer les instances? Dans l'un et l'autre cas, quelle est la marche à suivre? de quelles pièces faut-il se munir?

3° En supposant qu'aucune de ces voies ne puisse être ouverte avec chance de succès, faut-il faire une pétition aux Chambres et une adresse au roi?

4° Les meilleures pièces à produire étant les cotes de l'imposition certifiées par les percepteurs, quels seraient les moyens de les contraindre à donner ces cotes? Des notes officieuses suffiraient-elles?

Le mode de procédure à tracer doit varier selon la nature de la réparation que les électeurs se proposent d'obtenir. Veulent-ils faire annuler l'élection à laquelle ont concouru les faux électeurs, c'est à la Chambre des députés, juge souverain des élections, qu'ils doivent s'adresser. Se proposent-ils de faire punir les auteurs et les complices de cette fraude électorale, ils doivent saisir la juridiction criminelle ou correctionnelle. Se borneront-ils à poursuivre l'élimination des noms illégalement portés sur les listes, c'est à l'autorité administrative ou aux tribunaux civils qu'ils doivent s'adresser.

A l'égard du recours à la Chambre, point de forme particulière à suivre ; aucune loi n'a déterminé ni les pouvoirs, ni les moyens d'instruction qu'elle a pour reconnaître si une élection est l'expression franche et légale du choix de la majorité des électeurs ; mais il est certain que, par cela que l'attribution souveraine de statuer sur la validité de l'élection lui a été donnée par la Charte, elle a nécessairement tous les pouvoirs, et peut employer tous les moyens d'instruction qui lui sont nécessaires pour remplir sa mission.

La Chambre des pairs a bien su mettre en pratique l'attribution qui lui est faite par l'article 33 de la Charte, sans attendre la loi organique que cet article annonçait. La Chambre des députés ne sera pas plus qu'elle arrêtée par l'absence d'une procédure particulière appropriée à la vérification de la validité de l'élection.

Quant aux citoyens qui ont à se plaindre d'une fraude électorale, ils n'ont autre chose à faire qu'à dénoncer le fait à la Chambre des députés, appuyer la dénonciation de tous les documents, de toutes les preuves qu'ils pourront recueillir, et attendre avec confiance sa décision suprême.

Il n'en est pas de même quant aux deux autres voies de réparation ; elles sont réglées par des lois positives, dont l'application à une matière toute neuve offre de graves difficultés.

Nous allons essayer de les aplanir successivement, en commençant par celles relatives à la poursuite criminelle.

La première condition de toute poursuite criminelle ou correctionnelle est qu'il y ait un crime, ou un délit, ou une contravention à punir.

La première question est donc celle de savoir si le fait d'avoir participé à l'élection d'un député, alors qu'on avait la pleine conscience de sa propre incapacité, constitue l'un des crimes ou des délits prévus par le Code pénal.

Deux articles nous paraissent applicables à ce fait : l'article 258 et l'article 114 du Code pénal.

L'art. 258 punit d'un emprisonnement *de deux à cinq ans, quiconque sans titre se sera immiscé dans des fonctions publiques, civiles ou militaires, ou aura fait l'un des actes de ces fonctions.*

Un électeur exerce-t-il des fonctions publiques lorsqu'il vote?

Si l'on ne considérait le droit électoral que par rapport à celui qui l'exerce, il ne serait pas une *fonction*, mais *un droit* propre et facultatif.

Mais, considéré par rapport aux autres citoyens, dont l'électeur est le représentant, à la société entière, dont il est le délégué, le droit électoral est un véritable mandat légal, par conséquent une fonction publique.

Cette fonction est libre, sans doute, en ce sens qu'aucune voie de contrainte ne peut être employée pour forcer à la remplir; mais elle n'en est pas moins soumise à une obligation, à une responsabilité morale, qui en font un devoir sacré envers le pays.

Aussi, est-ce sous la religion du serment, que l'électeur est appelé à accomplir cette grande et importante fonction d'associer un représentant à la puissance législative !

Celui qui, sans titre, usurpe cette fonction, se rend donc coupable du délit prévu par l'article 258; il peut être directement cité en police correctionnelle, par application de cet article combiné avec l'article 182 du Code d'instruction criminelle.

Que si cette usurpation se rattache à un concert frauduleux avec tel ou tel agent de l'administration, alors le fait change de nature, et prend un nouveau caractère de gravité.

L'article 114 est ainsi conçu :

« Lorsqu'un fonctionnaire public aura ordonné ou fait quelque acte » arbitraire, ou attentatoire, soit à la liberté individuelle, soit aux

» droits civiques d'un ou de plusieurs citoyens, soit à la Charte, il
» sera puni de la dégradation civique. »

Nous avons déjà fait observer que le droit électoral était tout à la
fois une fonction et un droit civique. Or, quoi de plus attentatoire à
ce droit, que l'introduction d'un plus ou moins grand nombre de faux
électeurs, qui, en déplaçant la majorité, peuvent rendre ce droit
complètement illusoire?

D'ailleurs, n'est-ce pas attenter à la Charte, que de transporter le
droit électoral et les fonctions qui en dérivent à d'autres qu'à ceux
qu'elle en a investis?

Ainsi, sous ce double rapport, nul doute que l'article 114 ne soit
applicable à l'agent du gouvernement qui sciemment a créé de faux
électeurs.

Mais peut-on rattacher à ce crime le particulier qui en a aidé la
perpétration, en se prêtant à jouer le rôle honteux de faux électeur?

D'après la disposition générale et absolue des articles 59 et 60 du
Code pénal, et à moins d'exception formelle, tout complice s'identifie avec l'auteur du crime, et doit subir la même peine.

Les articles 258 et 114 du Code pénal peuvent donc être appli-
qués, selon que l'usurpation de la fonction d'électeur est isolée ou
qu'elle se rattache à un concert frauduleux avec l'administration.

Cela suffirait aux consultants pour dénoncer ce crime ou délit;
mais, pour se porter partie dans la poursuite, il faut autre chose.

En effet, dans notre législation, l'action publique appartient uniquement et exclusivement au ministère public. Il ne suffit pas de cet
intérêt général que tout citoyen peut avoir à faire punir un crime ou
un délit, pour motiver de sa part une action : tout ce qu'il peut faire,
c'est de provoquer celle de la partie publique.

Or, l'électeur qui, par l'effet de l'adjonction de faux électeurs, voit
son droit altéré, détruit, n'a-t-il pas à la réparation de cet attentat

un intérêt qui lui est propre, et qui est autre que cet intérêt général de répression dont le ministère public est le seul défenseur?

L'affirmative nous paraît résulter et du droit commun, et de la législation spéciale en matière d'élection.

Dans l'ordre légal, tout droit enfante une action. Un droit qui n'aurait pas de sanction dans la loi ne serait pas un droit.

Un droit est une propriété pour celui qui en est investi. Toute propriété peut être revendiquée; une action est nécessairement corrélative à l'existence d'un droit, d'une propriété quelconque assurée par la loi.

Celui-là donc auquel on enlève son droit électoral a action pour le revendiquer devant la juridiction civile, s'il en est dépouillé par un acte civil; devant la juridiction pénale, s'il en est dépouillé par un crime ou un délit.

Vainement dirait-on qu'il n'y a de dommage susceptible de donner lieu à une action privée, que celui qui peut s'apprécier en argent: ce serait une erreur.

L'art. 1ᵉʳ du Code d'instruction criminelle porte que l'action en réparation *d'un dommage causé peut être exercée par tous ceux qui ont souffert de ce dommage.*

La loi ne dit pas *un dommage appréciable en argent*, et elle ne pouvait pas le dire sans contrarier la nature des choses.

Il est en effet des dommages qui ne sont pas appréciables en argent, et ce sont ordinairement les plus sensibles, ceux qui appellent le plus une réparation.

Par exemple, la demande en suppression d'un passage injurieux, la revendication d'un nom usurpé, la plainte d'un époux outragé, une foule de propriétés morales tiennent à des intérêts non réalisables en argent; et cependant on ne leur conteste pas l'action privée.

D'ailleurs l'action en réparation a pour but non seulement de réparer le dommage consommé, mais de le faire cesser pour l'avenir: il y a donc le principe d'une action partout où il y a un dommage privé à faire cesser.

Sous ce double point de vue, l'action de l'électeur contre l'attentat qui a faussé son droit et peut le fausser encore dans l'avenir, est une véritable action en réparation, en cessation d'un dommage privé, la revendication d'une propriété morale : elle est donc recevable, à ne consulter même que les principes du droit commun.

Mais elle l'est à bien plus forte raison lorsqu'on se rattache aux lois spéciales de la matière.

En effet, l'action que le droit commun établissait implicitement, la loi spéciale la consacre d'une manière expresse et explicite.

La loi du 5 février 1817 avait déjà admis toutes réclamations contre la teneur des listes, sans aucune spécification, et avait autorisé à porter ces réclamations, soit aux Cours royales, soit au Conseil d'État par voie d'action.

La loi du 2 mai 1827 est allée plus loin : elle a voulu que les listes fussent déposées au chef-lieu de chaque commune, pour y être, dit l'article 3 de cette loi, données en communication à toutes *les personnes qui le requerront.*

On en a conclu que tout citoyen quelconque avait action en cette matière. Le Conseil d'État a, il est vrai, nié cette conséquence ; mais nous n'avons pas besoin d'aller jusque là : il nous suffit que l'électeur lésé ait action. Or, en ce point, nous sommes d'accord même avec le Conseil d'État, qui nous prête l'autorité de sa jurisprudence.

En effet, le Conseil d'État n'a jamais hésité à déclarer recevable l'action de l'électeur lésé par une adjonction illégale. MM. Cormenin, dans ses *Questions de droit administratif,* et Favard de Langlade,

2.   40

dans son *Répertoire*, en trouvent la raison dans la circonstance que l'électeur puise le principe de son action *dans un droit qui lui est propre et dans son intérêt lésé*. Ces auteurs citent plusieurs ordonnances royales rendues par application de ce principe. (Voy. *Questions de droit administratif*, 3ᵉ édit., p. 271 ; *Répertoire de la nouvelle législation*, vᵒ *Élection*.)

Ce même droit individuel, cette même lésion privée qui sert de principe à l'action civile de l'électeur, légitime cette même action lorsqu'elle se trouve jointe à une poursuite criminelle ou correctionnelle, car elle reste toujours la même et ne change pas de nature.

Les consultants sont donc autorisés à citer les faux électeurs par eux signalés, devant le tribunal de police correctionnelle de Tournon, lieu où le délit s'est consommé. Que si, dans le cours des débats, le préfet du département lui-même venait à être compromis, et si, par suite de la connexité, le fait incriminé prenait le caractère de crime, le tribunal devrait, aux termes de l'art. 193, renvoyer les parties devant le juge d'instruction compétent, décerner préalablement des mandats de dépôt contre les particuliers inculpés, et charger le procureur général de demander au Conseil d'État l'autorisation de donner suite à la procédure contre le préfet, sauf aux parties lésées à se joindre à cette demande et à l'appuyer par leurs mémoires.

Si le Conseil d'État refusait l'autorisation, la Chambre apprécierait ce refus, et la responsabilité remonterait alors du préfet aux ministres.

Quant aux moyens d'instruction, les tribunaux étant une fois saisis, ces moyens sont simples et faciles. Un interlocutoire peut toujours ordonner la vérification des rôles dans lesquels l'électeur inculpé prétend puiser son droit électoral. Les difficultés qui pourraient être faites à un simple particulier s'aplaniront devant les arrêts de la justice. D'ailleurs les *rôles* et matrices sont, comme les actes de l'état civil, essentiellement publics; et il le faut bien, puisque les citoyens doivent y recourir, soit pour les rectifications qu'ils ont intérêt à demander, soit pour les saisies immobilières, et autres cas pareils prévus par la loi civile. Le percepteur ou directeur des contributions qui refuserait communication des rôles, ou le maire qui tiendrait cachées les matrices, ferait un acte illégal.

Si l'électeur signalé se défendait et soutenait qu'il a réellement la capacité électorale, et en fournissait les justifications, alors, ou les difficultés s'élèveraient sur l'état matériel des pièces et sur leur applicabilité au défendeur, et le tribunal saisi devrait apprécier ces difficultés, qui rentreraient dans la classe des exceptions ordinaires; ou le point contesté offrirait une question préjudicielle de capacité électorale à résoudre, et ce tribunal devrait, tout en retenant la cause, surseoir jusqu'à ce que cette question fût vidée par l'autorité compétente.

Au reste, il est difficile de supposer le cas où une pareille question préjudicielle pourrait s'élever; car, s'il y avait doute raisonnable sur la capacité de l'électeur, ce doute seul serait exclusif de toute criminalité, et les consultants devraient à l'instant même renoncer à leur action au criminel. Ils ne devront la suivre qu'autant qu'il y aura absence totale, et pour ainsi dire matérielle, de capacité.

Quant aux excuses que les faux électeurs pourraient chercher dans leur ignorance de la loi, dans leur obéissance à l'administration, dans l'opinion où ils auraient été que la seule inscription sur les listes conférait la capacité électorale, ce sont autant de questions de bonne foi et d'intention qui doivent se juger selon les personnes, leur degré d'instruction, leur position sociale, et qui, par cela même, sont abandonnées à la conscience et aux lumières des juges ou des jurés.

Au reste, la protestation publiquement faite au sein du collége ne leur permettait guère de compter sur une pareille ressource.

Après avoir épuisé les questions que peut soulever la poursuite criminelle, nous avons à nous occuper de celles qu'offrirait une simple action en élimination des listes, au cas où les consultants préféreraient cette voie à la poursuite criminelle, soit parceque les personnes portées à tort sur les listes leur paraîtraient avoir agi par ignorance, ou parcequ'ils attendraient des tribunaux une justice plus prompte et moins contestée, lorsqu'il ne s'agirait que de statuer sur le droit, et qu'il n'y aurait ni emprisonnement ni flétrissure à prononcer.

Nous n'avons rien à ajouter à ce que nous avons déjà dit sur la recevabilité de l'action; mais de nouvelles questions graves se présentent, tant sur l'opportunité de cette action que sur la compétence et sur le mode de procéder.

Peut-on demander l'élimination d'un nom illégalement porté sur la liste, même après le 1er octobre?

Le peut-on lorsque l'élection est terminée?

Cette action doit-elle être portée à l'administration ou aux tribunaux?

Doit-elle parcourir les deux degrés de juridiction?

Quel est l'effet du conflit dans cette matière?

Les décisions des tribunaux ont-elles, quant à l'inscription sur les listes, force d'exécution directe, immédiate, et indépendante de l'administration?

Chacune de ces questions, dont quelques unes ont divisé la magistrature et le Conseil d'Etat, et partagé les Cours royales elles-mêmes, mériterait un examen spécial et approfondi. Elles ne se présentent dans l'espèce que d'une manière subsidiaire, nous ne ferons qu'indiquer les solutions.

D'abord, et sur l'opportunité de l'action, nous ferons observer que la loi du 2 mai 1827, qui a établi la déchéance après le 1er octobre, n'applique cette déchéance qu'à ceux qui, ayant été omis sur les listes, ont négligé de réclamer avant cette époque. Or les déchéances sont de droit étroit et ne s'étendent pas : elles ne peuvent donc s'appliquer à ceux qui réclament, non contre une omission, mais contre une inscription illégale.

Cette distinction est fondée en justice et en raison. S'il est, en effet, juste et raisonnable de punir celui qui, connaissant son droit, néglige de l'exercer, il ne serait ni juste ni raisonnable de placer dans la même position celui auquel l'incapacité de tel et tel électeur peut n'être révélée que par un accident heureux.

Nous pensons donc que, relativement à l'élimination des faux électeurs, le droit de réclamation et l'action subsistent avant comme après le 1er octobre.

Mais cette action a-t-elle encore son intérêt lorsque l'élection est consommée ? La solution de cette question tient à celle de la permanence des listes.

Or la liste est au moins permanente pour l'année, puisqu'en cas d'élection dans les deux mois après la publication des listes, le préfet n'affiche qu'un simple supplément, et que, si l'élection a lieu après les deux mois, il n'a autre chose à faire, d'après l'article 6 de la loi du 2 mai 1827, qu'à afficher de nouveau la première partie de la liste déjà affichée au mois d'août précédent, avec le tableau des rectifications. Dans ces deux cas, point de nouvelle liste, l'ancienne sert toujours : donc elle est permanente au moins pour l'année. Et comme il peut toujours y avoir dissolution et réélection dans l'année, il y a pour les électeurs intérêt toujours subsistant, même après une première élection, à obtenir des arrêts d'élimination qui figureront ensuite, au cas de réélection, dans les tableaux de rectification.

Mais ce n'est pas seulement pour l'année que la liste est permanente : elle l'*est à perpétuité*; elle peut se *rectifier* d'année en année, mais jamais se *renouveler*.

Cela résulte de la manière dont le projet de cette loi a été amendé, et des déclarations solennelles faites par les ministres dans les Chambres.

Le projet de loi portait que *nul ne pourrait être rayé de la liste* prescrite par l'article 2, qu'en vertu d'une décision ministérielle. M. le duc Decazes, auquel on est redevable de presque toutes les améliorations qu'a reçues ce projet, proposa de substituer à ces mots, ceux-ci : *Nul ne pourra cesser de faire partie du projet des listes.*

Il fit remarquer que défendre de *rayer* de la liste, ce n'était pas défendre d'*omettre* sur la liste tel ou tel nom, lorsqu'elle serait renouvelée ; que, par son amendement, toute nouvelle liste devenait nécessairement la reproduction de l'ancienne, moins les noms éliminés par des arrêts particuliers, puisque aucun des autres noms ne pouvait y être *omis* ; qu'ainsi la liste primitive acquérait un caractère de permanence et de perpétuité, sauf les rectifications individuelles par arrêtés ou jugements. L'amendement fut adopté.

Ce fut aussi dans ce sens que les ministres entendaient la loi. Voici comment s'exprimait le président du Conseil devant la Chambre des pairs :

« La meilleure garantie qu'on puisse désirer sous le rapport de » l'exactitude et de la fidélité des inscriptions, n'est-elle pas celle » que donne le projet, par l'institution d'une *liste perpétuelle, améliorée d'année en année par les réclamations des intéressés auxquels » elle est soumise.* Cette garantie est tellement forte par elle-même, » que toute précaution ultérieure paraît surabondante et ne servirait » qu'à l'affaiblir. »

Nous n'ajouterons rien à ce commentaire si énergique de la loi.

M. le président du Conseil a reconnu que cette liste était *perpétuelle*, *que les intéressés avaient toujours le droit de l'améliorer*. Les réclamations doivent *donc être reçues* en tous temps. Il n'est pas nécessaire d'ajouter qu'elles sont le premier et le plus important devoir des électeurs.

S'il en était autrement, si tous les ans de nouvelles listes, de nouvelles justifications étaient imposées aux citoyens, la loi ne serait qu'une indigne déception.

Resterait à examiner les autres questions relatives à la compétence administrative et judiciaire, aux deux degrés de juridiction, aux conflits; et à cet égard nous nous bornerons à quelques observations générales qui les embrasseront toutes.

Il y a deux manières d'envisager la législation électorale.

Ou l'on y verra une simple application des principes du droit commun aux réclamations auxquelles peut donner lieu la confection des listes, ou on y trouvera une subversion presque totale de ces principes opérée dans un grand intérêt politique.

Dans la première opinion, on décidera que l'autorité judiciaire ne peut connaître des actes administratifs; que l'inscription sur une liste électorale étant un acte de l'administration, ne peut être appréciée par l'autorité judiciaire; que tout ce que cette autorité peut faire, c'est de déclarer les droits civils des parties ou leurs droits de propriété, sauf à ces parties ensuite à se prévaloir de cette décision pour faire maintenir ou rayer l'inscription par l'administration; que les tribunaux n'ont pas juridiction directe et immédiate sur les listes, et que les préfets, toujours indépendants des décisions de l'autorité judiciaire, conservent la faculté des conflits pour maintenir cette indépendance; que rien n'est dérangé au mode de procéder devant les tribunaux; que toutes les questions doivent y parcourir les deux degrés de juridiction.

Dans la seconde opinion, au contraire, on reconnaîtra que, pour abréger les délais, simplifier les formes et éviter les circuits, la loi, laissant à l'écart la distinction commune entre la juridiction administrative et la juridiction ordinaire, entre le premier et le deuxième degré, n'a établi que deux juridictions, *l'une provisoire*, *l'autre définitive*; qu'elle a donné le droit de prononcer *provisoirement* sur les inscriptions en toute matière aux préfets en Conseil de préfecture, et attribué le droit de *statuer définitivement* sur ces mêmes inscriptions aux Cours royales et au Conseil d'État, selon la nature de la contestation. Dans ce système, plus de distinction entre la juridiction ordinaire et la juridiction administrative, que lorsqu'il s'agit de la décision définitive; plus de décision en premier ou deuxième ressort, mais décision provisoire ou définitive : dès lors plus de conflits à élever par le préfet, au moins en ce qui le concerne. Il ne pourrait en effet changer sa propre compétence, et, de juge provisoire, se constituer juge définitif, en paralysant la juridiction qui doit réviser ses décisions.

L'administration a embrassé la première opinion. La magistrature entière, sauf quelques dissidences sur la question des deux degrés et sur les conflits, a consacré la seconde par de nombreux arrêts.

L'autorité législative ne peut pas ne pas être touchée de ce schisme entre l'administration et la magistrature, qui ne fait qu'ajouter aux embarras des citoyens, et compliquer une matière que la loi avait pour but évident de simplifier.

Pour nous, qui avons étudié les divers textes de la législation électorale, et médité les rapports et discussions qui ont eu lieu dans les Chambres sur ces textes, nous embrassons l'opinion qui reconnaît à cette législation un caractère de spécialité, et adoptons dans toutes ses conséquences cette distinction si féconde et si heureuse entre la juridiction provisoire et définitive, distinction qui fait disparaître les plus graves complications des procès civils ordinaires, et qui nous paraît conforme à l'esprit et à la lettre des lois des 5 février 1817 et 2 mai 1827.

En conséquence nous estimons que les Cours royales ont une juridiction directe et immédiate sur les listes électorales, comme le Conseil d'État lui-même, et sans d'autre distinction que celle qui peut résulter de la nature de la contestation ; que leurs arrêts, pour être exécutoires, n'ont pas besoin du *pareatis* de l'administration ; qu'il en est de leurs décisions relativement à l'électeur comme des arrêts des Cours d'assises relativement aux jurés reconnus incapables ; que la décision *provisoire* déjà portée par le préfet ou le Conseil de préfecture suffit pour provoquer la *juridiction définitive* attribuée aux Cours royales, et qu'il n'est pas plus nécessaire de s'adresser au Conseil d'État pour faire préalablement annuler l'acte administratif, qu'il n'est nécessaire d'épuiser le premier degré de juridiction devant un tribunal de première instance avant d'arriver à la Cour royale ; qu'enfin, et par exception à la loi générale, le préfet, se trouvant constitué simple juge provisoire, se trouve par cela même dépouillé de la faculté des conflits, laquelle est corrélative avec l'indépendance complète et absolue de ce magistrat administratif de l'autorité judiciaire, indépendance qui n'existe pas en cette matière spéciale.

Sans attendre la solution de la Chambre des députés, où toutes les questions auraient reçu de plus ou moins grands développements, et par-dessus tout une très grande publicité, M. Dubay, élu par l'arrondissement de Tournon, a donné sa démission : la réélection qui aura lieu inévitablement de la part de ce collége, ne donnera pas, sous cette administration, naissance ni prétexte aux mêmes plaintes que ci-dessus, ni à toute autre plus ou moins semblable ou analogue.

2.   41

Il y a sûrement beaucoup d'autres points qu'on eût pu signaler et discuter : imitant la réserve que s'est imposée l'Assemblée nationale à laquelle nos destinées sont confiées, nous ne soulèverons pas le voile qui cache tant d'irrégularités, tant d'empiètements, et surtout tant d'arbitraire de la part des préfets qui se rendaient les instruments d'un ministère aux abois.

La France électorale a obtenu un triomphe presque inespéré ; par cela qu'elle connaît aujourd'hui sa force réelle, puisqu'elle a vaincu les ennemis qu'elle a partout rencontrés, ses représentants ont senti qu'ils devaient être généreux dans la victoire.

Puissent ceux qui profitent de cette modération, ou qui en sont les témoins, suivre de tels exemples ! puissent-ils surtout apprendre à estimer les hommes que, par des imputations odieuses et des dénominations offensantes, ils ne craignaient pas de présenter comme des ennemis du trône et de cette Charte qui doit être désormais l'unique étendard sous lequel tous les Français doivent se rallier et combattre !

La Chambre des pairs, blessée elle-même par l'accroissement sans motif des membres qui la composent, a aussi donné un grand exemple de soumission et d'obéissance aux lois.

Espérons que l'accord des deux grands pouvoirs créateurs et conservateurs se rencontrera dans l'accomplissement des mesures qu'il est si urgent d'employer, pour débarrasser la Charte de toutes les lois qui l'écrasent, et nous donner celles qui lui procureront le mouvement et la vie.

Nous ne croyons pouvoir mieux terminer cet ouvrage, qu'en présentant dans un petit cadre le résumé du nombre des conflits élevés sous le gouvernement précédent et sous celui-ci, jusqu'au 1ᵉʳ janvier dernier.

Tableau général des conflits d'attribution jugés par le Conseil d'État, depuis l'an VIII jusqu'au 1ᵉʳ janvier 1828.

SORT DES CONFLITS	Élevés sur assignations.	Élevés sur jugements de juges de paix.	Élevés sur jugements de tribunaux de première instance.	Élevés sur jugements de tribunaux de commerce.	Élevés sur jugements de tribunaux criminels et correctionnels.	Élevés sur arrêts des Cours d'appel et des Cours royales.	Élevés sur arrêts de la Cour de cassation.	Élevés en matière d'élections. (Loi du 22 mai 1827.)	Élevés en matière d'appel comme d'abus.	Élevés sur arrêtés du Conseil de préfecture.
Maintenus	107	167	486	30	11	91	5	26	2	»
Annulés	69	64	243	14	7	51	1	»	»	1
Maintenus en partie et Annulés en partie	»	6	14	2	»	5	»	»	»	»
Sur lesquels il y a eu sursis	1	»	»	»	»	»	»	»	»	»
TOTAUX	177	237	743	65	18	150	6	26	2	1

RÉCAPITULATION.

Conflits maintenus 957
Conflits annulés 453
Conflits maintenus ou annulés en partie 40
Conflits sursis 1
Total général 1431

CHAPITRE V.

Suite de 1827.

Voici encore quelques sentences du Conseil, prononcées depuis celles qui ont été rapportées dans le chapitre précédent.

Nous y ajoutons la suivante pour donner une idée de la témérité des préfets pour lancer leurs conflits, et des moyens qu'ils mettent en avant pour chercher à les faire admettre.

Le sieur Paget, cité devant le tribunal de Saint-Claude, pour avoir construit sans autorisation un mur transversal dans la rivière d'Ain, soutient qu'il n'a eu pour objet que de soutenir le chemin vicinal et d'arrêter les ravages que l'eau causait à son pré.

Qu'il n'avait commis aucun délit, puisqu'il n'avait point arrêté le cours de l'eau, et que la rivière n'était ni flottable ni navigable.

Le tribunal correctionnel de Saint-Claude, touché de ces raisons, renvoie, le 25 novembre 1818, Paget sans amende ni dépens.

Le sieur Gras, propriétaire sur l'autre rive, réclame en 1826, devant le préfet, à raison des ouvrages faits par Paget.

Arrêté qui, par le motif que les ouvrages ont été exécutés sans autorisation, qu'ils dirigent l'action des eaux sur la rive droite, et qu'il en résulte d'ailleurs un rétrécissement, ordonne la démolition du mur.

Le Conseil de préfecture, sur le pourvoi qui lui est déféré, déclare qu'il n'y a lieu de statuer, par la raison que Paget, traduit pour le même fait devant le tribunal de Saint-Claude, a été renvoyé de la plainte par un jugement passé en force de chose jugée.

Sans s'arrêter à des raisons aussi péremptoires, le préfet élève conflit.

Il dit que la loi du 29 floréal an X a attribué à l'autorité administrative le jugement des contraventions de l'espèce ci-dessus ; que le tribunal de Saint-Claude s'est par conséquent à tort immiscé dans une affaire qui était hors de sa compétence ; qu'il importe d'autant plus de provoquer la réforme de ce jugement, que les constructions forment dans le lit de la rivière une saillie incommode pour le flottage ; que le Conseil s'est abstenu de prononcer, parceque le jugement, quoique incompétemment rendu, a reçu son effet, et qu'il est passé en force de chose jugée ; que cette doctrine paraît contraire à la loi, etc., etc.

On voit que M. Vaters, préfet du Jura, est peu habitué à douter et à rencontrer des obstacles dans les décisions judiciaires. Si avant d'avancer que ne pas détruire un *jugement passé en force de chose jugée*, qu'il déclare incompétemment rendu, était une doctrine contraire à la loi, il se fût fait donner la moindre notion sur la justice et ses formes, il eût bientôt connu l'inconvenance irréfléchie de son affirmation. Ignore-t-il cet axiome qui court le monde, et qui, s'il ne veut pas le laisser pénétrer dans la préfecture, n'en existe pas moins : *Res judicata pro veritate habetur ?* Que c'est la vérité non seulement pour les citoyens, mais aussi pour les préfets comme pour les membres du Conseil d'État ; bien qu'ils disent agir dans l'intérêt du roi , le roi les désavouerait et se garderait bien sans doute de rien faire qui pût attenter à cette maxime tutélaire. S'il était informé de leurs dispositions , il ne manquerait pas de leur faire sentir le danger de porter la main , ou de faire la moindre tentative pour détruire ce qu'il y a de plus sacré. Alors même, ce qui peut arriver, que la décision devenue inattaquable, eût consacré une erreur, ou une criante injustice, il faudrait l'ensevelir, comme on le disait à certaine époque fameuse, dans les entrailles de la terre ; il y aurait beaucoup plus d'inconvénients de vouloir la réparer que de la couvrir, parce-qu'avec l'admission de cette réparation, il n'y aura plus rien d'incontestable ; toutes les décisions judiciaires seront, sous ce prétexte, soumises à des révisions perpétuelles; la justice sera à la merci des temps, des personnes et des évènements; au lieu d'être respectée, elle sera continuellement soumise à des attaques et à des oscillations, auxquelles elle ne peut être livrée sous aucun gouvernement.

Aussi le Conseil d'État, dans l'ordonnance du 29 mars 1827, a-t-il été obligé de dire que le jugement n'ayant été l'objet d'aucun appel ni pourvoi, a terminé l'action en police correctionnelle. Mais en faisant cette concession, il a établi une distinction qui permettait au préfet de revenir par voie indirecte sur ce qui était cependant reconnu irrévocable : il a dit que le jugement ne prononçant ni sur la propriété du sol, ni sur les intérêts des tiers, ni sur la police de la navigation, ne faisait point obstacle soit aux actions civiles, soit aux mesures administratives prises ou à prendre dans l'intérêt public.

Par là, comme on le voit, le Conseil indique au préfet les moyens de tourner le jugement, et d'obtenir d'une ou d'autre façon contre Paget, une condamnation qui n'a pu être accordée par la voie qui avait été prise.

28 août 1827. La question de savoir si une reconnaissance de liquidation définitive délivrée au créancier de l'émigré par une administration centrale, a opéré la libération de l'État ou de l'émigré, n'est pas de la compétence des tribunaux, mais bien de l'autorité administrative seule.

Les sieur et dame Elion, créanciers de l'émigré Baleure, de 12,000 francs, pour prix d'immeuble, font liquider leur créance; mais la reconnaissance de liquidation ne fut employée ni en remboursement de domaines nationaux, ni suivie d'inscription sur le grand livre, ni de paiement réel.

Les créanciers forment opposition sur l'indemnité réclamée par les héritiers Baleure.

Jugement du tribunal de la Seine qui déclare l'opposition fondée, attendu qu'il n'y a pas eu de novation, et que la reconnaissance de liquidation délivrée à la dame Elion ne pouvait être considérée que comme un droit à un paiement, et non comme un paiement réel et effectif.

Conflit. Ordonnance qui l'admet sans autre motif que celui qu'il n'appartient qu'à l'autorité administrative de déterminer la nature et les effets d'un acte de liquidation : déclare en conséquence le jugement du tribunal de la Seine non avenu.

Au lieu de cette raison tirée de la seule autorité du Conseil, on eût désiré y trouver une raison de droit ; et au lieu de l'invocation banale de la loi de fructidor, le texte sur lequel pareille décision était fondée : mais rien de semblable ; le Conseil dit : Je le veux, parceque cela me convient ainsi. A la vérité, il ne s'agit point de l'intérêt administratif ; à la vérité, on ne conteste en aucune façon la liquidation qui a été faite ; n'importe, je ne veux pas même que les effets qu'elle peut produire entre des particuliers qui aujourd'hui me sont en tout étrangers, puissent être réglés par une autre volonté que la mienne. Je saurai mieux que les tribunaux apprécier ces effets, ceux de la novation, etc. Force restera à mon autorité, à ma volonté souveraine.

Même jour. — Lorsqu'un piqueur des ponts et chaussées est traduit en police correctionnelle pour avoir fait abattre des arbres et clôtures bordant une route, les tribunaux ne devaient pas prononcer avant d'avoir fait reconnaître administrativement en quelle qualité l'accusé avait agi, et si le terrain était ou non sur la grande route.

En ne pas attendant la solution de ces questions préjudicielles, les tribunaux excèdent leurs pouvoirs.

Un jugement du tribunal de Lesparre avait condamné le sieur Landais, piqueur des ponts et chaussées, en un mois d'emprisonnement, 5o fr. d'amende, 2oo fr. de dommages - intérêts, pour avoir fait abattre des arbres et clôtures appartenant au sieur Constant, et bordant la route départementale de Bordeaux à Verdun.

Le préfet de la Gironde, pressé par le condamné d'élever le conflit, se prête à la mesure : elle obtient tout le succès qu'on pouvait en attendre.

« Considérant, dit le Conseil d'État, qu'avant de statuer sur la plainte dont il était saisi, le tribunal correctionnel de Lesparre devait surseoir jusqu'à ce qu'il eût été statué sur les questions préjudicielles de savoir : 1° en quelle qualité avait agi le sieur Landais, et s'il avait ou non outre-passé les ordres de l'administration; 2° si le terrain litigieux était ou non dans la route départementale.

N'en déplaise au grand sanhédrin, nous ne voyons rien, absolument rien, dans les dispositions placées en tête comme cortége banal d'ordonnance, qui puisse autoriser à penser qu'il y avait là des questions préjudicielles qu'il fallait détacher et adresser à l'administration, sous peine de nullité du jugement.

Le tribunal avait qualité seul pour apprécier celle du prévenu Landais ; il l'avait également pour voir si le terrain litigieux était ou non une propriété privée ; s'il eût reculé devant ces deux points, nous ne doutons pas qu'il eût été dans le cas d'être poursuivi en déni de justice d'après l'art. 4 du Code civil.

Mais quelle nécessité de savoir en quelle qualité Landais avait agi ? Quelle que soit cette qualité, s'il a délinqué, il faut le punir ; mais le tribunal a bien reconnu en le condamnant qu'il avait agi sans ordre ; autrement il eût excusé peut-être celui qui n'avait fait qu'obéir, il eût du moins mis en cause les donneurs d'ordre ; en tout cas, il eût réservé toute poursuite contre eux; Landais d'ailleurs a-t-il invoqué l'exception, y a-t-il insisté? c'est ce qui n'apparaît nullement.

Le terrain était-il ou non dans la route départementale ainsi que le dit l'ordonnance? nous, nous disons : était-il dans une propriété particulière? Aux tribunaux seuls appartenait de le décider; aussi celui de Lesparre l'a-t-il fait en condamnant à des dommages-intérêts.

Cette ordonnance est du nombre de celles qui, n'ayant point d'appui dans les lois, n'indique à tout esprit clairvoyant qu'un prétexte pour exercer une justice arbitraire, sauver un coupable qui a trouvé quelque protecteur dans l'administration, et fournir une occasion d'outrager les tribunaux, en leur montrant une supériorité administrative, qu'on cherchait vainement à leur faire croire qu'ils devaient respecter.

Sous tous ces rapports, pareille ordonnance ne doit point être suivie.

Le même jour, 28 août, autre ordonnance rendue dans un esprit tout contraire; elle décide :

Que les actions possessoires même entre un particulier et un maire sont de la compétence du juge de paix;

Que lorsqu'il s'agit d'arbres plantés devant une maison, qu'un particulier est dans l'habitude d'élaguer comme propriétaire, la contestation en appartient aux tribunaux.

N'y aurait-il pas eu ici à dire, comme dans le cas précédent, qu'il fallait préjudiciellement faire examiner en quelle qualité le maire avait agi, et si les arbres étaient ou non sur la voie publique, ou dans la propriété privée?

Vainement le préfet de la Haute-Marne disait-il que les deux saules que le maire de Choiseul a ordonné de couper pouvaient occasioner des accidents; qu'ils nuisaient au libre accès du gué public :

qu'un arbre même se trouvait au milieu du passage, et que l'autorité municipale devait faire cesser une pareille contravention.

Que d'après les lois des 24 août 1790 et 22 juillet 1791, art. 46, les maires pouvaient prendre des arrêtés sur tout ce qui était soumis à leur vigilance; qu'ainsi la décision du juge de paix est, sous tous les rapports, un empiètement sur l'autorité administrative.

Ce préfet, malgré ses raisonnements, qu'en maintes autres circonstances il ne fallait pas faire aussi concluants, a échoué dans celle-ci. Il a été moins heureux que le préfet de la Gironde, qui défendait peut-être une plus mauvaise cause. Tout est chance auprès d'une autorité qui ne suit aucune loi, aucune règle, et qui est à la merci des influences qui agissent sur elle, au moment où elle prononce.

21 septembre. Quand un receveur général a fait destituer un percepteur, il ne peut être poursuivi en dommages-intérêts pour raison de calomnie et de diffamation.

Il faut, avant tout, que l'autorité administrative déclare que le receveur général a agi dans le dessein de nuire.

Bonnet, révoqué comme percepteur, fait citer Montané, gérant la recette en l'absence du receveur, devant la police correctionnelle de Toulouse, afin d'obtenir 12,000 francs de dommages-intérêts pour calomnie et diffamation.

Le préfet élève conflit sur la demande du receveur général, qui prend fait et cause pour son fondé de pouvoirs.

Le ministre des finances, Villèle, intervient encore pour l'appuyer.

Les receveurs des finances, dit-il, ont non seulement le droit d'examiner la gestion des percepteurs, ils doivent faire des vérifications fréquentes, et en rendre compte au ministre. Les rapports qu'ils font à cet égard sont purement confidentiels et ne peuvent donner lieu à aucune plainte en calomnie ou diffamation. Autrement plus d'ordre ni de bonne administration.

Quant à la partie de la plainte relative au tort que la vérification du receveur général a occasioné, le ministre en prononçant la révocation a usé d'un droit: sa décision comme ses motifs ne peuvent être soumis à aucune investigation, ainsi que cela a été plusieurs fois reconnu.

Il n'en fallait assurément pas tant pour prévoir l'issue d'un conflit ainsi appuyé; aussi a-t-il été maintenu par la raison que la plainte de Bonnet est fondée sur des rapports adressés au ministre, par un agent supérieur de l'administration, sur la gestion de son inférieur, et qui n'ont pas reçu de publicité;

Que cette plainte n'aurait pu être portée devant les tribunaux que sur une déclaration de l'autorité administrative, de laquelle il résulterait que cet agent supérieur aurait mal à propos, et dans le dessein de nuire, imputé à son inférieur un fait de la nature de ceux qui sont qualifiés crime ou délit par la loi.

Voilà des doctrines qui rangent les receveurs généraux dans la classe privilégiée des fonctionnaires publics qui ne peuvent jamais être poursuivis sans la permission administrative.

Ces mêmes doctrines consacrent le droit qu'ont les receveurs généraux de faire au ministre tel rapport que bon leur semble, parceque, n'étant que confidentiel, le ministre étant maître d'apprécier et vérifier les faits, l'auteur du rapport ne peut jamais être recherché.

De cette manière, tous les agents inférieurs sont livrés, pieds et poings liés, au ministre qui, d'accord avec un receveur, pourra déverser tout ce que bon lui semblera sur un subalterne. Nous entendons ce langage dans l'intérêt ministériel; mais il ne faudrait pas uniquement et toujours faire prévaloir cet intérêt sur celui du citoyen ou de l'agent qui ne peut être ainsi à la discrétion entière de son supérieur.

Le gouvernement représentatif, rendant chacun, les fonctionnaires particulièrement, responsable de ses actes, ne peut être ainsi entendu.

Comment donc admettre que les percepteurs, auxquels on ne veut point appliquer l'article 75 de la constitution de l'an VIII, ne peuvent porter plainte que sur la déclaration de l'autorité administrative, d'où il résulterait que le receveur général avait le dessein de nuire?

Qu'est-ce que c'est donc que cette déclaration, dans quelle forme doit-elle intervenir, à qui la demander, qui doit la faire, que veulent dire ces expressions: Déclaration de l'autorité administrative, de laquelle résulterait, etc? Tout est incohérent, vague, en contrariété avec les lois et le système constitutionnel, qui tend à rendre les tribunaux seuls juges des torts reprochés aux citoyens comme aux fonctionnaires, sur quelque échelle qu'ils se trouvent placés les uns et les autres.

Même jour, 21 septembre. Quand un arrêté du ministre de la marine, qui soupçonnait un armateur de faire la traite des noirs, a occasioné à celui-ci un retard préjudiciable, c'est le ministre de la marine qui doit connaître de la demande en indemnité.

Les tribunaux ne peuvent jamais l'apprécier.

Lemercier fils actionne devant le tribunal de Nantes l'administration de la marine pour avoir d'elle réparation du tort à lui causé par le retard qu'elle a porté au départ du navire *l'Abeille*, sous prétexte qu'il était destiné à faire la traite des noirs.

Le préfet lance son conflit : il prétend que le commissaire de la marine n'a agi qu'en qualité d'administrateur et en vertu d'ordres du ministre : que pareil acte ne peut être déféré aux tribunaux : qu'autrement l'ordonnance du 15 avril 1818 contre la traite des noirs serait inexécutable; qu'un armateur ne peut être déféré aux tribunaux que lorsque par une surveillance administrative on a acquis la preuve, ou au moins des soupçons, sur la destination et l'emploi du navire.

Ces raisons ont suffi au Conseil d'État, qui : Considérant que la demande formée par le sieur Lemercier est en indemnité pour retard apporté au départ du navire *l'Abeille*, par décision de notre ministre de la marine; que cette demande est dirigée contre l'administration de la marine; qu'elle doit être portée devant notre ministre de la marine, sauf recours devant nous en notre Conseil d'Etat;

Maintient le conflit du préfet de la Loire-Inférieure.

Au moins le Conseil, en septembre 1827, croit n'avoir plus besoin de déguisement. Il reconnaît que l'indemnité naît d'une décision du ministre de la marine; il déclare que c'est au ministre seul qu'il faut soumettre la demande.

A la vérité, il réserve le recours devant le Conseil d'Etat; c'est assurément une grande garantie. Mais mettons-nous un moment à la place du réclamant, nous avouerons bientôt qu'il était fondé à concevoir de justes craintes sur son action; que notamment, devant dire et soutenir comme moyen du fond que la police ne peut jamais être préventive; que, sous prétexte qu'il faut empêcher un mal qu'il convient de soupçonner, il y a des visites à faire, des précautions à prendre; qu'en se livrant ainsi à toutes sortes de mesures arbitraires et de défiance, l'administration le fait sous sa propre responsabilité; que les dommages éprouvés par les particuliers doivent être réparés : ces moyens soumis au Conseil d'Etat, les parties lésées ne pouvaient guère en espérer le triomphe. Ces dommages occasionés par l'administration de la marine et par l'effet d'une décision du ministre de la marine, le Conseil d'Etat, pour rassurer ceux qu'il a forcés à venir devant lui, les a renvoyés devant le ministre de la marine, qui

statuera en dernier ressort, ou si l'on veut, sauf recours devant lui.
Quelle monstruosité!...

Le Conseil d'Etat, sans s'embarrasser des suites incalculables de l'omnipotence qu'il s'arroge, sans vouloir s'arrêter devant le texte des lois, les interprétant toutes dans l'accaparement du pouvoir, marche toujours. Le temps n'arrivera-t-il pas bientôt de faire cesser des abus qui ne peuvent se prolonger sans les plus graves inconvénients; sans mettre en danger l'ordre judiciaire, vis-à-vis duquel les outrages sont poussés au comble?

Pour sortir du dédale, une simple ordonnance faite aujourd'hui, mais inexécutée ou révoquée demain, n'est pas suffisante: il faut une loi bien méditée, bien discutée, qui nous mette pour toujours à l'abri des maux que nous avons si long-temps soufferts.

FIN.

TABLE ALPHABÉTIQUE

DES MATIÈRES.

Nota. Il n'y a d'indiqué dans la table que les discussions et décisions générales : les ordonnances particulières sont trop multipliées, et auraient trop d'étendue.
Les chiffres non précédés du chiffre romain II renvoient au 1er volume.

FIN DE LA TABLE.